文章。四家

范曾

文化藝術出版社
Culture and Art Publishing House

四君子图

（代序）——冯骥才

文化艺术出版社约我与王蒙、范曾、贾平凹合出一套文集，各人一册，文章自选，还别出心裁地请我们各写一篇与其他三位交往的文章。我脑袋立时冒出这篇序文的题目：四君子图。为何？自我标榜为君子吗？非也。只是想到古人谓竹兰梅菊为四君子，而竹兰梅菊其形其色其味其神彼此不同，不过依此行文，寻些情趣而已。

在这里，竹是我，兰是范曾，梅是平凹，菊是王蒙。至于我与竹何干，放在篇尾再说。

先说兰，范曾。

初识范曾是在二十多年前。他由北京来南开大学捐楼办学，那时他已是书画名家。初次见面不免谈到他的画。他忽说："我从来不送画给人。"他可能误以为我想向他索画吧，因笑道："我屋里从来不挂别人的画，只挂自己的画。"谁想后来熟了，他却主动送画给我。他从旁人口中知我母亲喜欢他的字，便托人送来一幅，有字有画，而且是精心之作。一次我生日，关牧村来做客，手里拿着一卷画笑嘻嘻给我，说道："我刚从范老师那儿来，他听说你今天生日，当即给你画了一匹马。”我属马，朋友有心，使我感动。

原来他不是不送人画，而是作画及赠画都信由一时的性情。就像兰叶，随意舒展，一任情怀。

再一次，在北京开会时，几位朋友晚间聚在一起喝茶聊天儿。忽然推门进来一位瘦瘦的男人，手捧本子来找范曾签名，并说：“范先生你必签不可。”范曾说：“我为什么非得给你签？”那人说：“在四五天安门事件时，我为了抄你纪念总理的诗，脑袋挨了纠察队一棒子。现在脑顶上还有一个疤呢！”范曾听了，不禁动容，非要看。那人低下头，扒开头发果然有一条很深的疤。范曾问他：“你叫什么？”这人说：“李国清。国家的国，唐宋元明清的清。”范曾当即拿笔在他的本子上题了两句：“江山幸有国清日，不忘当年顶上花。”

其潇洒自如，乃兰草之气质。

后说梅，平凹。

去年去陕西考察，得机会在西安与平凹一聚。那天恰逢他获茅盾文学奖，笑容很多。抽着烟，龇着牙。我对他打趣说：“你在北京说过，叫我到你家挑个陶罐，今天我就为这事来的。”平凹收藏不少汉陶的精品，这是远近闻名的。没想到他人比传说中的大方得多，马上带我去。是不是正赶上他黄道吉日得了大奖了？当然，去他家更是想看看这位文笔诡谲的商州奇士到底怎么活着。

他家在市区一幢公寓房的顶楼。天色入夜，摸摸索索地爬上去。待灯一亮，好似站在一家古董储藏室里。里里外外贴墙摆了一圈的玻璃书柜里，不是书就是古物。使眼一扫，极合我的口味。没一件材质昂贵、制作精美、官家或皇家的物品，自然也很少拍卖行里的热拍品；却一概是原始的、草莽的、乡土的、粗砺的老东西，然件件皆有生命，有罕见的文化信息和沉重的文化分量。真正的藏家都是一逞自家独到的眼光，只有古董商才按照拍卖行的图录淘东西。与我同来的访者，吵吵嚷嚷地问他何以收藏这么多石雕木刻铜铸泥塑各式各样的蛙，何以在书屋正中一把怪模怪样的椅子上“供”着自己的照片。我却坐在他的书桌前，细看他摆满一桌子的稀奇古怪的东西。我的书桌乃至书房画室也摆满了各样的东西。每件东西都是因为喜欢才摆在那里的，不经意凑在一起却呈现了自己的世界。细看被平凹摆在书桌上的一样样的东西：瓦当、断碑、老砚、古印、油灯、酒盏、佛头、断俑……以及说不清道不明的历史人文的碎块与残片，从中我忽然明白这些年从《病相报告》、《高兴》到《秦腔》，他为什么愈写愈是浓烈和老到。比起那些用地域文化做作料的小说——那些小说只是把地域文化当做灯泡挂在树上，平凹则是把自己生命的老根扎在文化的大地里。于是，就像老梅桩，愈是峻嶒纠结，愈能生出一朵朵活泼泼鲜嫩的花来。

再说菊，王蒙。

记得1985年王蒙要到沙滩的文化部上任部长的前两天，我和张贤亮等几位文友去他家玩儿。那天，他正用不大精熟的英文把美国电影《爱情故事》主题歌的歌词翻译成中文，还一句句地唱。词译得不顺，声音走调得更厉害。我们笑着说：“从此中国多了一个部长，少了一个作家。”王蒙立即反驳：“我决不会像你们这么弱智。”从此，我一直盯着王蒙在文学路上能走多远。多年来观察到他的情节和细节够写一本小书了。可是，他到了七十岁后居然发了疯，又论红楼论老子庄子，又到处演讲演说，还成本大套地写书。很像菊花，愈到天寒木凋之日，开得愈欢。为什么呢？前两年，他在青岛举办研讨会，我正好要到贵州去开全国文化遗产保护工作会议。去不成青岛了，便为他写了一幅字，半开玩笑半认真地写上四句：

满纸游戏语，彻底明白人，
偶露部长相，仍是作家魂。

唯此，他才能像菊花那样，在人生的夕照里把花儿一直开下去。

最后说竹，说我自己。

我非自比为竹，尽管我欣赏竹之虚心和有节，尤其喜爱郑板桥那句写竹的诗“咬定青山不放松”——我还把这句诗作为我们文化遗产保护的座右铭。这里只是说我与竹子靠点边儿的一个小插曲，和上面几位文友凑个热闹。

这件事还是与王蒙有关。那天参观海洋大学的王蒙研究所，主人非叫我和我爱人合画一幅小画，留做纪念。盛情难却，勉强从命。我爱人便画了毛茸茸的一只小鸟，我用水墨亦湿亦干地补了一片浓竹淡竹，随之心生四句，提笔题在画上：

小鸟落竹中，不啼亦有声，
侧耳四下寻，缘故是微风。

这样便是，竹兰逢梅菊，合为君子图。

一笑则已，充做序言吧。

目录

风从哪里来

风在哪里？在天边的云丝雾影，在陌上的柳絮蒿蓬；在春天偃伏的碧草，在秋天飘零的丹枫；在高樯的一叶帆，在骥尾的千条线；在寺院的幛幡，在心头的旌旗。风在哪里？禅家告诉你，看，如云离月；道家告诉你，听，爽籁在天。宋玉说，在青蘋之末，在腐余之灰。苏东坡说，在木叶尽脱的树梢，在明月徘徊的江上。风在哪里？风在高渐离易水的寒筑，在诸葛亮赤壁的草船；在汉高祖威加海内的战袍，在岳武穆声彻天外的霜蹄。

大气的流布，浩瀚无垠，聚散之间，风起云涌，顺应时序，汇而趋之，滂沛于天地苍冥。风为人类带来料峭的初春、熏蒸的炎夏、萧瑟的寒秋、肃杀的隆冬。习习然，南风也；浩浩然，东风也；瑟瑟然，西风也；凛凛然，北风也。那掀动天宇的是台风，吹立沧海的是飓风，摧毁崇楼大厦、卷走林莽乡镇的是龙卷风。风为人间描绘着多姿多彩的画图，演化着大自然的喜剧和悲剧。它无所不在，无隙不入。它遣云使水，命雷掣电。它吹绿江南岸，吹白北国山，吹蓝西域天，吹黑东海潮。风是造势设色的大手笔，大地穹昊是它无际崖的舞台。

风是什么？风是情窦初开的少女，她温情地、羞涩地在你身边掠过，忽焉睫在目前，忽焉远在天边。她使万物复苏。她悄然来临，在桃花的蓓蕾，在柳树的枝条，在池中春水，在清晨露珠。一切萌动着的、闪耀着的生命属于她。风是丰腴美奂的少妇，她热烈地、亲昵地把你拥抱。她千般柔顺、万般风情，那是万物繁衍化育的信号。她是花果的媒介，是鸟兽的信使。一切茁长着的、成熟着的生命属于她。风有时清绝，向人间播送九畹兰花、百亩蕙草的芳馨；风有时暴虐，一夜之间使“草拂之而色变，木遭之而叶脱”（欧阳修句）。它是看不见、摸不着的圣者或使徒，魔怪或精灵。风可能是祥和的，也可能是凶险的。然而用人类的道德标准以判风之善恶，则冬烘甚矣。风的一切都天然合理。草木之凋零，人以为悲，而严冬蓄芳，正草木岁寒之心，人又安能代草木作无谓之忧思？风在永无休止的运动中造就平衡，在莫测高深的变幻中求得和谐。有了风，一切才有了生命。一个没有风的宇宙，万有归于沉寂，一个不生不灭、不垢不净、不增不减的宇宙，那是佛家永远不败的智慧所感悟。入静的高僧，不知道有风动、幡动，六祖慧能对辩说的僧人讲，你们是心在动啊！然而，慧能的无差别、无妄想的境界距离众生还十分遥远。佛家以为风、土、水、火四大皆空，万有假合，色即是空。风在佛家看来，只是人们感知的表象，相信，任什么风都不会使佛祖心旌微动。因此，生命的终极目标，佛家是证得涅槃寂静。而我们还在浮生中的人，则应在风中观测、思索、修炼；我们还会在喧闹熙攘的人群中散步；我们还会面对苍穹和人生一直研讨：风从哪里来，风到哪里去？

能以奴仆命风月的是孟郊，能乘长风破万里浪的是宗悫，能凭虚御风、羽化而登仙的是苏东坡。苏东坡说：你这楚国的兰台公子，比我这黄州太守、儋耳迁客还嫩得多呢！你为了讨好楚襄王，混淆自然之风与社会之风，造出雄风、雌风之说，而我以为你不清楚庄子的天籁呀；那空明清远的无垠天宇中，风起而声发，那是不假窍穴竹管的自然妙音呢！宋玉，你听见过么？你的《风赋》实在堪笑呢！

然而诗人的确爱风，所以称他们为风人；他们直承《诗经》《楚辞》的传统，所以称他们风骚；而诗人又倜傥多情，所以说他们风情；诗人偶有微行，被轻慢为风流。大自然的风，飘向诗人的笔端，协奏社会、人生的乐章，感知“夜阑卧听风吹雨，铁马冰河入梦来”的是勃郁的陆放翁，他听到雄阔激烈的风；看到“舞榭歌台，风流总被，雨打风吹去”的是慨叹的辛稼轩，他听到摧枯拉朽的风；彻悟“愁风愁雨愁不尽，总是南柯”的是忧患的郑板桥，他听到凄切催泪的风；而看尽繁华地、远绝是非乡的苏东坡，不再迷恋喧嚣的人生，“回首向来萧瑟处，归去，也无风雨也无晴”，这时的苏东坡，由道而佛，无缘大悲已笼罩了他的生命，渐渐远离了人寰，同时也远离了当年豪逸雄阔的自己。

让我们回到历史的长河，问一问，风从哪里来？追溯到西周的共和元年（前841年）到春秋中叶，那时有一部民间歌曲的总集——《诗经》流传下来，其中包括十五个诸侯国和地区的国风，足见，社会的风，那也是无所不在、无隙不入的。《诗序》在论到何以称“风”时讲：“……故用之乡人焉，用之邦国焉。《风》，风也，教也，风以动之，教以化之。”国史太师会其意而采风撷诗，孔子会其意而修编《诗经》，周公会其意而作乐成章，都有着“风天下而正人伦”的意义。“风”足以刺时喻势，讽谏君王；“风”足以敦促教化，襄助人伦。而这种“风”和直陈厉谏不同，和枯燥说教不同，往往“美在此则刺在彼”、“以美为刺”。中国诗教的温柔敦厚，好色而不淫、怨诽而不乱，在诗的源头已十分清楚，在教化中仍让人有美感的享受，这在中国诗的传统中应视作精华。孔子说：“洋洋乎，盈耳哉。”季札激赏说：“美哉，其细已甚！”这美哉、洋洋的国风，在两千多年来的中国，陶冶了人们的性灵，无论是人格的、爱情的，都包含了永恒的价值。这一股清风荡涤了商纣以还的“淫风”，而淫风者，在《诗经》中当然会被剔除。其中最著者有桑间濮上之音，潘岳称为“桑濮之流”，《礼记》则称其为“亡国之音”。欧西有女歌星某，每一演唱，千万痴男怨女依歌而和之，顿足捶胸，狂笑号哭。细析之，不过艳色淫态、噪音恶乐、悖光谬影与歌迷世纪末之空洞心灵相暗合，遂有此秽乱混浊之风靡溢于世界各通都大邑。各国警察之深拒固守，欲以缧绁演唱者，有由然也。

由是观之，风在自然本无善恶，而在人间必有优劣。清风所在，则社会淳朴、人文优雅、品行高洁、宅心仁厚；而邪风所被，则物欲横流、人心不古、贪赃枉法、盗贼滋生。而社会人文之风在哪里？在作家的生花之笔，在画家的丹青之影，在演员的一笑一颦，在诗人的一唱一吟；在上之所倡导，在下之所依循，在领导者的表率，在执法者的廉明。

听，白鹿之鸣，起于空谷，传来的是山间清风；泠泠七弦，忧忆大雅，奏出了琴上古风；举世萧条，故国独秀，经济市场已孕育着宫商大调、浩然雄风。中国是一艘举世无双的艨艟，它需要这无边的雄风吹扬万里的征帆；它不能羁留于港湾，不能停留于昨天。我们深祷祖国福祉无量，祝她风正一帆悬，驶向横无际涯的绚丽的明天。啊！我欲乘风归去，归到我心爱的东土，归到我海外三载魂牵梦萦的故国！

1993年10月18日

于巴黎美松白兰

莽神州赋

——《范曾·宋雨桂·冯大中香港联展》序

云浮千秋，江山万古，是一片心头的圣址和净土。有共工来破，有女娲来补，有历代志士仁人荡尘涤垢、驱陈除腐。哺我有天降雨露，饱我有垄亩禾黍，她是生我、养我、爱我、抚我的慈母。

导水有大禹的锄，劈山有五丁的斧，论天地有众妙之门的太极图，撑天地有傲骨铮铮的大丈夫。道既存，德不孤，漫道古今风物殊。问北国的严霜皓雪，问江南的绿草平芜，问半壁海日，问晓霞暮雾，问戍卒嫠妇，问睿智顽鲁，问列宗列祖，五千年文明是乐是苦？天无语，地无语，但只见桃花尽日随流水，但只见寒雨连江夜入吴。永恒的逝水如斯，永恒的苍茫沉浮。君不见五千年轮番的寒暑，五千年不尽的荣枯，五千年的玉帛变鼙鼓。找平天下的圣贤，寻治家国的良图，无李白的如弦大道，有屈原的漫漫征途，深祷她国泰民富，深祷她天朗地苏。

我们的笔顿之山安，导之泉注。曾几番击节长歌，风卷云舒；曾几番濯浪飞舟，天低吴楚；这是一首浩荡悲怆的歌，是一首恢宏壮丽的赋，一首用亿万朵莲花簇拥着、奉献给莽神州的歌赋，一首永恒的灵魂深处回旋的神州赋。

炎黄赋

莽莽天宇，八万里云驰飙作；恢恢地轮，五千年治乱兴亡。邙砀脊脉，逶迤远连昆冈；河洛清波，浩荡奔注海澨。涉彼洪荒，文明肇创；万代千秋蒙庥，厥功在我炎黄。曩昔混沌未开之时，含哺而无釜甑，结绳不见文字。伐檀有人，莫及舟车；蚕桑未采，何来垂裳。《礼》云：“故人者，其天地之德、阴阳之交、鬼神之会、五行之秀气也。”伟哉炎黄，据天地之大德，值阴阳之交会，通灵鬼神之际，会道五行之秀。礼行赤县，情系苍生。仰畏天，俯畏人。唯宽人恭俭，出于自然；而忠恕诚悫，始终如一。不蔽奸佞之谗，不用取容之士。天下咸归，百姓安乐。是以列星随旋，日月递照，风雨博施，万物得和以生，得养以成。嫘祖，黄帝之妃，始创黼织；仓颉，黄帝之臣，以立文字。炎帝之女精卫，衔石而填沧海；炎帝之臣夸父，逐日以迎霞光。乃神乃人，唯载远古；是传是说，宜辅信史。岁月迁流，穷奇斯生，涿鹿风云突变，域中归于一统，百族聚为中华，自中原而滂沛十方。从兹以还，历三代两千余年而入于秦，再历两千余年而有今。天不欲亡我中华，必不亡中华之文化。中华文化，有源以之开流；神州百族，有秩以之共理。炎黄脊梁，遍列九州，姓氏血脉，扬辉全球。龙从云起，先民图腾，乃往昔五千年文明之大标识，亦兹后亿万年之大旌纛。大道之行，讲信修睦，故国之兴，端赖和谐。宇内各族，世界侨属，齐献瓣香，恭祭先祖。历万万代，共众芳之所在，固信美而永驻。刻石再拜，以颂以祷，斯馨无恙。

范曾于抱冲园 丙戌冬

注释：

①莽莽——广袤无边貌。

②飙作——飙，疾风、狂风；作，兴起。

③恢恢——宽广貌。老子《道德经》："天网恢恢，疏而不失。"

④"邙砀"句——邙，邙山，位于河南省西部，东西走向。西段渑池县北仰韶村，以出土新石器文物著名。东段称北邙山，多古代帝王陵墓。砀，砀山，在河南永城县东北。邙、砀二山地处文明发轫地的中原，且山脉绵延，故云"远连昆冈"。昆冈，即昆仑山，西起帕米尔高原东部，横贯新疆、西藏间，东延入青海境内，长约2500公里。高峰有慕士塔格山(7546米)，公格尔山(7719米)等。多雪峰、冰川。

⑤"逶迤"句——逶迤，绵延不绝状。

⑥河洛——指黄河与洛水。

⑦海澨——澨，水涯。屈原《九歌·湘夫人》："夕济于西澨。"——按，以上四句似为"景语"，实亦暗寓中华民族不断繁衍、发展、壮大，终归一统之意。

⑧洪荒——谓远古时代混沌、蒙昧的状态，亦泛指远古时代。谢灵运《三月三日侍宴西池》："详观记牒，洪荒莫传。"

⑨肇创——开创、创始之意。

⑩蒙庥——蒙受恩泽。庥，庇荫、保护。

⑪厥功——厥，其、此；代词。

⑫"曩昔"句——曩昔，犹言往昔。混沌，亦作浑沌。古人想象中世界开辟前的状态。《白虎通·天地》："混沌相连，视之不见，听之不闻。"

⑬含哺——口里含着食物，语出《庄子·马蹄》："含哺而熙，鼓腹而游，民能以此矣。"形容上古时代先民们的简朴生活。

⑭釜甑——泛指民用的炊具。《诗经·桧风·匪风》："谁能亨(烹)鱼？溉之釜鬵。"疏："鬵是甑，非釜类。亨(烹)鱼用釜不用甑，双举者，以其俱是食器，故连言耳。"

⑮"结绳"句——上古无文字，结绳以纪事。《易·系辞下》："上古结绳而治，后世圣人易之以书契。"书契，指文字。契，刻也；古代文字多用刀刻，故名。

⑯"伐檀"二句——伐檀，语出《诗经·魏风·伐檀》："坎坎伐檀兮，寘之河之干兮。"坎坎，伐檀声；伐，砍伐；檀，木名，非如《诗经》中所指"木可为车者"。——此二句意谓在华夏文明肇创期，虽不乏伐檀之人，但仅仅以俟世用，尚未发展到"制舟车"的文明阶段。

⑰"蚕桑"二句——垂裳，语出"垂衣裳而天下治"(《风俗通》引《大传》)。按，炎黄以前的时代，文明的创发尚属低级阶段，故云。

⑱《礼》——这里指"三礼"中的《礼记》，亦称《小戴记》或《小戴礼记》。儒家经典之一。战国至西汉初各种礼仪著作的选集，具有资料汇编的性质。其所记录者皆为战国秦汉间儒家的言论，特别是关于礼制方面的言论。西汉初，刘向编定《礼记》一百三十篇。戴德辑录的称《大戴礼记》，原有八十五篇，现存三十九篇。戴圣辑录的称《小戴礼记》，有《曲礼》、《礼运》、《中庸》、《大学》、《乐记》等四十九篇，大率为孔子弟子及再传、

三传弟子所记，即为现在通行的《礼记》。东汉郑玄曾为之作注，唐代孔颖达亦有注本。是研究我国古代礼制、儒家学说的重要资料。

⑲“故人者”句——天地之德：古人认为天地有好生之德，且效法的都是无私、仁爱的精神，所谓“天无私覆，地无私载，日月无私照”（《礼记·孔子闲居》），所谓“生而不有，为而不恃，长而不宰”，“衣养万物而不为主”，其旨一也。故老子《道德经》云：“人法地，地法天，天法道，道法自然。”阴阳之交：阴阳，古代哲学中的两个基本范畴，《易经》中所有卦象的变化皆归结为阴阳二爻的变化，以此来说明一切自然与社会现象。又，古人认为人乃秉气含生者中最灵异者，故有人为天地阴阳交合而化生之说。鬼神之会：古人认为，天神曰神，人神曰鬼。圣人之精气谓之神，贤人之精气谓之鬼。人活在世上，魂魄附身支配其活动，但不对他人构成影响。然而，一旦人死后灵魂所变的鬼却会对其亲朋或他人产生影响，甚至决定他们的命运。至于鬼魂起何作用，则取决于他本人在世时的德行表现。据《淮南子·氾论训》载：“炎帝于火死而为灶。”高诱注：“炎帝神农以火德王天下，死托祀于灶神。”这就是说，由于炎帝有圣德，“以火德王”，故号炎帝。由于火能给予人类以温暖、光明、能源（屈原始称温暖的太阳为“炎德”，见《远游》），对人类至关重要；在远古先民的观念中，火与太阳同源，日为火之精，故炎帝死后又“升格”为“太阳神”。在陕西宝鸡市内，至今仍存在着历代新建的火神庙，各县、乡几乎都有火神庙或太阳神庙，当地百姓每年都要在此举行盛大的祭祀活动，以纪念这位为民造福的“人文初祖”。五行：金、木、水、火、土。“五行”代表了五种基本物质，同时也代表事物的五种基本作用、功能、属性和效果。它们之间相互影响，形成“相克”、“相生”的关系，构成了万物的变化发展。“五行”说是古代中国人探索世界万物包括人自身起源的一种最基本的观念。——以上数句为作者拈举《礼记》之语，极赞伟大的炎黄二帝肇创中华的如天盛德。

⑳赤县——战国时邹衍创立“大九州”学说，谓“中国名曰赤县神州，此指地处中央而非指国名”。简称赤县。

㉑苍生——本指草木生长之处。《书·益稷》：“帝光天之下，至于海隅苍生。”孔颖达疏：“旁至四海之隅苍苍然生草木之处，皆是帝德所及。”后借指百姓。

㉒宽仁恭俭——儒家所强调的人们修身的四种德行。宽，宽厚忍让；仁，包括孝悌、仁爱等；恭，恭敬；俭，俭约。

㉓忠恕诚悫——儒家伦理思想。“忠”要求待人真诚，所谓“己欲立而立人，己欲达而达人”；“恕”要求推己及人，己所不愿，莫强加于人。孔子认为“忠恕”乃实行仁政的方法，其特点是“能近取譬”，即每个人以自己作为比喻，所谓“己所不欲，勿施于人”。“忠恕”是贯穿孔子全部伦理学说中的重要思想。诚悫，为儒家的道德范畴。意为实践道德原则需要真心实意、一心一意。悫，诚实。

㉔“不蔽”句——蔽，蒙蔽；奸佞，小人；谗，在别人面前说他人坏话。

㉕取容——犹言取悦，谓取得他人的欢心。语出《吕氏春秋·似顺》：“夫

顺令以取容者，众能之，而况铎（尹铎）欤？”高诱注：“容，说（悦）也。”

㉖咸——副词，全，都。

㉗列星——即群星。罗布在天上的星星。

㉘“万物”句——语本老子《道德经》：“万物负阴而抱阳，冲气以为和。”意谓道化生万物；而万物的化生，是由道生出一种气。这种气又化生成阴阳二气；二气不断地交合，相激相荡，于是产生和气。阴阳二气不断地交合、激荡、创生，于是繁衍万物。

㉙“得养”句——意谓万物受到日月雨露的照拂、滋润得以生长。——以上数句盛赞炎黄欲使天下后世、子孙氓庶勿罹灾眚、咸归生长的仁德，以及炎黄“博赡群生，资育万类”的巨大功绩。

㉚嫘祖——即蚕神，亦称蚕丛、青衣神。本为西陵之女，后当上黄帝之妃。刘恕《通鉴外纪》云：“西陵氏之女嫘祖，为黄帝元妃，治丝茧以供衣服，后世祀为先蚕。”所谓先蚕，是指最先教民育蚕治丝之神，故嫘祖又叫“先蚕”，亦称“蚕母”。古代蚕农之家必祭祀嫘祖。蚕神又称蚕丛、青衣神。相传周时，蜀地有一侯爷名“蚕丛”，后为蜀王。据《蜀王本纪》载：是时人民椎髻左衽，不晓文字，未有礼乐。蚕丛遂教民以种桑养蚕之术，乡人感其德，便为他立祠祀之。其祠庙遍于蜀地，十分灵验。蚕丛巡行郊野时，常着一身青衣，故俗称“青衣神”。

㉛黼织——黼，古代礼服上白与黑相间的花纹；织，这里主要是指在原始手工阶段，先民们利用葛藤、大麻和韧皮纤维等原料进行的简单纺织。从草鞋山新石器时代遗址出土的葛布残片看，属罗纹组织，经向密度约每厘米十根，纬向密度每厘米十三至十四根。钱山漾出土的麻布是平纹组织，经向密度约每厘米二十三点六至三十点七根，纬向密度约每厘米十六至二十根，足见在五千年前，中国的葛麻纺织技术已具有一定的水平。

㉜仓颉——创造文字之神，一作苍颉。《世本》云：“黄帝使苍颉作书。”许慎《说文解字序》云：“黄帝之史仓颉，见鸟兽蹄迒之迹，知分理之可相别异也，初造书契。”史，即指史皇。其实，仓颉只是无数文字创造者的化身与指代性符号而已。在传说中，人们将文字的创造、发展与完善，均归于仓颉一身，尊之为仓帝。文字的发明是人类文明发展史上的一个标志、一个里程碑，是惊天地、泣鬼神的大事。故《淮南子·本经训》云：“昔者苍颉作书，而天雨粟，鬼夜哭。”高诱注：“鬼恐为书文所劾，故夜哭也。”苏东坡亦有“人生识字忧患始，姓名初记可以休”（《石苍舒醉墨堂》）之句，乃含“慧智出，有大伪”之忧虑。

㉝精卫——古代传说中的神话人物。炎帝之女，游于东海，溺死海中，化为精卫，住在发鸠山上，其状如乌，文首、白喙、赤足。自呼其名：精卫精卫。常衔西山之微木细石，誓欲填平夺去她生命的大海。

㉞夸父——古代神话传说中著名的巨人，炎帝之臣。据《山海经·大荒北经》及《海外北经》载，夸父以两条黄蛇作为耳饰，手持黄蛇两条。夸父欲追赶太阳，在禺谷赶上时，已焦渴难当，遂饮干黄河、渭河之水，仍未解渴，便欲北饮大泽；未至，中途因干渴而死。其杖化为一片邓林（即桃

林）。——作者拈举以上两个颇具浪漫色彩的著名神话，旨在盛赞远古人民挑战自然、征服自然的强烈愿望和雄伟气魄。

㉟“乃神”四句——此四句充分体现出范曾先生对传说时代的通识睿见。从神话的初始形态来看，是以氏族、胞族部落的口耳相传为特征的，具有集体创作的性质。但在历时性的流播中，难免会有增饰、加工，以致出现越来越多并行不悖的矛盾。再者，中国古代的文字与神话传说都带有明显的自发倾向；由于复杂的象形文字系统发展相当缓慢，无法及时记录野蛮与文明时代之交的神话，因此，今天所看到的神话，自然与其原初状态相距甚远。当年司马迁作《史记》，以黄帝开篇，对炎帝则避而不论，因“百家言黄帝”，尚且“文不雅训，荐绅先生难言之”，足见太史公在处理上古材料时那种治丝愈棼只好避而不谈的无奈心情。从这个意义上说，神话固非信史，但亦不能将其视为荒渺无稽的呓语，通过史籍中所记载的种种神话传说，分明可以体识出“乃人乃神”的远古祖先的“其功如天”与“万世同仁”，进一步激发起对艰难的文明进程的追溯与反思。

㊱“宜辅”句——意谓出现在史籍中的传说抵牾万端，未可尽信，却能辅助我们对信史（正史）的理解。

㊲穷奇——古代对凶恶之人的称号。《左传·文公十八年》：“少皞氏有不才子，毁信废忠，崇饰恶言，靖谮庸回，服谗搜慝，以诬盛德，天下之民谓之穷奇。”按：据《淮南子·天文训》载：东方神国的天帝为太皞，南方神国的天帝是炎帝，西方神国的天帝是少昊，北方神国的天帝是颛顼。中央神国的天帝是黄帝。其佐神为后土，执绳而制四方。当时，四方天帝反对黄帝，神国大乱，黄帝派兵打败四帝，恢复了神国秩序。（见《蒋子万机论》）此处范曾先生约略言之，以免误解。“穷奇”泛指不和谐的因素，不一定依《淮南子》之说。

㊳“涿鹿”句——《绎史》五引《新书》云：炎帝与黄帝各有天下半，黄帝行道而炎帝不听，故战于涿鹿之野。又据《龙鱼河图》载：蚩尤兽身人语，率领魑魅与黄帝作战于涿鹿。蚩尤作大雾弥漫三日，黄帝军皆迷失方向。黄帝令风伯作指南车以辨四方，才突破雾阵。《黄帝战法》、《山海经·大荒北经》、《云笈七签》亦有类似记载。范曾先生以“涿鹿风云”一语，约略言之，用意如上。

㊴域中——中国的别称。《汉书》：“《祭典》曰：‘共工氏伯九域’”。

㊵“自中原”句——中原，古地区名，即中州、中土，以别于边疆地区而言。狭义的中原指今河南省及其附近地区。先秦时期的雒邑（今河南洛阳）和陶（今山东定陶）曾被称为天下之中。其后华夏族活动范围扩大，而古豫州仍被视为九州之中，故称此地为中原。广义的中原或指黄河中下游地区，或指整个黄河流域。在南北分裂时期，常以此和江东、江左等词相对称。滂沛：波澜壮阔貌。《楚辞·九叹·逢纷》：“波逢汹涌，濆滂沛兮。”按，自阪泉之战后，中原地区几个有势力的部族集团开始结成以黄帝为首的大联盟，黄帝继炎帝之后统一了中华各地疆土，并奠定了华夏民族的基础。“滂沛”句指此。此后，各族交侵杂处，接触频繁，“华夏”这一统称亦渐为各族所接受，“裔不谋夏，夷不乱华”的观念开始形成。

㊶三代——指夏、商、周。夏朝(前2100—前1600年),商朝(前1600—前1028年),周朝(约前1027—前256年),约772年。秦朝(前221—前206年),故云“历三代两千余年而入秦”。秦统一六国于公元前221年,故云“再历两千余年而有今”。

㊷“有源”句——谓中华文化源远流长,绵延不绝。

㊸“有秩”句——谓中华各族人民和睦相处,融融泄泄。

㊹“龙从云起”句:语出《易·乾·文言》:“云从龙,风从虎。”图腾:印第安语,意为“彼之亲族”、“种族”等等。图腾信仰与母系氏族社会共存。那时,图腾信仰是占有支配地位的思想意识。原始人相信每个氏族都与某种动物、植物或无生命物质有亲属或其他特殊的血缘关系,每个氏族发端于这种动物、植物或无生命物质,因而它成了该氏族的共同祖先和保护神,成为该氏族的徽号、标志和象征。也正因此,图腾崇拜成了原始宗教的一种形式。图腾信仰曾普遍存在于世界各地,在近代某些部落和民族中仍然流行。按,从文化学的视角看,龙的传说历史久远。相传在“感天而生”的上古时代,有女登感“神龙”而生炎帝,《山海经》中亦载有“龙首而人面”、“人首蛇身”的诸神,其实皆为远古时中华民族的族徽图腾。这种“炎裔黄胄”之说一直延续至今。又,在上古时代,中华民族在形成的过程中,各个氏族、部落原有着不同的图腾(鸟、马、鹿、牛、鱼等),最后拼合为中华民族共同崇拜的形象——龙,一种虚拟的综合性神灵。龙体现出各氏族、部落的大融合、大团结,它具有无限强大的生命力,变幻莫测、气象万千,上可腾云驾雾,下可遁地入海,无坚不摧,不可战胜,“龙”遂成为中华民族发祥和文化肇端以及无限创造力的象征;而中华大地也因此被称为“龙的土地”,中国人被称为“龙的传人”。

㊺标识——犹言标志、徽号。

㊻旌纛——旗帜,从民族发展史的视角看,华夏、东夷、苗蛮三大部落在长期的斗争中归于同化,融为一体(这一融合过程包含三个部族的血统与优异文化成分;三者已难分彼此),并最终形成了以汉民族为主体的多民族和睦共处的大格局。这一统一中国的物质基础和文化精神的最初源头,正可追溯到黄帝部落。因此,将炎黄二帝视为中华民族的始祖和中国古代文明的象征,是在尊重客观存在的历史真实的前提下,在对中华民族的文化认同的基础上所作出的正确评断。

㊼“大道”句——语出《礼记·礼运》:“大道之行,天下为公,选贤与能,讲信修睦。”这种“天下为公”的大同社会,为古代的一种政治理想。

㊽端赖——完全依赖。

㊾瓣香——原为佛家语,指心意虔诚,如供佛之焚香。此借喻全国人民对共同的祖先——炎黄的无上敬仰。

㊿“共众芳”句——语出屈原《离骚》:“昔三后之纯粹兮,固众芳之所在。”

51“信美”句——意谓这种仰怀祖德的美好感情将永存于天地之间。

52以颂以祷——颂,歌颂;祷,祝祷。

53“斯馨”句——意谓这种深厚的民族感情纯真无瑕,芳洁坚贞,将与这篇刻于石上的赋一样垂诸天壤,传之久远。

(邵盈午注)

《南通范氏诗文世家》序

余自总角之年，渐识家学。每读堂中曾祖伯子先生联："揽辔登车，一世澄清须满志；读书闭户，万家忧乐尽关心"，中心勃郁，知君子之行藏，不惟独善其身，亦且兼济天下。先严子愚先生则谆谆以告先祖仲淹先生"先天下之忧而忧，后天下之乐而乐"、"宁鸣而死，不默而生"、"不为圣贤，便为禽兽"为千载家训，而每述及先祖仲淹少时"断齑划粥"砥砺品学，既贵，设置义庄，赡养宗族，不禁为之泣下。盖凡国中之宗族绵延千百年而不堕者，必有大贤大哲之嘉言懿德、必有后继者之慎思笃行，至于诗文，"有德者必有言，非有言也，德之发于口者也"（苏轼《范文正公集叙》），此南通范氏诗文之所以能传也。世之膏唇拭舌者，虽勉为诗文，其行而不远必矣。范氏诗文之整理裒集可上溯百余年前，先是伯子先生从游桐城吴挚父先生于冀州，伯子羸弱发病，时正论列李白诗，并贻挚父子闿生。夫人乃劝曰："子不尝欲论次家集以问张（廉卿）、吴（挚父）乎？张则远且没矣，吴幸而近在，而子又多病，人事何可知欤？论古人何如论家集乎？”以此尽发所携以北来之稿，废百事而为之。吴挚父先生固文坛司命，观伯子先生所从事，喟然赏赞。挚父先生于范氏之家世与文学成就，了如指掌，谓伯子之先“盖出文正、忠宣，世次不相续，其始有家于通州者曰盛甫公，盛甫生均用，均用生廷镇，廷镇生秉深，秉深生禹迹，禹迹公讳九州，始以名德重于乡里。禹迹公子曰介石公，讳希颜，始为名诸生，介石公之子讳应龙，字云从，以明经高第拜庆云令”。至此，伯子先生所藏先祖手稿中始得见其诗作。苟自十翼上溯，则为余十二世祖。此前必有擅诗者，然已湮失无存矣。余十一世祖范凤翼，字异羽，有《勋卿诗》，十世祖范国禄，字汝受，有《十山楼稿》，九世祖范遇（祖遇），字濂夫，有《一陶园诗》。八世祖范梦熊，字君宰，七世祖范兆虞，字韶亭，皆有诗作，与十二世祖范应龙诗杂处为丛稿，总三十六首。以挚父、伯子先生手眼，不难以其身世、阅历及诗风、词语辨其谁属，然终未为。十翼不自量力，经穷年推考，以为三十六首中，自有三种绝不相类之遭际与诗风，其一，沉郁深雄，平居忧思，多故国黍离之叹，必处颓乱之世，当为应龙襟抱；其一，拔剑苍茫，报国无门，必曾经军旅生涯，非梦熊莫属；其一，迂回悱恻，幽静深美，恰合兆虞心怀。然后循迹索寻惯用词与诗语之构成及五七言之偏爱，无一首不入彀中。余仍忐忑，乃以询诸当代高手，咸以为妥切无误。至此四百年疑案冰消壤解。为千秋计，此丛稿三十六首虽各有主，然尚不作铁案定论，以俟后之来者。六世祖范崇简，字完初，有《懒牛诗钞》。五世祖范持信，字静斋，少负才名而独无诗传，更无诗集；其所流传之诗两首，乃咸丰年间寇警，城垂破，期与高祖范如松死，乃口占两绝，曾祖伯子先生犹能背诵，其一云：“七十老翁何所求，要将一死抵封侯。人间乱世飘零尽，赢得先庐作一丘。”其二云：“偃卧归来夜不惊，呻吟愁汝到天明。分明一夕城垂破，又听街头卖饼声。”以七十三岁之老人才思不钝，落笔散珠，欲以歌吟告别人间，诗意之人生至于偃蹇若斯，令人扼腕三叹，足见心灵专政于乾隆年间之酷烈。先祖仲淹之“宁鸣而死，不默而生”为书生之意气，言人生必轰轰烈烈而不当寂然无闻则可，倘曲解为必以诗句抗斧钺，为引颈之牺牲则谬甚矣。乾隆大兴文字狱，《清稗类钞》所载沈德潜以题黑牡丹“夺朱非正色，异种也称王”而被戮尸，将其宦爵、谥衔并祭葬碑、乡祠木主一并废除。乾隆微服游于市就一书肆翻阅书籍，时微风拂拂，吹书页上下不已。一书生见状，即高吟曰“清风不识字，何必乱翻书”，乾隆以为讥讽也，旋下诏杀之。此类故事，比比皆是。乾隆四十八年，完初公二十七岁，举国震惊之徐述夔《一柱楼诗集》文字狱正发生于通州如皋，遇难者近千人，绝大多数为无辜牵连者。徐氏被族，子孙姻眷杀戮殆尽。通州、如皋、扬州一带诗书世家谈文色变，焚毁诗文信札，此所以完初公“不令（静斋公）为诗或潜为之不以示人”之缘由，亦所以静斋公之无诗也。盖不欲少年才俊之静斋公迎刃而上，作无谓之开刀料，亦东坡翁“但愿儿孙愚且鲁”之意。苟无曾祖范伯子先生之博学强记，留下两首，则静斋公真寂寞后世，而吾乡范氏十三代诗稿亦有世次不续之疵矣。高祖范如松，字荫堂，有《未信斋稿》，实为范氏诗文世家关键性人物，上承八代诗人之高风，下启范氏诗文鼎盛之局面。荫堂先生诗教有方，伯子、仲林、秋门三子皆以诗文闻于晚清，有“通州三范”之目。范伯子有《伯子诗》，范仲林有《蜂腰馆诗》，范秋门有《季子诗》，尤以曾祖伯子先生卓然起于江海，声名溢于神州，天挺瑰姿，为天下士所景从。祖父范罕，字彦殊，有《蜗牛舍诗》；叔祖范况，字彦矧，有《彦矧诗》及《中国诗学通论》。兄弟皆游学日本。其时国中学界咸与维新，彦殊曾以严幾道所译赫胥黎《天演论》呈伯子先生。西学东渐，废置科举，国故式微，古诗文世家唯固守阵地而已。父亲范增厚，字子愚，幼承庭训，并随祖父范罕留学日本。敏悟于诗，十二岁于日本即有“深秋处处风如水，更听梧桐夜半残”之句。父亲平生作诗不辍，每写毕则俯吟仰唱，声调铿锵激越。吾之善于吟唱，皆为儿时嬉戏中得之也。父亲壬戌年（1922年）于芜湖聆听谛闲老法师讲《法华经》，并皈依莲海法师，法名妙谛，故父亲终其身为居士。素食，诗多禅意，怀念母亲缪镜心先生之悼亡回文诗尤为情韵深美之作。父亲诗从不发表，更无论辑集出版。吟咏数日，则藏之箱箧，不复示人。父亲之诗与并世诸公较，或不多让，其所以不欲张扬者，以吾观之，父亲或以为祖上多为诗坛巨擘，唯恐一字之失，贻笑大方，此谦揖之一面也；亦或以为知音寥落，歌者正不必自苦，自娱足矣，此矜持之一面也。1980年余将往香港展览，乃语家翁曰："先世皆有专集，儿且欲为父亲诗印一小册，其可乎？"父亲俯思再三，允之。《子愚诗钞》印出后，父亲颇欣慰，余乃呈百本嘱以贻亲朋，父亲选一本供奉于母亲灵前，其时母亲已谢世九载矣。及父亲既殁，余于整理故物时，发现一牛皮纸严包之物，开之，则九十九本《子愚诗钞》于其中。父亲深情于诗，淡泊于名如此，今时古贤，不为过誉。

余大兄范恒，字志常，长余十三岁，二兄范临，字志匡，长余十一岁，皆早慧能诗。时家贫无以为乐，父亲子愚翁恒燃香计时以作联语、诗钟为戏。二兄清俊，时夺头标；大兄沉稳，每有佳句；独我幼稚，在旁作天真怪异语，每令父兄大乐不置。1945年，大兄奔赴革命，二兄谋生香港，从此孤独无伴，时年八岁。念二兄之将行，乃书"南无阿弥陀佛"数字相赠，童心真纯，是颂是祷。今两位兄长皆为陈人，思五十余年前往事犹在目前，曷胜人生短暂、前尘如梦之叹。余原名范曾（后改作曾），字志纲，自幼濡染于诗文世家之氛围，颇多会意。一日，硕儒张梅安先生来家，指院中鸡冠花嘱为诗，余即口占"绿羽顶红冠，花开处处啼"。张公大惊异，顾家翁云："此子有厚望焉。"其时年甫七岁。少时即背诵屈原《离骚》、归庄《万古愁曲》、杨小坡《套曲》，它如《诗经》、唐诗、宋词累千百首。善为七律、古风、长短句及曲赋，亦偶作新诗。有《范曾吟草》、《范曾诗稿》、《庄子显灵记》等行世，以不坠家风自励。世皆以画家视余，其实于诗癖爱尤深，家学积渐，不能自已。

中国术业恒以宗族为传承，其传至二、三代者，殆不胜指，然后易姓以弟子传。能以诗世家薪承火继延至十三代者，不惟中国文学史之所仅见，亦世界文学史所未闻。四百年中，名人相望，大师辈出，陶钧鼓铸，滂沛成气，兀为中国文化史之奇迹。要之，范氏之诗纵览之，不作无病呻吟之语，不为刻红剪翠之句，亦未见喁喁鬼唱之诗。大凡范氏作手，往往挟雄风以长驱，进则有豪侠气，退则有高士气，而儒家经世、禅家感悟、道家睿语，皆若散花之近维摩，不着痕迹。世之评范诗者，不惟评诗，兼评品节，高风起于海澨，噌吰振于澒洞。有国魂在，有诗灵在，有家山风物、故人情怀，此四百年间范氏以诗意融于人生。诗教乃灵性形上之教，非手艺人工巧形下之技。此中道理，盖非徒以幺弦孤韵、蝇声蛙噪相鼓吹标举者可望项背者矣。

历代诗评不可一一论列，今试举其荦荦大者，为后之来者佳境共赏，疑义相析。明末英烈史可法慕余十一世祖范凤翼高风亮节，著《范公论》以赞之。文云："天之生贤人、君子，固以为社稷苍生之庇，其用之大者，莫如以一君子为众君子之津梁，则太蒙范公之在吏部是也。"此指万历三十八年任吏部文选司主事时，阉党势炎，凤翼公擢用清流贤才，首推顾宪成、高攀龙，而士之虽持节而缄口者，咸赖公为埙篪。史可法，秉心至公而载笔不阿之大丈夫也，颂凤翼之英姿杰识，称"士之附之亦诚百物之于麟凤"，此评重于鼎鼐，断非浮言。因忆通州旧居堂上有凤翼公之塑像，高可尺余，其威严仪态，直如宋之包拯，董其昌赞范凤翼诗"吏部文章真不朽，龙图忧乐本同参"，确非虚誉。董其昌每忆及昔日左迁外吏，佞人投石之困时，独"異羽（范凤翼）在天曹，违众援之，不遗余力，予得无溺。盖其直道任事每每如此，恒怀知己之感"。时范凤翼于吏部拜天官郎，故董其昌称"在天曹"。其对名士之回护，真有孟子所谓"虽千万人吾往矣"之概矣。范凤翼之浩然正气，对通州范氏家风影响巨深，四百年来犹为后辈懿范。其诗文则如钱谦益之评"原本经术，贯穿古今，凿凿乎如五谷之疗饥、药石之治病；至于指摘利弊，分别贤佞，劳人之苦心与大人之伟略，峥嵘磊落，侧出于笔墨之间"。以钱谦益之雄视古今，竟称“念先生与余积薪硕果，大江南北如晨星之相望，非余谁当叙先生者”，足见范凤翼其为海内大君子之尊崇，非止一二人耳。

大木不生于瘠壤。曾祖范伯子之出，以家学二百五十年之积厚也。其影响睫在目前者当为高祖范如松，其课子不惟经学子史，更重品节操守。范氏于宦途一显于明季范凤翼，兹后七代为诸生，究其根源非止一端。范凤翼之“坐东林党为民，追夺诰命”，自此引高不出，筑“退园”于故里。而其子国禄入清后不应举，又因修州志构奇祸。其后如前述完初公之不欲静斋公为诗文，皆高士不求闻达于乱世之志也。范如松子叔曾祖范仲林、范秋门既于科场获高第入仕途，临行则授以《作吏十规》，谔谔其言，申申其詈，如“地方善政不能举，逢迎上官则恐后，最可耻”，“为民父母者，第一戒贪，贪则心昧……最可耻”，“作官须知进退，若老马恋栈，阿时殃民，必至身败名裂，辱及君亲，最可耻也”。仲林、秋门为官皆廉洁有清誉，有由然也。

通州范氏诗文至范伯子驰逸绝尘，为明末以降二百五十年奇迹。伯子与陈散原并为同光诗坛领袖，两老相契，遂结儿女姻缘，姑祖范孝嫦嫁陈师曾，堪称文坛佳话。范伯子年轻时课弟于通州黄泥山之新绿轩，其腹笥之深，信非仲林、秋门可及，然于科场，自秀才而后累试不售。兹有一故事，可知其缘由。伯子少年时与张謇雇马游山，叠骑清谈，着鞭争胜，此乐何极。乐则乐矣，而于光绪元年（1875年）张謇、范伯子乡试双双落第，张謇且于日记中怨谓“论时文者均得榜”。张謇之师海门赵彭渊大震怒，以为张謇尽弃前学，不重时文，何能仕进。范伯子以旷世之才，固不可为八股所囿，其对张謇之影响，定为贬斥时文。赵翁此一怒，使范、张从此于术业之专攻分道扬镳。范伯子以秀才名被天下，张謇以状元迹垂青史，而其友情至死不渝。伯子先生弥留之际，张謇赴沪探望，张謇于日记中有如此记述：“十二月五日范执我手，附我耳语：‘……子长我一岁，望节劳。我可死，子不可死。幸记之。’闻之心楚。三十年之老友，今无几个，年来图兴地方自治之基，肯堂预议论极多，亦甚资助力。今察其病状至危险……可痛也！论其诗文，非独吾州二百五十年来无此手笔，即与并世英杰相衡，亦未容多让。”

对伯子先生诗文，晚清、近世硕彦高儒早有定评，兹录数则，以见一斑：

论伯子诗之大悲怀也，有钱仲联先生云：“天雄星豹子头林冲——范当世。范伯子诗，为近代学宋一派所宗，吴闿生选晚清四十家诗，以伯子冠首。金天羽《答苏戡先生书》谓伯子贫穷老瘦，涕泪中皆天地民物……盖豪杰之士也，良非过誉。其《过泰山下》诗云‘生长海门狎江水，腹中泰岱亦峥嵘’，是何气概雄且杰！”

论伯子诗之大气象也，有陈三立之慨叹：“苍然放块之气，更往复盘纡以留之。盖于太白、鲁直二家通邮置驿。”（《三百止遗》序）

论伯子诗语言之奇谲超绝也，有汪辟疆云：“盘空硬语真能健，绪论能窥万物根。”（《光宣诗坛点将录》）费行简云：“兀傲健举，沉郁悲凉，匪第超越近世学宋诸家，其精者直掩涪翁，清末诗人岿然灵光。”（《近代名人小传》）

论伯子诗之历史地位也，有吴闿生之激赏：“覃及胜清之末，肯堂先生卓然起江海之交，忧国愤时，发而为歌诗，震荡翕辟，沉郁悲壮，接迹李、杜，平视坡、谷，纵横七百年间无与敌焉，洵近古以来不朽之作也。”（《晚清四十家诗钞》序）

最概括而肯綮之评价当属吴汝纶：“文之道，莫大乎自然，莫妙于沉隐，无锆中年到此，则天下文章其在通州乎？”又专评伯子先生《武昌张先生七十寿言》一文曰：“此作真可谓神奇，直当比方欧公而上之，非千年以内物，曾公及濂公最工之作，乃不过如斯。”（《范伯子文集附家书三》转述）

引述至此，伯子先生于诗坛之声威固自可知矣。余纵览先曾祖诗，中心之感动，首在其不同凡人之心胸手眼，真所谓搓摩日月、折叠河山。其胆识接迹太白，确为的评。曾祖于李白、杜甫、苏东坡、黄庭坚之外又有意于李义山之绵邈邃密。其豪情逸怀，常与古人作异代游，游赤壁竟有“江水汤汤五千里，苏家发源我家收”之句，不可端倪，令人击节拊掌。读至“字里鲲鹏翻积水，眼中鱼鳖撼骄阳”，则更知曾祖确为摩荡文字、激扬情怀之巨匠。

要之，但凡一代之中、一艺之内恒有异数者，不可以承传视，不可以流派限，不可以门户见，独立而不羁，特行而忘缕。即以曾祖伯子先生诗文言，桐城耶？同光耶？宋诗耶？唐诗耶？佛道儒耶？狂士耶？剑侠耶？细看都无相似，让面目还他自己——范伯子。

当代国学大师钱仲联先生对南通范氏诗曾作如是说：“清代惜抱大桐城古文之派，以迄今日厥传未绝，南通范氏其执吟坛牛耳者哉。”“南通范氏既高据诗界昆仑之巅，其一家之世业撰则又不止于诗也。”钱先生与余缘悭一面，唯于去岁先生九十五岁诞辰时曾奉一诗一画为贺，于电话中曾闻先生吴语，本拟今夏返里时过苏州专访，讵料先生遽然辞世，则先生之《南通范氏诗文世家序》为其平生著述之最后一文。余感极而悲，疾书挽联一副，派专人送苏州，词云：“五百年必有王者兴，溯遗山以还，诗雄当推范伯子；九六龄追陪古人去，怀北江而后，论哲莫过钱仲联。”自钱牧斋与范凤翼为莫逆，四百年来，钱、范两家，情深如此，亦足载之文苑史帙矣。

通州范氏以对科场仕途之不恋，十三代中朝廷高官仅一见；州县小吏亦不夥，即使为官亦极清廉。故尔伯子有诗云：“人言诗必穷而工，知穷工诗诗工穷。我穷遂无地可入，我诗遂有天能通。”范氏之穷，君子固穷也，非不能富，辞富而安贫也。故家风高秀，迥乎尘俗。通州范氏故宅位于城北，有唐光孝塔在侧，清风夜铃，古趣未远。庭院殊小，盈数丈而已，有明代古井一口，水清冽沁人，以研墨，色泽焕然。家翁尝戏语余曰：“吾家之风水，有文曲星之高照，唐塔为笔，院井为砚，岂不宜有大块文章乎？”历经四百年，朝代递嬗，岁月迁流，其间兵燹、动乱频仍，文人世家唯数千册线装书幸免于难。楠莉见其浸湿霉坏，属北运京华，曝书之日，乃见吾家历代诗文秩然犹存。余大慰藉，抚卷感喟，有不可尽言者矣。一日，河北教育出版社社长王亚民先生携《范伯子诗集》来，谓刘梦溪先生所赠也。余语王君云“此余曾祖诗也”，乃尽示先世诗文。王君云：“此奇迹也，何不出版，以昭吾中华不朽之文明？”遂经三年之裒集、标点、编辑，今初就，将付剞劂，思绪潮涌，虽为序如上，实不能述吾怀之万一。信夫范氏之诗文必将覃敷于海内，流播而靡穷。此非独范氏幸也，亦中华文化之大幸也。

甲申春范曾于抱冲园

水泊梁山记

迤逦梁山，荦确延岱宗脊脉；浩渺水泊，波澜接黄河源头。千秋云走，史乘载铮铮人杰；万里风飘，《水浒》传凛凛鬼雄。盖凡河岳阔峻、草木萧森之地，必有万千气象在焉，所谓水土养人，斯之谓欤。

梁山故地，夏商归于兖州，自古多激扬赴义之士。商纣暴虐，国祚已尽，微子兴悲，良有以也。周室衰而群雄起，礼崩始于庙堂，乐坏被于江湖。孔子著《春秋》倡仁，孟子继起而倡义。所谓君子之怀，蹈仁义而宏大德者也。富贵不能淫，贫贱不能移，威武不能屈，遂为大丈夫懿范。梁山以一隅之地而名彪青史，岂偶然哉？

上溯九百年，北宋衰微，大厦毁于白蚁，山崩起于朽壤。宋江兴师锄奸，威名动天地，纵横十郡，所向披靡。元末有施耐庵者，网罗放失旧闻，汇为《水浒传》，以生花之妙笔，演绎史迹，写梁山一百单八将传奇故事，石破天惊，气干霄汉，六百年来为天下所共赏。梁山英雄“替天行道”云者，亦处江湖之远则忧其君之大德使然也。

伫立八百里水泊之涯，古今骚人，皆忾然而太息，有不为天地大德之运行而忧思难忘者乎？吁噫，以德治天下，正兴国之本欤。

范曾于北京　时在辛巳（2001年）春

趋近自然

—— 在联合国教科文组织大会上的讲话

人类文化的多元性，是原始和早期农耕社会对人类的恩赐。因为信息的往还等于零，所以人们在一定的、不变的地域中生活。至于文化的产生，它依据的是自然的合目的性，当这样或那样与大自然的目的相侔时，便会留下弥足珍贵的文化。这文化除体现自然的目的而外，还包含着人类自身的目的和需求。由于每一个族群所见、所知、所爱各有所长，也各有所短，于是一个五彩缤纷的、多元的文化，在世界遥远的上古即已存在于人间。每一个族群，都有自己的一偏之见，所以文化往往在偏见中成长；这种偏见越烈，则其文化的独立性越著。

文化的多元还来自人类对宇宙本体的认识各有不同的集体记忆。这种认识，会渗透到他们文化的各个领域，世代传递，以致成为根深蒂固的传统。这种传统是那样的坚不可破，成了精神维系和凝聚的元素。

经济的全球一体化的背景，是工业家和商业家们都在争取市场的过程中发现的。市场——商业的阳光是有限度的，而对阳光的争取，则正如康德所言："犹如森林里的树木，正是由于每一株都力求攫取别的树木的空气和阳光，于是就迫使得彼此双方都要超越对方去寻求，并获得美丽坚挺的姿态。"康德以为这是一种历史的理性，今天全球经济的趋向一体化，证明了康德的伟大预言。然则人类各族群的固有的（我这里大体指原生态的、根深蒂固的集体记忆）文化，却不屑于这种一体化竞争，他们各自为政。譬之旷野和大壑中的树木，它们的发展是那样的自在，有虬曲、纵横错落的，由于适应恶劣的天气，更显其顽强和美妙的万千仪态。它们是那样地丰富着人类的心灵，那是地球生生不息的大自然大不可方的目标，这目标近在目前的一草一木，远在天边的大木巨柯，丰富性是它们最大的特征。文化的多元有一部自身的宪法，便是"自在"和"无涉"：自生自发，与世无涉。当"竞争"这一不期而至的幽灵来到这自在的境遇时，它如不抱"善"的愿望，它就会在不远的未来被人类弃置不顾。一切的自以为大规模的文化自我膨胀，在人类族群的集体记忆之前，在本质上都是脆弱的，不能永年的。这幽灵飘忽而过，不足成为永远的存在。

"天地有大美而不言"，我们在它面前的唯一选择是敬畏。自然提供给人类的是无穷极的美的感受，各取所需，于是多元以生。而多元从本性上讲，应该是和睦相处的，相互勉励，相互敬重，相互热爱。

真正的、有永恒价值的人类各族群的文化，都是自然生发之果，它们不是人类先验理念设定的产物。大自然在人类的意志之前，有着不可转移的目标。依循着这人不可方的目标，而不是妄自尊大地自以为是，人类便能得益匪浅，这在中国叫做"天人合一"。

在电脑统治全球的时代，比尔·盖茨可称卫冕之王。然而佛家有云："如梦幻泡影，如露亦如电。"一切都是瞬息，一切都会过去。电脑软件的日新月异和文化的多元是两回事。你们的手机上，都会出现同一种谐谑、同一种笑话，它和多元杳不相关，因此它与人类的进步关系甚微，不要太相信电脑推销商的巧言令色。人类在电脑所创造的虚拟世界前罔之所遭，甚至有些失态，同一类型的机器，必有属性相类的产品。电脑不是人脑，那是缺乏温度的无情界。它的无隙不入的能力，宛如沙尘暴。它不是多元文化的福音。

人类的文化史，即从野蛮走向文明的历史，比较起地球的生命，或从猿到人的历史，真的十分短暂，于是，在此领域与物质生活不同，进化论的观点在灵智之域大体是行不通的。上古的、中古的、近代的文化都有其自身存在的必然性和不可取代性，因之它们没有先进与落后的鸿沟。七千年前中国新石器时代先民在一只陶罐上画了一头猪，那神态的精妙与造型的奇绝和七千年后的中国伟大的画家八大山人的作品，完全可以等量齐观。今天的世界一依此法则，所有的文化都各得其所，各臻其妙。他们没有高低之判，只有自身独特的美奂。斯宾塞的文化进化论不可凭，于此又是一个明证。这刹那的人类历史的绝大部分时间都耗在对大自然目标的抗拒之上，那真是万分的可惜。然而，人类依旧有一个顺乎自然的梦境，那就是大同世界。在中国的古籍《礼记》中提到大同的前提是“讲信修睦”，不仅要有君子之“信”，也要有相互之“睦”。或许在我们孙子的孙子的孙子时，人类会迎来这太平盛世。这是一个遥不可及的梦，但我们不要放弃这“大同”的美好之梦。两千三百年前，中国的大哲庄子说，还有“梦中之梦”。那对今天的我们来说，“梦中之梦”便是把握着文化的多元，这是通向和睦未来的不可忽视的梦。它是那样的美妙，它和大自然的多样性同在。

为天对人类恩惠有加，给了我们空气、水和土地，使我们人类这有灵、有智的族群得以生殖繁衍。人们本可共同来缔造一个花团锦簇的地球，然则人类整体的实践往往使人失望居多。让我们每一位艺术家、每一个文化人以自己微不足道的努力来缔造众志成城的巨大事业。这巨大的和平事业距我们虽遥远，但每走一步都在趋近它。联合国教科文组织的这次文化多元的相逢，宛如中国从上古直传到今天的庙会，它使人欣慰，同时使人类快泯灭的希望复燃。

亲爱的朋友们，当我在这里演讲的时候，我的祖国正经历着一场空前巨大的自然灾害：汶川地震劫难。我的亲人们正在受难。我谨代表我个人和艺术界的朋友们，向全世界各国政府和人民对我国最诚挚的援助，致以最崇高的敬意，并表达由衷的感激之情。

范曾2008年5月于北京

大美不言

一

美为何物？美在哪里？难道美在世俗彩绘的画栋雕梁？在季子之堂的“八佾之舞”？在那精制的陶器和仪仗的斧钺？在墓葬或陵寝的装饰？去吧去吧，这都不是。这些在庄子看来都是丑陋不堪的、恶俗的、不可容忍的。美，在庄子看来，存在于天籁、地籁和人籁。籁，在庄子书中已超越了一般的由孔穴发出的声音的涵义。“籁”是一种声音、一种气息、一种氛围，是没有经过人工雕凿的、天然淳朴的存在。天地之间的万物随风所发出的声音，音调万殊，清风徐来的水上，飘风狂啸的陡壁峭崖，摇曳着的枝柯，横斜的林木，杂沓着的人生漫漫长途，都有那无待外物推动自己而“咸其自取”（《庄子·齐物论》）的声音、气息和氛围。风是看不见摸不着的，而这“咸其自取”的万物殊态、大自然的五音繁会，你却能感到、悟到。对天籁、地籁、人籁的感悟所必需的条件是，作为认识主体的人自身的物化，一种与万物齐一、无隔无封的状态。这就是当颜成子看到南郭子綦这位真人的生命状态，他不仅形同槁木，而且心如死灰，他的生命已然回归大化，与万类同生，与草木同腐，一切的区别对他来讲都不复存在。他讲出了三字最高言谶：“吾丧我。”我已失去了自己、忘怀了自己、抛弃了自己。只有这时，南郭子綦一定听到了那宇宙间最美妙和谐的大的交响！

二

庄子绝对地弃绝人间的艺术，包括绘画、音乐以及艺术化了的所谓礼仪、巧妙化了的所谓雄辩。他以为这些足以炫人眼目、乱人耳听、闭塞真性、淆扰心灵的五色、五音、仁义、言说，都从根本上违背了“天籁”，失去了朴和真，因此宛如并生的脚趾和歧出的旁指，不过是身体上的赘疣和痈瘤，这些东西与人的天性相悖谬，必除之而后快。离朱，你是什么画家？你所彩绘的青黄相间的华服何等的刺目。师旷，你是什么音乐家？你那烦乱而媚俗的音乐何等的刺耳。曾参与史鳝，你们虚伪的仁义，徒然在惑乱世道人心；杨朱和墨翟，你们废话连篇，乃是欺世炫人、追逐浮名。“彼至正者，不失其性命之情。”(《庄子·骈拇》)这是庄子学术之大纲，至理正道，质言之就是一句话：不失天然的情性，不失生命的本根。

庄子的美学思想是彻底的真和朴，这和他本人的社会的、政治的思想完全是一致的。一切违背天然情性、生命本根的社会、政治、文化、理想，在庄子面前都遭到致命的粉碎性的打击，而不是一枝一节的损伤。他说自唐尧虞舜之后，天下滔滔，莫不以仁义相激励，呼啸奔走，然而正是这时，人性沦丧，“以仁义易其性”(《庄子·骈拇》)。三代以下，小人以身殉利，士则以身殉名，大夫以身殉家，圣人以身殉天下，“此数子者，事业不同，名声异号，其于伤性，以身为殉，一也”(《庄子·骈拇》)。在庄子看来，天然本真的生命价值重于一切身外之物，重于利、名、家、天下。利、名、家、天下不过是“千仞之雀”，唯有这不失本性的生命，才是“随侯之珠”，因此，是不值得以珠殉雀的。同样，在庄子看来，东周之世，艺术的成果不过是一些摧残事物本性的矫伪之作，那是鄙俗的、市侩的、乡愿的、阿谀献媚的、假仁假义的、充满恶浊之气的渣滓。艺术同样不可殉利、殉名、殉家、殉天下，“虽通如师旷，非吾所谓聪也”，“虽通如离朱，非吾所谓明也”。那么庄子有他所认为的美的存在吗？有的，那是超越了官感视、听、嗅、味的存在，那是“吾所谓臧（完美）者，非仁义之谓也，臧于其德（规律）而已矣”——完美在于回归宇宙之大德，完美在于回归生命天然的情性与本根。“吾所谓聪者，非谓其闻彼也，自闻而已矣。”精微的听觉，不在于你听到外在的什么金、石、丝、竹、黄钟、大吕，而在内省的美妙的体悟。“吾所谓明者，非谓其见彼也，自见而已矣。”（《庄子·骈拇》）明彻的视觉，不在于你看到的什么青黄相间、五彩斑斓，而在内省的玄幻的寂照。

三

庄子把社会的、人生的、美学的思想融为一体，了无间隔。在庄子的哲学中，不似弗洛伊德之剖析“伊德”、“自我”和“超我”。庄子就是庄子，“庄子”、“自我”、“超我”是一体的，因为庄子就是自然的存在，而弗洛伊德不是自然的存在，是社会的存在，只有社会存在意义上的人，才用得上弗氏的学说。庄子做到了彻底的自然回归主义，一切西方现代的前卫主张者，裸露着胴体在森林荒野与草木鸟兽共处几天、男女杂游、不婚不聘一番，那不过是现代化生活逼出的乖张和逆反，与庄子之思南辕而北辙，不可同年而语。庄子之思有着哲理上的凛冽的寒光，有着为人品性上的质实的淳厚，有着艺术上去尽雕饰、洗尽铅华的大美奇奂。于是，庄子反对一切美的创造之后，却创造了一个天地大美的理想。光凭着这个理想，我们就知道庄子的美学思想不仅照耀了两千三百年，还将照耀着无穷极的后来者。

艺术家无论口头上如何狂肆如何孤傲如何鄙薄同道，然而静夜独坐、扪心自问的时候，些许的怯懦些许的自悲些许的无力渐渐袭来；由于生性缺少淳厚和质朴，因此没有真正的反省和忏悔，白日里继续着标榜和吹嘘。这种心态的循环往复，使这样的艺术家陷入苦恼的怪圈，他们的作品也日趋矫揉造作，故弄玄虚。商人、评论家与他们相依为命，帮助他们成全他们的噩梦，使他们的画价或其他艺术品价格更高昂，同时使他们在人性上更趋畸变，最后他们渐渐觉得自己果真是上帝死后新生的神灵。然而无所不在的良知也会偶尔在他们心头浮现，不可一世的毕加索对自己是否有天才，常持疑虑。现实的虚荣，往往是天才的重负，甚或使天才消损沦丧。

你们见到拈花微笑的佛祖和迦叶了吗？见到鼓盆而歌的庄生了吗？见到发现了“一切美的相同性”的苏格拉底了吗？东西方的睿智是可以为21世纪人类文化接出一个强壮的宁馨儿的。20世纪人类文化史上留下了太多的垃圾和丑陋，背离自然和谐乃是万恶之源。

四

啊，天地大美！天衣无缝、天章云锦的大美！那天半朱霞、云中白鹤、山间明月、水上清风，那崇岭险巇、奇峡大壑、渺渺微波、浩浩江流，那寒光积雪、大漠孤烟，那风萧马鸣、落日余晖，何处不是造化神奇的创造，茫茫天宇、恢恢地轮，何处不是无言的大美？

“天地有大美而不言，四时有明法而不议，万物有成理而不说。”（《庄子·知北游》）天地的大美，四时的序列，万物的枯荣，都是由于那“惛然若亡而存，油然不形而神”的本根——道——自然的伟力所致。至人在它面前无所作为，大圣也不会妄自运作。人们在宇宙本根面前，只有虔敬才是本分。《庄子·秋水》中，在嘲讽庄子的论敌公孙龙时说他无法察悉庄子的精思妙言，“是犹使蚊负山，商炬驰河也”，以为他有限的视野和深度不过是“用管窥天，用锥指地”。说到底，在我看来，庄子本人否定一切人类智巧，人类的所有发现、发明和艺术的创造都不过是“用管窥天，用锥指地”而已，比起宇宙的大美，实在太渺小了。在庄子看来，天地是硕大无朋的大熔炉，而造化则是技艺高超的大匠人，它们陶熔浇铸了宇宙万物，万物的生息繁衍、生死枯荣都是这熔炉和大匠的驱遣，生死存亡浑浑然一体归入于大化的熔炉之中。不必强自己所不能，一切得失都是顺应，于是生之欢乐、死之悲哀都会在这大顺应、大过程之中消融，那就真正摆脱了人生的倒悬之苦。〔《庄子·大宗师》：“且夫得者，时也；失者，顺也。安时而处顺，哀乐不能入也。此古之所谓县（悬）解也。”〕

当我们艺术家在人生的体验上，没有一种彻底的大解脱而在倒悬之苦中挣扎时，便无法与大自然在浑然中邂逅，无法去了解天地无言的大美，而又欲标新立异、炫人耳目，必然如庄子书中熔炉中跃然而起的那块熔金说“我必须成为莫邪那样的良剑”一样，被视为不祥之金。一切艺术上的故意矫造，何尝不似这跃然而起的恶金？

天地大美是一种无是非、无差异的齐一淳和之美，天地万物的生息消长相嬗替，开始和终结宛若一环，不见其规律，这在庄子书中称为天钧，也称作天倪，就是自然而非人为的分际，乃是一种真正的大和之境。（《庄子·寓言》：“万物皆种也，以不同形相禅，始卒若环，莫得其伦，是谓天钧。天钧者，天倪也。”）也许你不一定在争奇斗异，然而倘不能把握这天钧，不了解这不见规律的淳和之境，那么天地大美又何在呢？没有这种与大自然浑然一体的融和，你做不到大解脱，也依然会沉沦在倒悬之苦中。

五

庄子哲学的观察体物，决不是明辨清晰、纤悉无遗的，庄子生就了一双混沌的醉眼对着滚滚的红尘、浩浩的宇宙。而过分的清楚，似有所得，实质却形神离散，接近死亡。把有形的东西看作无形，那么反倒气静神定。(《庄子·庚桑楚》:“以有形者象无形者而定矣。”)庄子在《达生》篇中讲到一个醉汉坠车的故事，虽然他遍体鳞伤而不曾死亡，他的骨节与别人一样却生命独全，其原因是他“其神全也，乘亦不知也，坠亦不知也，死生惊惧不入乎其胸中”，所以遇到伤害而无畏惧。我想醉汉自车而坠时尚昏昏然酣睡，如物坠地，一切顺乎自然，一种彻底的放松状态(“其神全也”)，倒比那些临危惊恐万状、手足无措的人容易逃过大劫。因为心智在惊恐中所作判断，大体都逆乎自然。所以庄子通过关尹阐述进一步的道理，醉汉尚能“得全于酒”，更何况“得全于天”的人呢？如果能真正与天地精神相往还，那还忧愁怛悼、还患得患失、还畏生怖死吗？不会了。那时你就可以过乎昆仑、游乎太虚，在无何有之乡徜徉，你就能真正地去拥抱天地的大美。这是一种如婴孩般天真无邪、如醉汉般混沌痴迷、逍遥自由、和谐统一的心态高峰的体验。庄子还会在下面向我们展示这种奇妙的境界。

六

一切经过人为加工的、注入了人类“心智”的，一切为声、色、香、味和欲念所驱使而自以为有所得者，在庄子看来，都大悖自然的本真情性，都是丑陋的。百年的大树，在大自然里掩抑扶苏，何等壮美，而偏偏“破为牺尊”，以青黄的彩色绘以花纹，而将断木残枝弃于沟壑。我们将这件雕饰花纹的牺尊和断木残枝相比较，固有幸与不幸的区别，然而在失却自然的本性上而言，它们却无二致。盗跖和曾参、史鳝，他们的行为和所尊奉的道德价值观不一样，然而在失去人的本性上而言，也是没有区别的。庄子以为丧失真性有五种情况：五色乱目，使目不明；五音乱耳，使耳不聪；五臭熏鼻，壅塞嗅觉直达额顶；五味浊口，味觉败坏；取舍迷心，使性驰逐。这五种情况，乃是戕害生命之大恶。这些都是杨朱、墨子所汲汲以求者而“自以为得”，这不是庄子所谓的得。苟得者反为所得而困扰，那可以说是得吗？而这种困扰之于牢笼和虎豹关于圈栅、罪犯受到酷刑有什么区别？(《庄子·天地》)

世俗的凡人将上述生命之大恶如柴栅般充塞于胸，而得道的真人却非如此，他们探究穷极事物的真性，持守他们的本根，忽忘天地，弃置万物，他们的精神世界不受外物的困扰，他们真正与大道至德相融合，摈弃仁义和礼乐，那时他们的内心便是一片恬淡、一片清明，静如止水，寂如太虚。(《庄子·天道》:“极物之真，能守其本，故外天地，遗万物，而神未尝有所困也。通乎道，合乎德，退仁义，宾礼乐，至人之心有所定矣。”)

七

庄子体道的论说，表面上的确与艺术不共戴天，然而他往往阐述和展示了艺术的本质。一个艺术家倘若不读庄子，而只知从后世文论画论中寻章摘句，那就不知源头所在。如果说庄子是辽阔的天宇，那何必以管窥天？如果说庄子是宁静的大地，那何必以锥测地？庄子用斫轮老手和梓庆的故事，给我们展示了一个最透彻的真理。故事本身非常雄辩，不必凿凿以言。有一位斫轮老手嘲笑齐桓公所读的圣人之书不过是糟粕，而自己的悟性来自对道——规律、法则的自然体认，“斫轮，徐则甘而不固，疾则苦而不入。”甘指松缓，苦指涩滞，那是慢不得快亦不得，真是其中甘苦自知。“不徐不疾，得之于手而应于心，口不能言，有数存焉于其间。”(《庄子·天道》)这是不可言说的对大道的深刻体验。这存于其间的“数”，就不是指一般的技巧分寸，而是宇宙的微妙尺度，这种体道一如的境界，是不能喻于儿子，也不能传诸后世的。

庄子在《达生》篇中，讲到梓庆作鐻的故事。梓庆削木为鐻（刻木为夹钟），观者以为鬼斧神工。鲁侯讶之，问其技巧，梓庆说："臣工人，何术之有？虽然，有一焉。臣将为鐻，未尝敢以耗气也，必齐（通'斋'）以静心。齐三日，而不敢怀庆赏爵禄；齐五日，不敢怀非誉巧拙；齐七日，辄然忘吾有四枝（肢）形体也。当是时也，无公朝，其巧专而外骨（外在的混乱）消。然后入山林，观天性，形躯至矣，然后成见鐻，然后加手焉，不然则已。则以天合天，器之所以疑神者，其是与？"当一位艺术家，涤清胸中渣滓，洗尽世上铅华之后，忘怀得失，宠辱不惊，不只技术之巧拙置诸脑后，甚若忘却了自己的四肢形骸，那时才能真正做到眼不见绢素，手不知笔墨，下笔无非天然之生机、大造之氤氲，放笔如在眼前，下笔即在腕底，——"然后成见鐻，然后加手焉"。这种"如灯取影"的境界，在艺术上只有大手笔可得其仿佛。梓庆作鐻的过程，他的心路历程，他的凝神养气，最重要的是他的"以天合天"的情状，亦如《达生》篇中所谓"以鸟养养鸟"一样。一切成功的、出神入化的创造都得谙合自然的规律，手段与法则合而为一；否则，最好是搁笔。唐张璪曾记载毕庶子宏见到张璪作画，"唯用秃笔，或以手摸绢素"，即张璪作画有些不择手段，只要达到感悟，即使秃笔或用手指掌心作画都在所不计。毕宏问张璪受业于谁，张璪讲"外师造化，中得心源"；这"造化"和"心源"是二而一的，是了无间隔的。这"心源"来自天，这"造化"便是天。这正是庄子"以天合天"的精义所在。唐符载曾有一段文字记载了张璪画松的情状："公天纵之思，欻有所诣，暴请霜素，愿扮奇踪。主人奋裾，鸣呼相和。是时座客声闻，士凡二十四人在其左右，皆岑立注视而观之。员外（指张璪）居中，箕坐鼓气，神机始发。其骇人也，若流电激空，惊飙戾天。摧挫斡掣，扮霍瞥列，毫飞墨喷，捽掌如裂，离合惝恍，忽生怪状。及其终也，则松鳞皴，石巉岩，水湛湛，云窈眇。投笔而起，为之四顾，若雷雨之澄霁，见万物之情性。观夫张公之艺，非画也，真道也。当其有事，已知夫遗去机巧，意冥元化，而物在灵府，不在耳目，故得于心，应于手，孤姿绝状，触毫而出，气交冲漠，与神为徒。若忖短长于隘度，算妍媸于陋目，凝觚舐墨，依违良久，乃绘物之赘疣也，宁置于齿牙间哉！”这里张璪作画首先不为物役（“不在耳目”），而重在神髓，发自心源（“物在灵府”）。同时，他放弃了平庸的机巧，回归大自然的空灵玄渺之境，这时他才能真正与天地精神相往还，他才能窥见万物之真情性。能“以天合天”者，便是大手笔、真艺师。除此而外，心存狐疑，下笔滞碍，胸罗渣滓、审时度势、计算精到的獐头鼠目之辈，无不是艺术之大敌，他们的作品也必是人类文明之赘疣痈疽。庄子是“伪”的死敌，是“真”的赤子，是矫情伪态之敌，是自然大造之子。

八

在庄子眼中，竭尽五色之变化不为美，穷尽五音之玄妙不为美，这一切都是人们的“小识”、“小行”，而“小识伤德，小行伤道”，是不足为训的。庄子所容忍的只有一种艺术家，那便是一种处于情态自由的、彻底忘怀得失的、般礴睥睨的、无今无古的、无功利观念的艺术家。艺术之于这类人完全是他们体道一如的象征，而不是博取名利爵位的手段。他们的追求不是如屈原所讽刺的“忽驰骛以追逐”的鄙俗心态，而是无所依恃、无所企求，或换言之，他们追求的正是彻底的无所追求，那是一种醉汉式的自我陶醉。陶渊明笔下那“造饮辄尽，期在必醉，既醉而退，曾不吝情去留”、“常著文章自娱，颇示己志”的五柳先生，便是这样的艺术家。《田子方》记载了一则故事：“宋元君将画图，众史皆至。受揖而立，舐笔和墨，在外者半。有一史后至者，儃儃然不趋，受揖不立，因之舍。公使人视之，则解衣般礴，裸。君曰：‘可矣，是真画者也。’”这位画者“儃儃然”的状貌，是何等的清闲散淡，而那“解衣般礴，裸”的神气和那醉者神全的状态何其相似。裸露着胴体，回归大自然的怀抱，扫尽人间的一切伪态，包括服饰、礼仪（受揖不立），他在释放自由灵魂的同时，释放了受礼教束缚的形骸。这时，艺术家的才能与天地精神相往还。艺术的本质是与宇宙同体，回归那宁寂而和谐的太始，忘却机变和智巧，这是中国的书画艺术一向以朴和拙为最高境界根本的哲学依据。

石涛《画语录·远尘章》中讲："人为物蔽，则与尘交；人为物使，则心受劳。劳心于刻画而自毁，蔽尘于笔墨而自拘，此局隘人也，但损无益，终不快其心也。我则物随物蔽，尘随尘交，则心不劳，心不劳则有画矣。"在石涛看来，画，不是劳心苦志的产物，"物随物蔽，尘随尘交"则是一种无求无待的状态，这是"以天合天"、"以鸟养养鸟"的体道合一宇宙观在绘画理论上的妙说。

石涛所激赏的是新安吴子一类的艺术家："每兴到时，举酒数过，脱巾散发，狂叫数声，发十斗墨，纸必待尽。"这使我想起怀素的自序："忽然绝叫三五声，满壁纵横千万字。"这"狂叫"、"绝叫"的情态，足令世俗之人惊骇。在这凌厉而放纵的呼喊声中，它驱走的是束缚人类自身的种种枷锁，诸如宠辱毁誉、名缰利锁、法则标准、礼仪尊鄙等等。这呼喊无异于回归自然的忘情歌啸，无异于对世俗尘嚣决裂的宣言；这三五声的绝叫驱散了困扰人生的尘雾，砸碎了使人类心灵就范的条框，使沉寂的艺坛风云震荡，使自诩于一得之见的艺林群氓自惭形秽。艺术不是乡愿俗客的乐土，不是趋附风雅的林园，那是真正的自然之子——醉客狂士的天堂。这些人，用庄子对至人的描述是："逍遥"、"苟简"、"不贷"。他们纯任情性，逍遥于太虚之境；他们不尚浮华，生活于简朴之中；他们不施予他人，也不使自己受损；他们是纯粹的、个性的、自由自在而不受束缚茧囚的生命。他们的行迹，庄子称为"采真之游"。他们下望人寰，那些受大自然刑戮的人群，为名、禄和权力所困扰的人"操之则栗，舍之则悲"，永远在胆战心惊和悲哀惶惑中挣扎，那是人类万劫不复的丑陋的泥淖。

天地大美

一个人能投身于使自己快意的事业，这绝对是一种幸福。而“快意”的事业包罗万象，它可能为人类做、为社会做、为家庭做、为个人做。而做这些事的时候，它们之间目标和手段的距离非止一端或则相去甚远。有的遥不可及，那是神圣的、壮丽的、理想的；有的近在身边，那是可触摸的、可鉴赏的、可游弋的。当然，“快意”有高低、雅俗之判，我们今天只谈那高雅的和神圣的，而且谈的是属于我的挚友李仁臣所独有的快意。

他从事了四十年的新闻工作。目不暇接的世界政治风云，使他知道一个共产党人信守的原则，那是“大道之行也，天下为公”的人类美德；那是“不战而屈人之兵”的和平理想；那是“己所不欲，勿施于人”的共处原则。总之，具有中国特色的社会主义，李仁臣懂得比我清楚。清楚则清楚矣，有偶然的机会也会被我抓着他的小辫子，当然不是新闻的原则问题，编报纸事无巨细而必躬亲的李仁臣竟有一次在他负责审定的文章中出现了“一袖清风”

一词，而且公开见报。这真是旷古未有的创造，几乎是罪不容赦。所幸表扬的一位老干部超不过局级，不会构成大的政治事件。从此“一袖清风”成了李仁臣的诨号，而且每人提起都会大乐不置，认定这是李仁臣虽严谨，亦难免纰漏的明证。一个人大半辈子兢兢业业，经不起这种调笑，而且其传播速度完全超过他做的一切善事，人们愿意并无恶意地津津乐道于此，而忘记他的丰功伟绩。宛如卓越的喜剧家王景愚，人们忘记了他演的《威尼斯商人》和《悭吝人》，只记着他的“吃鸡”。作为著名的报人，李仁臣很幸福，当然也容易在上述这些无足轻重的错误边缘徘徊，所以那时的幸福，显得紧张，而小辫子一旦抓在我手，则显得无奈。

在中国，年龄是一个毋庸置疑的“坎”，当宣布李仁臣退休的时候，我相信他遗憾与欣慰参半。遗憾的是不免与所有同患难、共生死、并荣辱的上级、部下分手，而且明日隔山岳，世事两茫茫，那内心的深情和依恋，是难以言表的一种惋惜、一种哀伤。然而欣慰的是“当风何止披胸臆”的一袖，举起了他一辈子最心爱的相机，迎着拍面的清风羽化而登仙。这同样是使李仁臣快意的事，这种事接触的人少，省却了好多的啰唆、商谈。因为李仁臣拍自然风光，自然最大的优点是无言，“天地有大美而不言”。

通知李仁臣退休的当晚，他就买了机票去达里诺尔湖拍摄他心仪已久的天鹅之乡。李仁臣的太太，天真的何慧娴坐在独守的空床上想，退休了也不跟我竟夕长谈，感慨万千一番，而如此寡情薄义，竟自去了，唉！当然，知夫莫若妻，何慧娴知道李仁臣这一次的远行所包含的所有大欢喜和大自在。想到此，她当然忘记了“不得到辽西”的怨诽。——正所谓“怨无大小，生于所爱”，从此后，何慧娴还会无以数计地享受着怀恋远方李仁臣的幸福。

李仁臣的勇气不免使怯懦者丧胆，从来没有去过内蒙古克什克腾草原达里诺尔湖，他竟孤踪独往。天下还有比他更大胆的，早有一个人在苇荡中挖一洞蹲于其中。同是天涯摄影人，相逢何必曾相识，握手言欢之后，此人竟以艺术为重而不以独得之秘为念，请李仁臣同蹲洞中等候天鹅。几天过去，杳无音讯，只闻夜半远方的狼嚎。不知名的朋友冻得龇牙咧嘴，而以俊男闻名的李仁臣，也冻得如青面兽杨志。啊啊，一个多美的清晨，天半朱霞烘托着云中天鹅来了！要的就是这一瞬间！什么是摄影？摄影不是慢工出细活，他需要的是几百分之一秒，是佛家的刹那，无定法、非实相，是灵和智的不期而遇。文章本天成，妙手偶得之，摄影家玩的就是谁也发现不了的偶然。天地者万物之逆旅，光阴者百代之过客。我们是一粒有灵、有慧、有智的尘沙，这尘沙不简单，它有时想包容六合、陶融天地，小尘沙中有大世界。雨果有言，比海洋辽阔的是苍天，比苍天辽阔的是心灵，摄影家是艺术家中最懂这个道理的人。相机无情人有情，相机在有情人手中是有生命的，在无情人手中它仅仅是一个硬家伙、铁疙瘩。

李仁臣是有情的；我也有情，但我怕累，他却绝对不怕累。他要拍的是大江流日夜，是长河落日圆，是雁门关上的长风，是鹳雀楼头的层云；他要飞向西藏的林海，要踏遍珠峰，追寻传说中的神女；他要凭吊江孜城抗击英兵的壮士；他濯缨纳木错湖，而濯足巴松错湖，昔日案牍之劳心而一变为今日美景之劳形，何变化之巨而烈，何感受之同且异。在李仁臣的字典上，独立之意志与自由之心灵同在，社会的理想和个人的情愫归一。这是一种境界，一种人生难得的境界。这其中包含着宏观的判断与微观的选择。不要以为李仁臣前四十年的大事业与今天的大艺术无关，那是形与质的无隙统一，不为违心之事，愿创时代之美，统领着李仁臣的人生道路。

李仁臣追求一种无穷极的美，他希图在这样的美中，得到人生的大感悟，从而寄托自己的大怀抱。我常常想，时间的一度性使我们懵懵然怅然若失，留下的是一种永恒的迷蒙。这迷蒙当然最好是“不立文字”让它永远只是一种心头的浮现，一种欣慰的怀念。但是仁臣不这样想，他知道当人类的悟性还达不到迦叶微笑的时候，释迦拈花是没有意义的。他要告诉世人一

伯子

楚天千里清秋

东坡赏砚

范仲淹与渔父

诗人童年

可托六尺之孤　可寄百里之命

听取蛙声一片

些什么，于是如何说，说些什么，如何在纷繁万象中澄怀静观，是仁臣所孜孜矻矻的不息追逐。他说，人们有时说不清心灵里储藏着什么，可是这种储藏总有一天会在“众里寻他千百度”蓦然回首时发现，这就是踏破铁鞋无觅处，得来全不费工夫的瞬间之美。然而说得轻便，这不是任何人都不费工夫可以获致的。前面说到仁臣不怕累，我甚至认为他够得上一不怕苦二不怕死。先说不怕苦：他的相机其大无朋，重甚，可十公斤，固有拍数百千米之长镜头之类者以壮其声势，非膂力过人而耐力不凡者何敢使用这重型武器。再说不怕死：有一次他于雪山拍摄景色，正艳羡赞叹间踩空，作螺旋式下滑滚动，壮则壮矣，命若悬丝，仁臣兄其知乎？当然知道，然而苦中之乐，正非庸凡辈可梦见。王安石《游褒禅山记》有云：“古人之观于天地、山川、草木、虫鱼、鸟兽，往往有得，以其求思之深而无不在也。夫夷以近，则游者众；险以远，则至者少。而世之奇伟、瑰怪、非常之观，常在于险远，而人之所罕至焉。故非有志者不能至也。有志矣，不随以止也，然力不足者，亦不能至也。有志与力，而又不随以怠，至于幽暗昏惑而无物以相之，亦不能至也。”有不怕苦不怕死的精神支撑着，这就是王安石所说的“志”与“力”的具备者，然而倘然李仁臣“无物以相之”（意思是没有东西帮忙），他也是无法去北极和南极的，首先得有大力神运输机之保险和供应、急备诸条件，这又是一般摄影师不可梦见的了。

于是，我们看到了红着鼻头在北极高歌、在南极挥手的伟大的李仁臣。作为好朋友称他伟大绝没有阿谀、溢美的嫌疑。伟大是相对的，对于我是伟大的，也不太容易，因为我可能有志与力且有“物以相之”，但此生无意去北极和南极者，王安石所深恶之“怠”耳。我有些惰怠，但聊以自慰的是似乎我曾写过一首诗送给征服南极的英雄，至今仍挂在那儿的冰窖里；当然，赞叹的英雄包括李仁臣。

人类直到17世纪才知道地球是椭圆的，这其中牛顿功劳至巨，但他不能想象北极和南极是怎么回事。

我问李仁臣，什么叫北极，什么叫南极？仁臣沉思片刻，出人意外地告诉我："没有北边叫北极，没有南边叫南极。"是啊，这是何等诗意的回答。方向，本是人类在地球的一隅之地，以辨别东西南北的标示。李仁臣为人谦和，他不会得意到不知南北，换了我就难保自己不知南北了。

两千三百年前，庄子称至人处于环中，那是没有东西南北的寰宇之中心。庄子以为那时人类的认识会达到一个圆融之境，超越无数的差别和对应。这只是远古大哲的梦境，在南极和北极我们或许会超越为数不多的差异性。

从此后，李仁臣和我有更多的葭莩相投的会面，在我宽敞的画室展现他千辛万苦拍来的得意之作。他的作品绝不待别人夸奖，自信心使他忘记了一向谦逊的美德，其兴高采烈则呈现出真诚的另一面。我无疑地在旁添油加醋，将其得意推向猖狂。最后两人静思画题，这是我和仁臣极重视的一项工作，画龙点睛之笔往往在此，于是"壶口惊虹"、"太行一枝秋"、"正道沧桑"等等如珠妙语层出不穷，一杯清茶，推之敲之，不知东方之既白。

范曾于巴黎

画家精神的释放

“天下之至柔，驰骋天下之至坚”，这句话，十分确切地反映了老子思想“阴柔的进取”的本质。水固然柔和，如东坡诗所谓“清风如水，明月似练”，然而水却包含着无坚不摧的内质；它固然能居下，“处众人之所恶”，然而它却既能泽被万物，又能摧枯拉朽、无坚不克。在老子书中“争”和“不争”是同义的，即是说“不争”就是为了更大的“天下莫能与之争”。在哲学界对今本《老子》对帛书《老子》的篡改的指责基本是正确的，唯第八章之“上善若水，水善利万物而不争”，帛书作“有争”，窃以为与第六十六章“江海所以能为百谷王者，以其善下之……以其不争，故天下莫能与之争”相龃龉，似应以今本为妥。今本注家如三国时王弼的确对《老子》书妄加篡改，然而不一定帛书上全为对，而王弼今本全为错。王弼所见抄本当然比我们多，他的学问必然比那些抄本者高，对有些抄本上错讹的刊误，王弼也或有枝节的功劳。

我们还回到艺术上来谈刚与柔。可染先生曾说至高的艺术技巧都是百炼钢成绕指柔，这真是极高明的见地。剑拔弩张、色厉内荏在中国画视为用笔的大病，所以中国书法主张绵里藏针，外包光华，内含坚质。李可染先生书画用笔看似迟缓，不若献艺走穴、现场表演者之“才思敏捷”一挥而就，然而将可染先生的书画张之素壁，那线条的浑厚劲拔真如金刚杵般百折不屈。在众多作品之中，可染先生的画真正做到“不争”，那么平静而岑寂，不仅没有媚俗之心，更无张扬之迹，然而真是圣人“不言之教，无为之益，天下希及之”(《老子 · 第四十三章》)。我的另一位恩师李苦禅先生一生经历如江海之甘居卑处下，所以天下学人景从。他的作画也可以说是在体道一如的情态下以自然之心体物，以自然之舌言情，那是浑然天趣和深邃哲理的统一。他谈艺术也是“妙悟者不在多言”。然而正如《老子》书所谓“知者不言，言者不知”(《老子 · 第五十六章》)，世之所谓评论家，连篇累牍，动辄万言，但无法掩其简陋，而苦禅先生有时一两句话则可受用终身。他曾用老子“善行无辙迹”的名言来说明好的用笔含蓄蕴藉无起止之迹，这就如同老子主“无为”一般，最好的用笔也是若不经心，绝无刻削之迹的。《老子》“善行”指圣人之行，是不欲在人间留下什么丰碑的；内美大美之中国画，也不过是希望体现真正的自然之美，当画家心志真正回归自然的时候，那笔墨就也入了“无为”之境。石涛讲自己作画：“借笔墨以写天地万物而陶泳乎我也……纵使笔不笔、墨不墨，自有我在”。石涛的《画语录 · 一画章》讲“太古无法，太朴不散，太朴一散而法立矣。法立于何？立于一画。一画者，众有之本，万象之根”。而且石涛的画论以“一画论”贯彻始终。所谓“众有之本，万象之根”，与老子的“道”意思相近。在石涛的理论和实践中是画道合一的，在石涛的“一画论”中是真正体现了道法自然的。石涛作画的用笔一任自然，虽蓬头垢面，不掩国色，自有其与大自然相凑拍的大美真美在，他所反对的“万点恶墨，恼煞米颠，几丝柔痕，笑倒北苑”，意指，米芾由于发于自然的真感而创米颠山水，以写山川氤氲之气，而浅学者画上万点，皆为面目可憎之恶墨；董源画江南山水，用笔柔中藏刚，表现那平远空蒙之境，而钝智者学得的只是几丝柔弱掩沓的线条而已。这难道不使米芾气恼，而令董源笑倒吗？石涛又说：“古人未立法之前，不知古人法何法。古人既立法之后，便不容今人出古法”，“师古人之迹不师古人之心，遂使千百年来不能出一头地也，冤哉！”古人之心，指大朴未散的自然之心，正是学者所应师者，而不应拘于表面的画迹。画法倘不能体现自然的本性，那反成画家的桎梏，便成了“真”的对立面“伪”。而老子的“慧智出，有大伪”也可理解为僵死教条的画法，正是绘画中的大伪，必当根而除之。和老子以为“大道废，有仁义”之旨相同，石涛提出了“不立一法是吾宗也，不舍一法是吾旨也”的理论。不立一法是指自己决不为后人立则，后人也应崇尚自然，而他自己则不舍弃他一以贯之的“一画论”，永远会遵循“道法自然”的最高原则的。

《老子》书哲学的基本核心，当然是道，是自然之道。它和一切的反道而行的仁义、一切抗拒自然大慧智的大伪格格不入，他所崇信的人类心智的返璞归真成了中国画家、诗人、书家们精神释放的天地。中国古代艺术家们似乎都不愿接受儒家“克己复礼为仁”的说教，而对道家崇尚自然和回归自然则心向往之。中国的艺术家们同时接受道家自我修养的感悟方式，愿意澄心遐观：“寂然凝虑，思接千载；悄焉动容，视通万里。”（刘勰《文心雕龙·神思》）而道家的淡泊质朴为尚的人生哲学，融进中国画里，也导致了无拘无束中的水墨晕染挥洒，成了最佳的表达方式。正如宋黄休复所谓“拙规矩于方圆，鄙精研于彩绘”：中国画家作画用水墨宣纸为工具，这种工具的语言本性是抒情的、直抵灵府的、诗化的，因此，他们拙于一枝一叶出规入矩的如实描摹；又由于纯粹宁静心态的需要，对精研工巧的彩绘有所鄙弃。这就是为什么水墨画在中国成为正宗主流的画种的根本原因。

中国画家与大自然邂逅、融化的过程，我们可以用受道家和佛家思想影响都很深的南朝大文论家刘勰的《文心雕龙》来说明。他说“思理为妙，神与物游”，这里的思理乃指对大自然的根本法则，或换言之，对宇宙本体和它的规律的追求，使画家的主观精神（主体）和客观万物（客体）相“游”。这“游”字之妙，在于它包含着交融、渗透和最后合而为一的全部运动过程。这主客体的合一，正是老子“复归于婴”、“复归于无极”、“复归于朴”的前提。刘勰又说“物色之动，心亦摇焉”，这里指宇宙万物的运作与主体精神的运动已然达致一个同步的阶段。这“摇”字传神地描述了主体的能动性，人作为有思维能力的存在，与大自然冥合的过程并非被动的，而其中主客体的融合，也不是无选择的捏合。刘勰更进一步说“目既往还，心亦吐纳”，艺术家多角度、全面的“往还”审视，这过程是一种酝酿创作的发酵作用，纳其当纳，吐其欲吐，去粗取精，去伪存真。这化为自我的自然，乃是唯一属于自我一人的“人化的自然”，而画面或诗歌中的自然，也是有着诗人、画家精神面貌、风范气质的自然，正如石涛所作到的“山川脱胎于余也，余脱胎于山川也”。

中国的艺术家决不陷自己于“心为形役”的蹇促不堪之境，他们道法自然，回归自然，在包容万有的大化中以麋鹿为至友，抱明月而长终；他们恪守宁静致远的心态，本能地拒绝庸俗；他们“负阴而抱阳，冲气以为和”，如吴道子之“当其下手风雨快，笔所未到气已吞”；这“气”不惟是天地万物赖以生长赖以繁衍的气，也是画家所禀受的上宰的淋漓元气。东晋陆机的《文赋》所谓“精骛八极，心游万仞”，是精神飞之弥远、心灵游之弥高时的自然倾泻。这种升腾，是艺术家之内美与宇宙本体之大美的略无间隙的真正合二为一。唯其如此，中国的画家和诗人，才能如九方皋之相马，超然物表，得其精髓；才能与花鸟共忧乐，以奴仆命风月；倾东海以为酒，一洗胸中块垒。

我曾有一律，论中国画之水墨与线条，词云：“琤琮夜半隔窗鸣，迓雪寒梅立娉婷。总觉胭脂成腐秽，须教日月化阴晴。千崖滴透原无色，一线穿空若有声。信是当风吴道子，古灯如月我高擎。”夜雪告诉我的是岑寂宁静的心志，寒梅告诉我的是纯洁无瑕的境界，我必须忘记世俗的烦扰，洗净尘秽的铅华，那无色、希声的天宇不正是道之所在吗？宋董逌诗云：“山中何所有？岭上多白云。只可自怡悦，不堪持赠君。”艺术的独特的感悟，只属于一个人；张炎真的能“载取白云归去，问谁留楚佩，弄影中州”吗？

诗雄千秋

一

汨罗江，汨罗江，我朝夕思念着的诗人的江，以诗为魂、涤尽铅华、情深一往、溉泽百代仁人志士的江！今天，我来到了你的身边。没有惊涛拍岸，没有急湍险滩，你缓慢而又庄严地流入洞庭，不舍昼夜。

一叶凌波，我在你的怀抱中倾听你的心声，我仿佛神游于两千二百六十年前，与三闾大夫的忠魄邂逅。“沧浪之水清兮，可以濯吾缨；沧浪之水浊兮，可以濯吾足。”屈原和渔父的对答之声萦绕耳际，在烟雨空蒙中，眼前幻化出屈原行吟泽畔的情景，他吟哦着《悲回风》，抱石怀沙，投身汨罗……静静的汨罗呀！请告诉我，那沉埋江底的往昔，那秦将白起拔郢的悲剧，那暴风骤雨般的时代，那“楚虽三户，亡秦必楚”为历史兑现了的誓言……

汨罗江不矜不伐地向前流着，多么平静。这平静，体现着中华儿女的正直和无畏；这平静，包含着我们民族的博大和永恒。你的存在“共天地兮比寿，与日月兮齐光”，和屈原一样，你在人民中永生。

回顾屈原以后的贤哲，从贾谊、司马迁到鲁迅、闻一多……千古骚韵，不绝如缕，浩荡壮怀，烛照华夏。“投书已化鱼龙食，寄意犹存血泪痕。”在胸中蕴蓄已久的怀贾谊的对句，方才跃然而出。

舍船登岸，我在夕照中的屈子祠前徘徊，吟出了一首咏怀古迹的七律：

哀 郢

屈子祠前仰古柯，崦嵫已迫失羲和。
咸阳一炬凭三户，荆楚千秋唱九歌。
蒲剑霜锋驱鬼魅，诗雄烈魄壮山河。
鱼龙寂寞寒波逝，岁岁犹闻献角禾。

汨罗江啊，汨罗江，诗人的江，诗魂的江。在你的怀抱里，我诗如潮涌，更深切地了解中华民族的历史为什么几度沉沦而又几度崛起，为什么几番颓败而又几番振兴。而今，我画屈原，是希望用鲁迅先生集《离骚》的联语“望崦嵫而勿迫，恐鹈鴂之先鸣”之座右，争分夺秒，走向漫漫的征程。带着被汨罗朝暾夕晖浸透的灵魂，我拿起画笔，陷入了深深的沉思……

二

他布巾葛衣，跣足而行，矫首遐观，何其轻快！那是陶渊明，是从困惑中寻求身心解脱的大诗人。他的家境清贫，耕植不足以自给。当过江州祭酒等小差事，后来靠叔父陶夔的推荐，在彭泽小邑当了八十几天的县令。然而秉性自然的他在官府无法排遣归隐的志向，便托辞奔妹妹的丧事于武昌，自免去职。这是他前后十三年宦海沉浮、骤然回首的最后一段历史。他终于在这十三年中深深体会到心为形役的痛苦。他归去了，“舟摇摇以轻飏，风飘飘而吹衣”，回归那美丽的田园和质朴的人群，这是公元405年乙巳。

他心灵的恬适满足和他生活的蹇促困窘，构成了田园诗的主要内容，而后者更衬托出前者纯净的、与世无争的高雅。陶渊明是真正耕田自食了，“晨兴理荒秽，带月荷锄归"，"开荒南野际，守拙归园田"。他不觉困苦，只觉"久在樊笼里，复得返自然"、"衣沾不足惜，但使愿无违"的快意。他和村中的读书人翻读奇异怪诞的古籍《穆天子传》和《山海经图》，在历史长河与浩然天风间游弋："奇文共欣赏，疑义相与析"，"俯仰终宇宙，不乐复何如？"这些诗句真是心有所会而发为歌咏，何等的平和闲逸！谢灵运的山林诗以才胜，而陶渊明的田园诗以情胜。读谢诗固可以称为赏心乐事，而咏陶诗则的确可移情逸志。

陶渊明最可贵的是忘怀得失，耐得寂寞。他的生活有时到了须借贷为生的境地了，"饥来驱我去，不知竟何之。行行至斯里，叩门拙言辞"。一个大文豪，在这种境遇中，总是难于向人启齿的。然而主人慷慨解囊，倾觞相慰，在困极中的陶渊明何等欣喜而感激。这是人性的自然回归，这儿不掺杂一点点市井势利的痕迹。这种田园清贫而雅洁的生活，正是陶渊明"忧道不忧贫"的写照。

然而大美无私的自然给了陶渊明最大的慰藉，这是他付出的所有代价的回报。那出岫的云影、归飞的宿鸟、翳翳的旧林、粼粼的故渊，在在都是陶渊明心向往之的所在。为了这心灵的自由，一切苦难在他看来都微不足道。画面上的线条跌宕纵横，为的是写出陶渊明心灵的惬意。衣袖轻拂和下裳风动，正所以描述他永辞宦海、来者可追的决心。线条简捷如此，于我作品中亦不多见。

先贤泼墨简笔描，石恪之伟大在肇其始者，故而虽天才爽发，难免疏陋，骨力偏多，遒丽盖少。梁楷之伟大在渐趋成熟，然而虽睿思俊逸，终稍逊闳阔，外耀锋芒，内乏蕴含。

泼墨简笔人物画之所以在南宋之后无继之者，盖缘其难也。山水画、花鸟画则因其可寄怀抱、可托忧思、可怡性情、可悦耳目，宋元之后挟长风以驰驱，蔚画史之大观。泼墨简笔人物画所需于画家者为博雅之学识、锐敏之感悟、精到之技巧与风发之才情。只有从严苛的锤炼中可庶几前接南宋，后启来者。要之，简笔泼墨不在竞毫末之奇崛，而在逐意韵之深邃。作画虽曾不能以一瞬，而甘苦尽在其中矣。

中国人物画之疏体以张僧繇、吴道子为先河，然此源流，终未壮阔，画史将有望于后之来者。1976年“四人帮”就擒，我于人民大会堂欢庆大会泼墨写一钟馗，自此以后，一发不可收矣。画风近年尤耽于简约而迅捷，书风则由槎枒节劲而复归舒和平淡。孙过庭《书谱》曾有名言诫世之执笔者，谓“未悟淹留，偏追劲疾；不能迅速，翻效迟重”，前两句可供我作画鉴，后两句可供我作书鉴。

三

唐代有不太乐天的白乐天居易，而晋代却有真正乐天的陶元亮渊明。陶渊明的乐天情怀来自他对人生逆旅的彻底倦游，来自他对宦海沉浮的根本厌弃。他本是东晋太尉陶侃的曾孙，本身就有着高华雅洁的遗传基因。看惯了众生在名利场、繁华地的嘴脸，加上家道的中衰，他十分清楚那种“世情恶冷暖，万事随转烛”的世态炎凉。那么人生天地间就果真不足恋了吗？不，陶渊明为我们打开了一扇通向大自然的窗户，那是一片充满诗情、消除烦恼的自在之境。在那儿，“白日掩荆扉，虚室绝尘想”，“羁鸟恋旧林，池鱼思故渊”；人们的关系是“相见无杂言，但道桑麻长”，“过门更相呼，有酒斟酌之”。陶渊明感受到田园生活迷人的醉意，忘怀了世俗的得失：“不觉知有我，安知物为贵。悠悠迷所留，酒中有深味。”

然而，陶渊明依旧无法排遣那不可救治的孤独感。孤独是自己的灵魂找不到依托的对象，他“不见相知人，惟见古时丘；路边两高坟，伯牙与庄周”。钟子期已死，伯牙不复奏琴；惠施之殁，庄子夫复何言？这种人生的大孤独，不是世俗的小烦恼。陶渊明在一般的精神状态下，是可以和乡佬故旧“谈谐终日夕，觞至辄倾杯”，“奇文共欣赏，疑义相与析”的，那是为了忘怀人生可见的得失；然而那不期而至的孤独来袭的时候，他却有些近乎失态了："欲言无予和，挥杯劝孤影。"陶渊明在田园中得到真正的快乐了吗？

啊，他比别人终究超越了鄙俗的自我，至少他远离了尘嚣。于是他在暂得于己的时候，对自然人生心有所会，下笔了无渣滓，安详典雅，在中国文学史上成了田园的诗宗、高洁的典范。在他的诗中，见不到玑羽玉屑，见不到伟丽苍楚，即使他有时倾慕填海的精卫，但是最后仍归结为无奈的伤叹。

中国画自古有"疏体"、"密体"之分，言其用笔疏放跌宕与绵密严谨之旨趣有异。唐张彦远评张僧繇、吴道子云："张、吴之妙，笔才一二，像已应焉。离披点画，时见缺落，此虽笔不周而意周也。"（《历代名画记》卷二）其实我的性格是更接近疏体的。尽管我在造型的尽精刻微方面下过几十年的苦功，然而我凡画密体工笔，身心俱抑，不能畅达，这类画往往不易感人，亦不足愉己。而我于作疏体意笔时则心手两畅，往往笔墨茂越，气格苍浑，此时所写人物，虽蓬发萧髯而神情爽朗。《乐夫天命复奚疑》所写为陶渊明，他正布衣芒鞋，彳亍而行。他翘首遐观，是一片日脚西下的黄昏，"云无心以出岫，鸟倦飞而知还"。他这时大概四十多岁，在彭泽令任上八十一天辞职还乡，不复远游。当我画毕陶渊明头像后，我想最好描写那卓尔独立、空所依傍的孑然一身。他正呼吸着田野沁人的清香，微闭双眸，体味那"世与我而相违，复驾言兮焉求"的解脱羁绊的快意。于是我振笔狂扫，那是不可多得的情境交融的瞬息，那激情的震动不会持续太久。文章天成，妙手偶得，只有追光掣电，才可把握，当掷笔而起的时候，已汗涔涔而沾衣矣。这样的作品不可重复，当你看此画时，你认为哪一笔是多余的，哪一笔是可少的？

四

魏晋之世的哲人，把形骸的放浪与心灵的宁寂在人格中统一，这就叫

“不废名教而任自然”。所以就有了王羲之的名句:“取诸怀抱，悟言一室之内;因寄所托,放浪形骸之外。”这放浪包含着享受荣华富贵和恣纵不俛。

诗史上出现了谢灵运绝非偶然，首先有着上述的大的思想背景，而谢灵运又有着他特殊的家庭背景。

他是东晋谢玄的孙子。谢玄因了一场八公山下的淝水之战，大败秦苻坚，而在中国语言上留下了形容秦兵败绩的“风声鹤唳，草木皆兵”的成语。谢玄之子瑍，生而不慧，而且寿命不长。瑍生灵运，则颖悟过人。谢玄看着这奇异的孙子，想起自己平庸的儿子，竟妒忌地说:“我乃生瑍，瑍那得生灵运！”(《宋书·列传第二十七谢灵运》)然而，谢灵运绝对不是一个可爱的人，出身的高贵、袭封康乐公的荣禄、才气过人的骄傲、帝王的青睐和呵护……使他成了一个狂躁、残暴、奢靡的怪物。他“性奢豪，车服鲜丽，衣裳器物,多改旧制”。皇帝看重他的文才,他却不愿为主上所戏弄,以为大材小用。朝中奸佞嫉恨他,重臣弹劾他,地方不堪其骚扰,老百姓怨恨其侵凌,门人恐惧其杀戮。最后还谋反，宋文帝饶了他一次，他还想谋反。他的被杀头,那是势在必然了。当时他才四十九岁。

然而，历史渐渐忘记了他的丑陋，却赞颂他的清逸高华的诗章。唐代离南朝不太遥远,李太白就有“群季俊秀,皆为惠连；吾人咏歌，独惭康乐”句(《春夜宴诸从弟桃李园序》)，连李太白都自愧不如。金元遗山赞曰:“谢客(灵运幼年寄养于外,故称谢客)风容映古今，发源谁似柳州深?朱弦一拂遗音在,却是当年寂寞心。”元遗山不愧为一位优秀的诗人和诗论家,他发现了谢灵运的寂寞之心。

那么,在谢灵运的为残暴、贪欲、奢靡、偏执所充塞的黑暗心灵里,有没有一方光明的净土、一片清澈的湫潭?啊,有的,有的,这就是作为人的复杂性。确实还有一个谢灵运，这个谢灵运，开创了中国文学史上山林一派，与陶潜的田园一派并称陶谢。他的的确确是一个令人叹服的诗人。

如果我们把谢灵运的“寂寞心”作为一种特殊的社会现象来看，那么元遗山的论诗，的确是一把打开谢灵运心灵另一扇门的钥匙。我们不要忘记，谢灵运饱读史籍，他现实生活中的乖张、恣肆和他所知道的古贤大哲的高迈追逐南辕北辙。然而他确有所感，确有所得。他在《山居赋》中讲：“谢子卧疾山顶，览古人遗书，与其意合，悠然而笑曰：‘夫道可重，故物为轻；理宜存，故事斯忘。’”这段话的意思是，他卧病于山顶，发现古人所著书与其意合，所以感到愉悦：能够重道，则轻于物欲；能够存理，则可淡忘俗事。谢灵运在现实中的怀才不遇和社会上下对他的排斥，大体都是他自己性格使然，怪不得人的，可以说“不遇于今”；然而，他心灵必须寻找寄托，他从古人的典籍中找到自我，心灵得到慰藉，这就叫“必得于古”。而只有大自然的怀抱可以容纳这个为社会所不容的怪胎，而当谢灵运的天才与大自然融化的时候，那优美的诗篇便诞生了。这是大自然的宽大胸怀培育了谢灵运的诗意。

还记得谢灵运的《登池上楼》吗？“池塘生春草，园柳变鸣禽”，这是何等颖悟的诗人眼力，那是心灵彻底融入春色的诗人咏叹。难怪元遗山又赞曰：“池塘春草谢家春，万古千秋五字新。”

我画出了一个心灵中理想化的谢灵运，那不是“性奢豪，车服鲜丽”的令人憎恶的谢灵运。我和元遗山、李太白异代联手，想为人们追回另一个谢灵运，一个“寂寞”的谢灵运，一个“不遇于今，必得于古”的谢灵运。我们应该具有像大自然一样宽阔的怀抱接纳他。看，谢灵运正举着双手，向大自然召唤。他得到了回应，这就是山林诗歌源头的空谷足音。

五

杜甫，你伫立西阁，俯仰吟哦；你的声调，这样凄恻，这样悲凉。你一身素白的衣衫，莫非是侧身天地之间，像白鸥一样孤独、一样彷徨？那五更的鼓角，在寒风中呜咽；那三峡的星河，在乌云里潜藏。啊，宫阙长满了荒草，战场上奔突着饥饿的豺狼。黎民哪，辗转在沟壑，茫茫的人流从陇右向蜀中，在寒风中逃荒。

杜甫，再不见你骑着骏马，追逐狡兔；再不见你举着杯斝，美酒流芳；不见你五陵豪兴，裘马轻狂。你看透了帝王的昏聩，朝政的荒唐；你看到了朱门酒肉已经酸臭，路旁的饿殍正在冻僵。鄜州的月色呀，夜夜惨黄；思念你的夫人早已去世，爱子也在饥饿中夭亡。远去了，少年的梦境，你曾想致君尧舜、整顿朝纲，想不到，残杯冷炙，磨尽了豪情壮怀，带给了你辛酸悲怆。

杜甫哇，走吧，离开了喧嚣的长安。但是你的梦境里，巫峡变成了华岳，蜀江化作了黄河浊浪。他乡的寂寞如永夜的孤月，凄苦的游踪如片云在天边飘荡。行路难哪，行路难！这道路上布满蒺藜，到处故障，你只有乘着一叶小舟，从三峡走向荆湘。

你活着，无你的立锥之地；你死去，却只能由苇席槁葬。你留给天地间的不朽诗篇，却进入人类智慧的殿堂。你是诗国的圣哲，诗坛的帝王。你的诗篇，是永夜中的光亮，在人类的历史上将活得比谁都久长。一千二百年后，我们又在这里把你瞻仰，西阁下还是你咏叹过的夔门激浪。但，时代已使大地山河更加雄壮，你，正应一展愁眉，放歌引吭。杜公啊，我们献上的是一瓣心香，献上的是真诚佳酿。我们将永远永远记住你挚烈的愿望，把神州大地变成真正的天堂。

六

苏东坡生长在一个有着渊源家学又以节义为标榜的文豪世家。他自幼读《后汉书 · 范滂传》，至范滂从容赴义一节，见滂母犹以豪语相激励：“汝今得与李、杜（李膺、杜密，皆死于党锢）齐名，死亦何恨！既有令名，复求寿考，可兼得乎？”东坡感极而悲，乃询其母：“轼若为滂，母许之否乎？”母叹曰：“汝能为滂，吾顾不能为滂母邪？”由此，我们不难想见苏东坡一生高风亮节之所从来。

癸亥秋，我游海南，这是苏东坡一生宦海沉浮、厄运相仍、累遭谗毁、遍体鳞伤而最后被扔弃的荒蛮之域。他也曾想兼济天下：“有笔头千字，胸中万卷，致君尧舜，此事何难！”即使累遭挫败，他犹思“持节云中，何日遣冯唐”，他依然“一点浩然气，千里快哉风”。他是一个在任何艰难颠蹶之中，可以在心灵上释放自我的人。

他心灵的情态自由从来跟随着他走遍天涯。在儒家济世事功的追求而外，他更有庄子坐忘、撄宁（“撄宁”，庄子语，意谓从纷乱中归于宁寂）的修养。这便是天地并生、万物齐一的宇宙生命观。他可以与草木万物同生同腐，他可以蔑视人间的一切荣名和地位，彻底解脱生命的倒悬之苦。庄子是苏东坡心灵中的偶像。他少时读《庄子》，自谓“吾昔有见，口未能言，今见是书，得吾心矣”。在海南的天风海雨之中，苏东坡能蓑衣斗笠，着屐而行，吟出“日啖荔支三百颗，不辞长作岭南人”的诗句，正是表现了一个心怀博大的天才化解心灵痛苦的伟大精神。我的万千感慨化为一首《沁园春》，这是在客舍的孤灯下写成的：

伫立天涯，目尽波涛，瞿斟旧醪。记李公谪宦（唐李德裕，谪宦海南），江亭饮泣；东坡放逐，海外孤标。畏落沙虫，惊飘瘴雾，夜半凄风如鬼嚣。堪悲激，叹无双国士，漫掷闲抛。 残年忍付箪瓢。便险境何妨高士交。有参寥寄意、未惶诽谤；巢僧欲渡，困死艰劳。风扇云蓑，麻巾竹杖，肯与邻翁同屣袍。千秋后，仰高风尚在，袖拂云飘。

王国维于《人间词话》中论及苏辛之辨云：“东坡之词旷，稼轩之词豪。”

此言其大概耳。稼轩“楚天千里清秋”由豪而旷，苏东坡“老夫聊发少年狂”则旷中有豪。旷、豪之间本非水火。要之，东坡之旷，近乎庄子者，稼轩所无；稼轩之豪，实为英烈者，东坡阙如。东坡之骑射，词中见之；而稼轩之膂力，沙场呈威。其人其词之区别，盖源自生活阅历之不同、学养性格之各异。稼轩晚东坡半世纪，天下已变：靖康之耻、徽钦北狩、高宗南下。辛稼 轩词中国破之叹、民族之恨固非东坡所可有，英雄气概来自稼轩少年热血，然苏、辛之间，欲择其一，我必倾向东坡，亦缘性相近耳。苏东坡命途的坎坷，固有政治风涛在起作用，而中国人性之弱点，于东坡周围表现最著。他一生所受的妒恼怨恨、谣诼攻击、诬害中伤，往往来自士林中人。士林，这本应是个含义高华的词，然而中国两千多年的封建社会，使这士林变得很不堪入目。对此，东坡的弟弟苏辙讲得最要言不烦：“东坡何罪，独以名太高。”木秀于林，风必摧之，正韩昌黎所谓：“事修而谤兴，德高而毁来。”

我想，东坡的晚景似乎不会太坏。神宗死后，宣仁太后临朝，反对王安石变法的人复苏，苏东坡也被招回。从海南回来，在南京他会见了昔年的政敌王安石。然而，在政治风云之外，他们本是相互倚重的大文豪。东坡一句“今日敢以微服见大丞相”，王安石一句“礼，岂为吾辈设”，把手话旧，其情可感。

然而老境毕竟来临，身外的青春一旦消逝，身内的青春也会苍老。他一定想起了“齐生死”的庄子，想起了“复归于朴”的老子。“回首向来萧瑟处，归去，也无风雨也无晴。”

戊寅之夏，我于巴黎大皇宫看到我国古典书画的大展。入口，灯光近暗，而跃然入目者为“舞幽壑之潜蛟，泣孤舟之嫠妇”；“苏子愀然，正襟危坐而问客曰”。这显然是装饰之用，未用《赤壁赋》全文，然而吉光片羽、零珠碎玉何尝不熠熠其辉，苏东坡的才华是无法湮没的。一千年过去，我们不太记得他的痛苦，而他的诗词已汇入人类精神的宝库。“千里快哉风”，是他的精神和语言的符号。

墨点无多泪点多

一

八大山人，这样一位超凡入圣的画家，以清峻冷逸的画风彪炳千古，却偏偏生于一个钟鸣鼎食的帝王之家。只有经历巨大的劫难，才有可能挽救他那被繁华侵蚀的心灵。为天有眼，在他十九岁上甲申之变，明王朝历二百七十六年灭亡，此家国之不幸，却造就了中国艺术史的大幸。八大山人在这巨大的创痛中，从人生浮华的、贵胄的俗世，遁入了空门，由明王朝宁献王朱权的后裔，削发而为头陀。他面对的不再是丝竹管弦、不再是蛾眉皓齿、不再是金玉膏粱，而是深山古寺里的寒磬孤钟、落日斜晖中的古树昏鸦。他由一个风华婉转的倜傥的才子、一个锦衣玉食的帝王苗裔，一变而为斋供麦葵、烧火敲钟的僧人，这其间的生命倾斜和心灵落差可谓大矣！

八大山人在甲申之后二十年间正经历着这心灵的剧变。他由儒而佛，由佛而道，总是凄恻彷徨，孤踪独往，很难说一进山门便六根清净，一披袈裟便四大皆空。他何等倾慕那些反清复明的忠义之士黄道周、王夫之，那些以身殉节的孤魂烈魄倪元璐、史可法；他又何等蔑视清兵入关后，时隔不久便所谓“几年蕨薇都吃光，一队夷齐下首阳”，耐不得寂寞的那些应博学鸿词科的文人。他的心灵深处燃烧着热情，而现实生活又使他抑塞不拔。他抬望眼，战伐的狼烟刚熄，又闻鄙俗的笙歌。十几年的寂寞空门终非久留之地，他希望还俗，娶妻生子，指望着能为反清复明的志士们“觅一个自在墙头”（《青云谱志略·跋》）。然而世道已大变，八大山人只是做着一个永不能圆的破碎之梦。岁月如流，他直到老年，身体健硕，康熙二十七年（1688年）石涛致书八大山人云：“闻先生七十四五登山如飞，真神仙中人也。济将六十，诸事不堪……”书中自称“济有发有冠之人也”。这位明宗室藩王靖江王朱赞仪十世孙的天才，也是一位避难佛门的假和尚。我们为中国美术史庆幸，甲申之变后两位艺术天才诞生了。拜过康熙之后的石涛和一直以守节自持的八大山人心态显然不同：石涛有着屈辱中的无奈，而八大山人却永守着孤寂中的傲慢。清黄安平所画的《个山小像》，应是八大山人晚年辞道归儒后的写照：他戴着一顶高耸的笠帽，双手轻握作谦揖状，素袍布鞋，冉冉而前，是一个瘦削、清朗而倔强的小老头儿。这就是我创作此画的唯一可信的依据。

表现八大山人的恚愤，不够；表现他的冷峻，也不够。于是我想到司马迁《报任安书》中的名句：“古者富贵而名摩灭，不可胜记，唯倜傥非常之人称焉”，“此人皆意有所郁结，不得通其道，故述往事，思来者”。因此，虽为泼墨简笔，所包含的思想内容应该超越画外，宛若八大山人的花鸟画，在极精练的笔墨中倾注他全部的生命。

显然，画中的八大山人微斜的坐势与合抱的双臂、跌宕一笔而下的衣裤，展示了他奇崛不凡的性格；而下视的目光早已看穿世俗的尘垢。斜向左上方而去的巨石则完全用八大山人笔法，与简约的人物恰相厮衬。

当我用二十分钟画完此作掷笔而起时，顿感天地寥廓、四顾茫然。复观此画，则心中八大山人已跃然纸上。这是艺术创作的快意，同样也会成为读画者的快意。

倘若我心中没有一个活着的八大山人，倘若没有甲申之际的铁马冰河、千里狼烟，没有古庙钟声、道观香烟，倘若我心中一片苍白，那会有这纸上的八大山人吗？

二

明朝宗庙既隳，八大山人由儒而佛，由佛而道，他依旧逃脱不了世网的羁绊。他在南昌城建道院青云谱，但青云谱也不是一块清静的去处。一个小小的临川知县胡亦堂便可以将八大山人从青云谱拉出，禁锢于府邸，前后达一年之久。这种芝麻小官、饾饤腐儒对天才的凌辱和扼杀，代有其人，如宋代李宜之之于苏东坡。然而，八大山人没有引决自裁的勇气，他还是活着，他的佯狂哭笑、遗矢堂中，便是他为争得生命权的最后一着棋、一种可悲的生存艺术。他之所以题名八大山人为“哭之笑之”，其中隐藏着他内心的巨大创痛。

巨大的创痛化为一种冥顽的内力；这种内力的外化，便是八大山人的笔墨。它来自八大山人丰厚的学养、学养的受抑、受抑后的宣泄。这种宣泄不是表面的狂肆和对绘画原则的鄙弃。八大山人的心灵冲决了地狱的魔障，经历了炼狱的锤炼，最后接受了天堂的洗礼。他的笔墨是从这样的心灵中流泻而出的，这是他唯一的、至高的、空所依傍的伟大艺术语言。八大山人的笔墨不仅有着这样的心灵的渊源，也有着中国文人画历史的渊源。我们不妨认为陈淳和徐渭给了八大山人洗练的启示，而董其昌则给了八大山人清醇的感化。当洗练和清醇的外衣加上了自己百炼柔钢的内核时，那种真正的外包光华、内含坚质的笔墨就诞生了。八大山人笔墨的诞生为中国文人画开创了一个新的世纪。它的伟大价值是，中国画可以毫无愧色地和普天之下各国大师、无论今天的或古典的最伟大的画家站在同样的高峰峻岭。而对八大山人之前的或之后的画家，我们不敢作如此豪迈的断语。

明末董其昌、陈继儒、莫是龙的南北宗之说，近世以来争论颇大，我们先不评说。我以为董其昌的历史性贡献在于他内心对文人画极致的追逐。他之所以在中国画史上划清大的分类，目标只有一个：他十分清楚什么样的笔墨才是最佳的笔墨。我们今天最应弄清的是陈继儒所谓的“士气”的内涵，那么，八大山人的笔墨便是这“士气”的最佳诠释。八大山人之所以能化解这身外、身内的痛苦，与他在佛、道的哲学思想中吸取了深邃的哲理有着深刻的关系：佛家的禅悟使他“能除一切苦，真实不虚”，“妙悟者不在多言”；庄子的“撄宁”，使他从一切烦扰中归为宁寂。他的痛苦越巨大，就更须有大道至德、真识伟行来彻底化解。于是八大山人的最后心灵状态应该是“无待”之境。“无待”，宇宙之大、日月之明、星辰之众，皆顺其自然；天地的运行、万物的繁衍亦皆随其大化。“无待”，一切都无所依恃、无所追逐、无所期求。天地的大美，无须言说；四时的代序，毋庸议论；万物生灭，何需置喙。古来圣贤的本分是认识天地的大美、万物的至理，无为而治，不妄加意志于造化。《庄子·知北游》：“天地有大美而不言，四时有明法而不议，万物有成理而不说。圣人者，原天地之美而达万物之理。是故至人无为，大圣不作。”八大山人的画，简约至于极致，那是真正的妙悟不在多言，真正的至人无为、大圣不作。八大山人的画渐渐趋近他语言符号的本身，或者换言之，八大山人的画就是一种符号性的空前伟岸的语言。所谓“士气”的符号，便是简捷清醇、精微广大、高明中庸。扫净一切的繁文缛节、一切的矫揉造作、一切的事功媚俗，那么“士气”的博大、空明、雄浑、典雅便呈现在你的面前。这是八大山人艺术的符号意义，也是中国画的终极追求。戊寅之秋，我在巴黎的最大收获是以临摹八大山人的画为日课，这幅画便是我的作业。我日渐趋近八大山人，便距罗浮宫的绘画日远。这是一种奇异的体验，是对民族文化内核的一次深入的发微探奥。

三

《小鼠红果图》题“仿八大山人”，其实和八大山人的《瓜鼠图》大异其趣:《瓜鼠图》淋漓酣畅为大泼墨,《小鼠红果图》则清新俊逸为小写意。“仿”在立意，“仿”在对空间的处理。

中国画疏可走马，密不透风，前人之述备矣。近人黄宾虹则探奥发微，反其意而用之，谓密可走马、疏不透风，意谓疏朗处有严密之法度在，而周密处则有空灵之气韵在。

疏至极则为白，密至极则为黑。中国画之“计白当黑”，谓画面空白处亦不可不计，空白处也是文章所在。虽笔墨未到，而整体画面结构、黑白之间相互依存关系如此。

“计白当黑”一说，窃以为尚停留于表面之依存，而“知白守黑”则深入于道，请略陈于下。

《老子·第二十八章》中云:“知其白，守其黑，为天下式。”这段话的原意指知阳守阴、知刚守柔，则可为天下楷模。这不是论艺术，而是老子一贯的居卑处微、蓄势的雌伏状态。我们衍为艺术哲学，不妨认为光明之所在即画面空白，正是笔墨蓄势待发的无极空间。我们不仅仅把“白”作为“黑”的依存，而且把“白”作为与“黑”相生发的必要条件。于是我们进一步接近老子哲学“有无相生”的命题。老子曾形象地述及“有无相生”的道理：揉捏黏土做成陶器称“有”，而器物包含的空间称“无”。因此，我们可据此理解画面之空白——“无”和画画之笔墨——“有”之间具有相互同时生发、无生有有生无的性质。当我们挥毫作画时，岂止在创造描画对象之形神，也同时在创造物象后的空间，而这空间正是光明之所在、无穷极的天宇之所在。我们中国画家有些接近雕刻家，他们把雕刻置于天穹之下，以无限的空阔作为其背景，当雕刻树立起来的瞬间，天穹同时成为雕刻的相互生发的一部分。忘记空间的雕刻家是拙劣的雕刻家，而忘记画面空白的画家也绝不是高手。中国画的空白、雕刻家的天穹之重要，甚至超越绘画物象和雕刻形体。梵蒂冈大教堂穹顶上的雕刻群固然重要，而群雕所托的苍天才是主题所在，才是信仰所在。正所谓“此时无声胜有声”，所有的“有声”乃是为了这高妙的“无声”！

中国画大师一笔落纸，你立刻会看到他们岂仅在笔墨本身留意，他们同时在塑造后面的空间。一个拙劣的画家，笔墨邋遢，其后之空间亦必然败坏，亦如拙劣的雕刻家，绝对无例外地弄糟背后的一片天。八大山人是一位笔墨超逸的空前的大师，也同样是一位“知白守黑”的空前的大师。当八大山人取诸怀抱、形诸笔墨的时候，正所谓“乍显乍晦，若行若藏；穷变态于毫端，合情调于纸上”(孙过庭《书谱》)。这种心悟手从、言忘意得的状态，与宇宙造物何以异？这必是八大山人游心于鸿蒙之初、徘徊于无极之野的产物。我们读八大山人之画，两颗秋风中摇曳的石榴、一只伏地待哺的小雏、几朵寒冬待发的梅花、一片独立夏塘的荷叶，真是妙悟者不在多言。每一笔每一点除去状物写神而外，其自身的深闳内美亦令人叹绝。中国至高的笔墨，即之灿然为笔墨，亦如水银之注地，聚之莹然，散之莹然。这精美的笔墨所状物象又如此冷逸超绝，究其缘由，最根本的还是八大山人运用空白的高妙。

“知白守黑”，中国画家永恒的妙诀！

后现代主义的没落

——在金融海啸中的思考

时代板荡，风云际会，文艺上即立时呈现蕙莸杂处、良莠并生的状态。明末清初有黄宗羲、王夫之、顾亭林等坚守大道之鸿儒，亦有恣肆无度之狂禅应运而生；南宋溃萎，既有朱熹、陈亮诸大理学家风云中立定精神，亦有鼓吹心性、招摇于市的轻薄儿跳腾杂沓于市：这就是历史不断重复的无情现实。

人类曾一而再地经历过颓废、厌世、消极情绪的时节，往往是巨大的相互杀戮之后，譬如一次世界大战和二次世界大战的前后，人生无常、苦海无边的心态风靡，其间有哲学家、政治家、艺术家和无知的青年。而本是单纯如白纸的青年，一夜间会变为头发一根根竖起来、染上红黄蓝白的垮掉的一代。精神的提升，需待以漫长的年月，其间必有艰苦的奋斗过程；而精神的下滑则轻而易举，掉进万丈深渊，只需刹那。

楚国兰台公子宋玉所描述过的起于青蘋之末的雄风和起于腐余之灰的雌风，都是不知不觉之间霍然坐大的；而人类社会的风气也同样如此，加上所谓“上智”的倡导，“下愚”的盲动，便汇为了势不可当的浪潮。社会整体的自觉不太容易，无论正面的（积极的、光明的）和反面的（消极的、黑暗的），都是上有倡之者，下必甚焉。于是我们既看到历史上天朗气清、惠风和畅的时代，也看到阴风怒号、浊浪排空的时代。在艺术界20世纪有一个幽灵在欧洲游荡——后现代主义的幽灵，它蛰伏着、潜行着，最后成了排山倒海之势，致使从古希腊到罗马文艺复兴时代的古典主义艺术荡然无存，而从事古典主义艺术的艺术家们食指艰辛，漂泊栖迟。

英国画家查普曼在19世纪70年代提出“后现代绘画”，以别于后期印象派，当时的艺术家不会太离谱。英国历史学家汤因比的《历史研究》于1961年出版，他提出的后现代，和今天的后现代艺术家大体无关。他关注的是多元世界文化的地球村，而他的警世危言则开列得清清楚楚。他不仅不是后现代主义的教主，实际上他揭示了后现代主义所由产生的背景。西方资本主义前景暗淡，危机四伏，对西方现代文明，他所发现的病灶，比当时任何一个学者都敏锐。他以为西方文明的自杀过程正加速度前进，有十个方面沉疴已久，不能自拔：1.原子战争。2.技术（如电脑技术的日新月异——范注）。3.空间开发，问题则在地上。4.极端的消费主义（如目前的次贷危机——范注）。5.贪婪。6.人口过剩。7.污染。8.混乱，已超过人类所能承受。9.道德的裂隙：技术权利与人类伦理准则的鸿沟（如今天世界不止一两处的克隆人的探究——范注）。10.自我中心主义（极端的个人主义、权利意志——范注）。(1972年临终前英文版 *A Study of History*; the one - Volume Edition Illustartcd, Publishcd by Arrangement with Thames and Hudon; 转引自岛子《后现代艺术系谱》，第48页。)

汤因比的理论被视为现代主义自杀论的滥觞。与他差不多同时，德国历史哲学家斯宾格勒《西方的没落》一书，站在民族主义的立场，有对资本主义“怒其不争”的惋惜，他的悲观主义，有一句不能不使人沮丧的名言：“愿意的人，命运领着走；不愿意的人，命运拖着走。”（《西方的没落》第14章第471页）而汤因比敲响的却是西方文明的丧钟，则有对资本主义“恨其不死”

的愤怒。然而，并不是所有的人都有斯宾格勒和汤因比的渊博和智慧，他们的代表人物确是小有智慧、大有狡狯的折腾者。杜桑在20世纪20年代的登场，成为一个时代的结束，另一个时代的开启。也许他有些爱恶作剧，也许他不乏使用嘲弄手法的本领，于是在1917年杜桑从一个商场购得的尿器，堂而皇之地引入美术馆，名之曰“喷泉”，杜桑从而成了后现代主义的鼻祖。当然在我们看来的不雅之举，西方评论家却煞有介事起来，——现成物策略，成了后现代主义的利器。评论家首先不是有要求于艺术家，而是要求观众，“不管它是什么，它必须有一个胃，能够消化橡皮、煤、铀、月亮和诗”（路易斯·辛普森）。这真有市井泼皮牛二横不讲理的意味，或者提升一些讲，是以形象的专政，深入心灵的专政。杜桑的“喷泉”一词，意含猥亵，不用详批，而他这一“艺术创作”竟能成为一个艺术时代的象征，我们就不能不思考其缘由。西方的思想家如18世纪之康德，19世纪之黑格尔，殚精竭虑、呕心沥血的思想硕果，在杜桑者流看来，都是人类思维的赘疣，必除之而后快，人类所需要的是随心所欲。杜桑同时也是现代艺术的启蒙者，他告别了传统艺术所必需的视觉上的、心理上的、技巧上的严格要求；而且“喷泉”一作，与便溺有关，他竟然想起了庄子，因为庄子的确有过“道”在瓦砾在便溺之说。杜桑当然不会理解庄子天地万物为齐一的高论，也不理解庄子“本道根真”的追逐，更不知道庄子对“操之则栗，舍之则悲”的鄙弃。以杜桑为代表的后现代派诸君距庄子的以天地为大炉、以造化为大冶的境界相距太远，或正背道而驰。后现代派艺术对古典主义艺术的颠覆，则是一种语言霸权的实现，而古典主义原来的地位，则本源于自身的美质，不是一种极端的排他性的霸权主义。

后现代主义的理论家们，似乎对佛家的禅宗、老庄的言说颇寄深情，以为与东方之智慧不谋而合，其实在误解的基础上，他们的艺术实现，与佛、道取舍异殊。那佛家的悟道沉痛、广大慈悲，来源于他们证得四大皆空后的彻悟，禅的静思是远离“我执”与“法执”的大自在。后现代主义的某些理论家们，也主张期待“朝向沉默的运动”（伊哈布·哈桑）。这大概有些悟道的成分。庄子中有老龙吉者，彻悟大道之真人也，却悟而不言，不言而死。可是那蜂蝶随潮的后现代的勇士们大概是永远达不到这种境界的。反是我们看出他们的烦恼障，常使他们沉入深不见底的心灵的苦痛渊薮而不能自拔。这就与佛家的清净世界、“能除一切苦”楚辕而赵辙了。道家要证得“无”，要复归于无极、复归于朴、复归于婴儿，与后现代的喧嚣、恣妄和无所不破坏、无所不解构，更是风马牛不相及。

佛家的无上偈是“放下”二字，而后现代派的艺术家们所谓的洒脱、无羁正是不能做到“放下”二字。后工业时代带给人类的不再是田园的牧歌，而是层出不穷的灾难：空气中二氧化碳的与日俱增，臭氧层空洞的扩大、植被的荒凉、沙漠的施暴、物类的食物链破坏、地球气温的上升等等，更有甚者，在资本契约社会的表面的公正和严密后面，却是消费社会使公众的欲望等比级数地膨胀，次贷危机迟早有一天会如多米诺骨牌之坍塌，使《列子》书中杞人所忧之天倾覆而下，窒息整个貌似辉煌的资本主义。太多的问题使人类不安、忧虑和焦躁。然而庞大无比的社会的列车已然开动，车上的乘客是绝对软弱无力的。而心灵敏感的艺术家则表现纷陈，非止一端：愤世嫉俗的、享乐主义的、下流无耻的（“性，那就是人生”——杜桑作如是说）、荒诞无稽的、浅陋浮泛的、故作深刻的，都会出现在各种各样的艺术宣言和艺术手法中。头脑比较复杂的理论家如哈佛大学教授奥尔森认为西方文化的认识论传统，“最后导致了现代资本主义的社会不平等现象，理性思想的果实是民族主义和工业主义，两者都在战争和劫掠中露出了本性”。我们所不能轻同的是，他的因果论中排除了最重要的原因——资本主义的体制，而将原因转嫁到无辜的理性主义——从亚里士多德到康德、黑格尔。认识论的创说者没有罪过，使用认识论而为非作歹的历史玩火者，才是战争和掠夺的根源。殖民主义和后殖民主义，都与资本主义体制有关，而与逻辑、演绎的思维方法无关。

为杜桑始料所不及的是，他以尿器为雕刻的恶作剧，竟然将他推向解构和反艺术之父的祭尊之位。人们以为他提倡的是“无中心”，其实他已然成为反旧有形式和审美法规的“中心”。这种无法规和中国山水画史中石涛的“至人无法，非无法也，无法而法，是为至法”就大相径庭了。石涛的“无法”乃是对传统技法的推进，所以称为“至人”的“至法”，而杜桑则全然是轰动效应下产生的艺术怪胎。达·芬奇做梦也想不到五百年后杜桑专找他开玩笑。蒙娜丽莎，人类艺术史上的奇迹，那文静而恬淡、高雅而质朴的古典美人，在杜桑的笔下长出翘起的胡须，成了神经质的达利，抽着卷烟，吸着饮料，或者干脆变为一只恶猫、一个妖妇、一个赤身裸体怀着身孕的庸妇。杜桑在画下有说明文字：“达·芬奇：都是杜桑惹的祸。蒙娜丽莎：‘UN 不！那是后工业后娘养的。’”笔头上在亵渎先贤，口头上却标榜着反时代的庄严目标（当然语言照样是流氓的）。试问丑化了的历史名作和后工业时代有什么关系？解构的结果表明杜桑对艺术的仇视。庄子当年反艺术，反的是那种违拗自然本真之性的伪艺术，而对真正与天地精神往还的《韶》乐、《商颂》，则寄予崇高的敬仰。任何一种对艺术的态度，不是由于冠以什么“意义”，便可以荒唐为玄奥，借指桑以骂槐，恶作剧不会成为真正的经典喜剧和悲剧。杜桑的罪过不止于此，前文所提及之“性，那就是人生”，其实是一张杜桑化妆为一风尘女子的自拍相片而以法语谐音而起的名字“罗斯·赛拉薇”。用心污秽色情，足见杜桑品斯下矣。然后果之不堪设想，乃有过于其“雕刻”喷泉。杜桑于1968年去世，可惜看不到巴黎“五月风暴”的“盛况”，那是后现代主义已然从艺术的范畴走进了社会一切方面的证明。我们当然不能让杜桑1917年的《喷泉》担荷人类的所有乖张、荒诞的行径；然而打开那带给人类无休无止的疯狂、罪恶、忌妒和疾病的潘多拉魔盒的，的的确确应归咎于杜桑，使他在九泉之下也永不得安宁——躁动，这正是杜桑所希望的也未可知。当20世纪70年代之后，西方盛极一时的“坏女孩儿”、“垃圾女孩儿”、“愤怒的年轻女性”，“‘剥开’阻挡主题的视觉形象结果”，说明白一点儿就是暴露狂，据说为的是使社会理解妇女之境遇，实质上正中社会上登徒子们的视觉快感。初为反对男性中心主义，却恰恰适应和助长了男性中心主义，这种二律背反，在后现代派的作品之中累见不鲜。这难道和当初杜桑的名言“性即人生”无关吗？后现代派的艺术还带来了医学上的麻烦，艾滋病的猖獗，可谓其来有自。

后现代主义者的艺术在实施过程中的二律背反，不只是普遍现象，我们甚至可以认为是一种必然的结果。起先的口号大体包含着愤世嫉俗，鞭笞社会弊病，痛恨既有的所有制度、规则，对传统经典主义的釜底抽薪式的否定，对社会边缘的族群（包括妇女、囚徒、义务兵、同性恋者、医院中贫穷的患者）表现的同情，这在福柯的理论中最为鲜明，他的所有斗争不是为了哪一个阶级，他所谓的“异在者”，我以为正是指的被社会所遗忘的角落的人群。福柯怀疑一切制度，无论它们有多么“科学”或“革命”。而他所谓的革命是“无中心”的。当发轫于艺术的斗争而广及所有的社会问题时，“后现代”概念的外延已然无边无际。“后现代究竟是什么？”这样的质疑来自最具权威的后现代主义的理论家利奥塔。他并不是后现代主义的鼓动者，他深入地研究它，对后现代主义的批判言之凿凿，切中要害。他说：“当权利来自资本而不是政党时……艺术变为了庸俗时尚之物，于是开始迎合艺术赞助者的‘品味’，艺术家画廊主持人、批评家和普罗大众在‘怎么都行’的浊流中飘荡沉浮。这是一个懈离而黯然的时代。然而‘怎么都行’式的现实（写实）主义，实际上即拜金主义；在审美准则的匮乏下，人们会以作品所产生的利润来评价作品的价值，只要符合流行口味的需要，具有市场销路，那种拜金现实（写实）主义，就能迎合所有的流行时尚。这就像资本主义能够迎合满足所有需求一样。至于鉴赏趣味，当人们沉溺于自我迷醉或自我淫逸时，则压根儿不再挑剔是否高雅和精纯了。”（见岛子所著《后现代主义艺术系谱》上卷第235页）利奥塔指出，艺术和文学的研究只注意大众所关注。在我看来，哪怕是极其鄙陋与恶俗的东西，都会投普罗群众之好。利奥塔甚至提出了“包装奢华无比”，以慰藉那些缺乏头脑、判断力低下的读者。

后现代主义最初不无对后工业时代来临之后社会伪善的批判，然而以丑恶的手段来反讽，丝毫不足以杜绝已然存在的丑恶；对传统的叛逆，也只会使整体社会不再会有“主敬”的虔诚。而乖张、荒诞无法缔造一个宽容博大的新秩序，淫秽之行为艺术，只会使社会更加沉沦。一切以自我宣泄为出发点，忘记了他们反对古典艺术霸权时的初衷，一味地膨胀自我，一旦应时得势，必然树立了新的后现代主义的霸权。这种霸权也许并不凭借政治的力量，集体的盲动和混乱即足以使一些精力旺盛而坚牙利齿的角色声名鹊起。德里达正是这个时代的宠儿，并且反过来影响这个时代—— 登上历史舞台的德里达便被拥为“最后的思想大师”，成为解构主义的旗帜，竟被社会前沿的学术界视为自柏拉图以来改变了西方思想的无可争议的领军者。

从杜桑到德里达，我们无法找到比他们影响更大的人物。杜桑是可视的，而德里达可解吗？今天我有一位旅法的哲学家朋友裴程，他精通法语又专攻哲学，故而能入就密特朗图书馆东方部主任之高位。他对自己的法国朋友说：“我怎么也看不懂德里达的著作。”他的法国朋友说：“你看不懂就对了，我们有着和你一样的感受。”问今之法国，真正读懂德里达的能有几人？那么这就令人不解了，既然读都读不懂，何以有如此的不可估量的影响？

茫然的人群需要偶像，不管对“偶像”了解不了解，这是所有邪教和荒诞理论得以猖獗一时的根本原因。邪教和荒诞理论总会有类似咒语似的、似是而非的幻觉在昭示着愚蠢的族群。“信仰”在这里变为一种愚民的手段，念咒语的可以完全不懂所云何物，但其心灵却可以得到慰藉。心理学家知道，这是一种符合人体科学的现象，倒不是巫师真有通天的本事。

在此我决无意于对德里达本人进行任何无聊的人身攻击，也决不是把他推到邪教教主之地位，甚至我对德里达年轻时对资本主义制度的反抗，投以适当的敬意。譬如他所参加的反对种族隔离文化基金会创设运动，他甚至在1993年于纽约发表《马克思的幽灵》，这时他是反对种族主义的杰出人物曼德拉的同路人。当非洲血缘的美国记者穆米阿·阿布·杰马尔因为揭发美国监狱系统的残酷性而被判处死刑时，德里达绝对站在了正义的立场；而且德里达尖锐地指出，美国当时的死刑制度是种族主义的帮凶，德里达成了旨在营救阿布·杰马尔的象征存在。我们还应该记住，德里达曾受牵连于海德格尔，人们认为海德格尔曾一度效忠于纳粹主义，因此在法国“应该停止阅读海德格尔的著作”；大家又都知道，德里达曾从海德格尔那儿继承了一些课题——所有这一切在学界和社会所引起的轰动效应，使德里达困境重重，却使他不期然而然地成为社会目光的集中点，这大大有助于他解构学说的磅礴于世。其实，德里达所有社会活动的中心指向，与他的后现代主义关系不大，但他的社会影响，却使他的主义飙风顿起。

德里达的矛头所向首先是柏拉图，自柏拉图，然后是经过卢梭到胡塞尔等在西方已成为真理而被特权化的理论。反对特权化的釜底抽薪的话语是：“柏拉图著作存在着，可是柏拉图的著作不存在。”（德里达《柏拉图的药》）这且置而不论，柏拉图不会因为这句话而消失，近年中国译出的柏拉图全集已然对柏拉图无置疑的著作和苏格拉底的著作清晰地分辨清楚。德里达妄图做一个伟大的创说者，然而在他之前已然大山林立：苏格拉底、柏拉图、康德、黑格尔、卢梭。他用自己创设的话语系统和种种不可理喻的辞藻（几乎是排除在人类集体记忆之外的自说自话的新创词汇，譬如“临在”、“在场”、“他者”、“赠送难题”、“责任逻辑”、“割礼告白”、“灰痕迹”等等）来构架他的理论。在操法语的人群中已经完全难解的词汇，当译为中文时，正所谓“字经三写，乌焉成马”，其难解又增加了几倍。于是笔者怀疑当下的中国自称是德里达的学者们，是否有能力对我作启蒙而清晰的解释。德里达宛如塞万提斯笔下冲向风车的堂·吉诃德。在我看来，德里达的著述之所以风行一时，不是由于它本身有移山推海的哲学力量和语言魅力，而大体来自愚昧的人群唯恐被别人视为弱智者，而装着懂的样子；在最虚荣的族群中尤然如此。其实德里达自说自话的时候，已然陷入自我失语的状态。他不胜悲哀地讲：“谁也不能理解我的宗教。”（与G·本宁合著的《雅克·德里达》）正如前文提及的“咒语”说，在德里达的著作中绝对是比比皆是。我们不要忘记，从亚里士多德到康德，他们都是科学家，实证是他们立论的依据，那么，我们希求从德里达这里追索依据时，他的回答是形而上学中心主义——逻各斯中心主义之不足取，本文之必须解构，他要为古典哲学所依托的“表音文字”敲起丧钟，同时设想一种理想性原型的文字。德里达的非非之想，竟使西方的稍稍年轻的学者和年轻人群开展了历时半个世纪的话语解构。这种解构与中国禅宗的智慧可就不啻天壤了，也许禅宗的《六祖坛经》和《五灯会元》话头、偈语是颇费深思的，然而它们却正竭尽了中国原本话语的妙谛。德里达的《声音和现象——胡塞尔现象学中符号问题的导论》、《论文字学》、《播散》、《立场》、《丧钟》……果真有微言大义浸透其中吗？德里达的解构宣言《论文字学》，并没有给我们哲理上任何深入的启示，只觉得他是下定决心要从语言开始解构。他预示着和当年杜桑一样，要打开另一个潘多拉的魔盒。

解构这幽灵走进艺术，不确定性（反映生活之暧昧细节）、即时性（日常生活内容）和即物性（利用新的媒介）、无中心、无主题、主体离散、游移，语言呕哑啁哳、语境混淆漫漶，互相平行的、互相排挤的、互相重叠的不一而足，人们开始写“一首没有主人公的诗”，写无情节的平面的历史。一切都在流变，一切都还未完成。合情合理、中规中矩的所有社会法则、艺术规定、逻辑的语言要素都是必须打倒的“霸权”。一个荒诞的、可悲叹的、暗淡无光的时代，慢慢地走向人类世界。当一切失序的时候，那么恐怖、瘟疫、仇杀便自然而然地合法化。德里达当初反对的，成为今天提倡的。后现代主义的二律背反，在德里达身上反映最著。

后现代主义由不可理喻渐渐恶性滋生出血淋淋的、淫秽不堪入目的作品，甚至粪便堂而皇之地走向众芳之所在。大粪或其他分泌物成为艺术家无上珍贵的艺术载体，杜桑曾对达利述说自己的感悟：“肚脐眼里的分泌物将是一种首要的文本。”意大利艺术家曼佐尼（Piero Msancnil 1933—1963）的粪便作品《100％纯艺术家粪便》，其版本是一些小罐，每个都装有30克自己的粪便。他的意思可能有一点儿庄严——对艺术市场媚俗化的滑稽模仿，然而这种下作的手段与庄严的目标正背道而驰，比媚俗的更令人望而生厌。接着北美的艺术家们公开展销自己的粪便。如果艺术家的粪便成为商品，是一种引人艳羡的收入时，那么医学上一个科学用语“肛门快感”正适合作他们印刷品的绝妙题词。法伊阿·本德（PAWLK-Feyera bend）的“怎么都行”是所有这些荒谬绝伦的艺术家的旗帜。在这面旗帜之下，还有什么是不可以做的吗？

1974年在那不勒斯，美丽的女艺术家以自己的肉体供男人猥亵、伤害，她说：“我是你的对象，桌上有七十二样物件随意由你在我身上使用。”她的衣服被男人们扯碎，赤裸着身体，而部表情神圣（我想是装的，不会神圣到一个下流痞子吮吸其乳房而无动于衷——不是物以类聚，便是故意作态），说明了什么？这是一件历史上没有任何参照系的艺术品，人们不会因这件作品而对男性中心主义腐心切齿，反之倒是使好色之徒一饱秀色可餐之福。20世纪以降的后现代主义哲人们，你们没有觉得你们自说自话的后果却有声有色吗？你们违拗自然大秩序的创说、你们的批判行为和艺术家们的行为批判，化为上帝在云端讪笑，并向你们抛下了诘问。麦当娜和稍后的苏格兰

"辣妹",将性、权力与摇滚歌唱搅和一起，在万人广场的无羞涩之心的表演，引发了有教养社会阶层的巨大道德恐慌，在家里叨陪鲤对一万次，不如看一次麦当娜声色交汇的表演。可惜的是麦当娜标榜的是艺术——神圣的艺术。记得有一次在万人人头攒动之中，麦当娜发现了作为贵宾出席自己首演的父亲，并把他请上舞台。老人的尴尬、羞惭形于外而伤于中。人群经久不息的掌声似乎是一种尊重，但每个人心里想着什么？——天晓得。

金钱、拜物教是资本社会的宗教，而超前消费、次贷消费则是拜物教祭坛上的鼎脔。金钱的诱惑无所不在地引导着社会的普遍道德指向。后现代艺术，你算老几，在一阵似乎正义的呼声之后，很快声销迹匿；无比庞大的资本诱惑，迅捷地使思想家们、艺术家们就范。前卫艺术家起始对艺术商品性和商业化的悲壮性的拒绝，不久就会被资本主义的讹诈所征服，甚至成为为虎作伥的傀儡或被资本玩弄于股掌之上的木偶。这就是后现代艺术悲剧的起源。当后现代艺术发生了如此质的变化之后，后殖民主义的阴谋家们登场的时节便来临了，后现代艺术的清高一夜之间变化为庸俗的时尚之物，另一种的媚俗很快取代了后现代艺术发源之初恨之入骨的昔日的有限的媚俗。凭借着巨大的覆盖全球的网络系统，审美标准的彻底丧失使文化垃圾大行其是，如同薇干菊一样，飘浮到世界各地。上世纪60年代艺术家们所投入的反资本主义热潮，表现出的对走红市场的艺术品的逆反行动——不计价格的观念艺术、过程艺术、地域艺术、极限艺术（理念化的艺术）烟消云散。一切都有可能发生，波伊斯对啤酒罐吹一口气，值一百万美金，而米罗随手画的一根线，签上名字以后价值千万英镑。马克思和恩格斯当年的名言"一切精神的或物质的东西都变成交换价值并到市场上去寻找最符合它的真正价值的评价的时期"（《马克思恩格斯全集》第四卷第80页）来临了。其中包括德行、爱情、信仰、知识和良心，都可成为待价而沽的商品。可怜第三世界的功力不足又想一夜巨富的穷艺术家们，不惜出卖民族的光荣和尊严，画出自己族群的奇形怪状的形象——满嘴牙齿的、同一模子刻出的痴呆者侧着脸排着队向观众傻笑，甚至无耻地攻击自己民族的历史伟人。及已至此，艺术的颓废和堕落达到历史的最高峰。我们几乎丝毫不怀疑某些想左右世界的国家的某些组织，譬如情报局之类，那些阴诈深算的家伙们，以些许的小钱（在他们看来），谋取政治上的大利。购买一幅怪丑的画，可以动摇一万个无知的青年，如同病毒的传播，横无际涯。

物极必反是宇宙的大法，谁也无法阻拦。金融海啸的突然来袭，打破了人类的所有间间小智。它所向披靡，无远弗届。虚假的膨胀的社会消费，缩水之快，如广漠以吞小溪。而在资本主义隙缝中求生存的后现代艺术的临终之日也渐渐迫近。曾几何时，艺术是艺术、垃圾是垃圾的最简单的逻辑，也会复归其本位。谓予不信，今日绘画之市场，竟是谁家之天下？真正的艺术家们渐渐复苏，而揣怀机心的甚嚣尘上的画丐，不免三缄其口。高谈阔论或强词夺理不会是真正的艺术之母，而“美言不信”，渐渐又被人们视为真理。艺术靠的是纯真的心灵和精绝的技巧，靠的是诚实的观众和公允的评论。后现代主义的一切都烟云过眼，都微不足道。

文章至此，不免心怀恻隐，虽然一世纪以来翻云覆雨的是后现代主义的艺术家、舞文求生的评论家和财力有限的画商，可恨之人亦有可怜之处。他们仅仅是鼎鼐中的牺牲。最该讨伐的是那些在资本王国的兴风作浪者，当这些金融大鳄们驾着自备飞机到议会，以求国家救市之时，依旧是瘦死的骆驼比马大，最该自省的是那些以邻为壑、妄图以贸易保护主义嫁祸于人的决策者。

阳光依旧会照拂地球，阴暗毕竟会暴露。在历史转折的关头，好自为之，是所有玩火者应当三思者，不，“再，斯可矣！”不再旧调重弹，故伎复演，是全世界所有正直的人们的期望。

2009年2月8日于青岛

大丈夫之词

——论辛稼轩

由周成王时青铜器[1]之“宅兹中或”（唐兰《何尊铭文解释》）铭文，知“中国”一词最晚在公元前11世纪已然出现，未是国家之名称，居于中而别于四夷而已。彼时以黄河流域为中心的周朝，对周边的民族，一般取鄙夷不屑的视角，往往取名不恭，若獫狁、鬼方等等。那时，周已是名副其实的国家，而周围大体是部落，没有疆界的概念。游牧民族逐水草而居，在他们心目中，哪儿有水草，他们的牛羊便可以去。殊不知，骑在马背上的部落首领，却更看重农耕社会的财富。因此，当他们势力坐大、兵强马壮的节候来临时，那会走的马匹牛羊，便不再是他们的生产品，而是他们以作辎重军需的活动的粮仓。他们永不餍足的贪欲，使他们的战争行为化为流动的劫掠，所到之处烧杀抢夺殆尽，带给农耕社会的是一片狼烟野火。

概言之，古代中国与四周民族的战争，基本上是荷锄的民族与马背上的民族之间的战争。荷锄的民族本想在礼、乐的社会秩序之下过着戴月荷锄归的日出而作、日入而息的清静田园生活。他们恋土重迁，热爱和平。马背上的民族的凶狠，来自他们草原上的邻居——狼的楷模，甚至天才的群体战伐，也仿效着狼对巨兽的攻击。那种迅猛的战术、协调的步骤，对蛮貊的人类群族而言，在在有所启发。农业社会的国家，对此是有些招架不住了。包括古代的罗马帝国，对匈奴人也是望风丧胆的。游牧民族对中国丝绸的迷恋，那是由于他们自小只看到兽皮的灰褐色，一旦绚烂的花纹呈于目前，他们内心的怦然而动可以想见了。那么，唯一迅捷的办法是：抢。

于是，游牧的民族崇尚火，那是他们行抢的光照、暴虐的徽号②；而中国自古以来则崇尚水，因为它是农作物的饮料，润物无声，圣洁而宁静。

我们要注意的是，辛稼轩是一个爱水的民族的后人，他深深知道马背上的民族虽然善于野战，而不善于攻城；善于速决，而不耐久战；有一时之骁勇，而无长治久安的方略。这在后面剖析辛稼轩的《美芹十论》和《九议》时会详为论述。以天下之至柔，驰骋天下之至坚，以柔克刚的不二战略便是持久战，是辛稼轩万字平戎策的核心。

辛稼轩生不逢时，当他1140年（宋高宗绍兴十年）诞生于历城（济南）时，宋高宗已渡江苟活于临安（杭州）十四年。他诞生的那年，本应是南宋起死回生之年，南宋名将刘锜顺昌大捷，岳飞郾城大捷，此时，正宜猛追穷寇，“直抵黄龙府，与诸君痛饮”。（《宋史》卷三百六十五《列传》第一百二十四）然而怯懦的帝王高宗赵构和阴诈的秦桧，坐失时机，以媾和而结束了垂成的匡复大业。至此，南宋的猥琐卑怯至于极点。当岳飞、子岳云、名将张宪于1142年1月27日（绍兴十一年十二月廿九日）被莫须有的罪名杀害，而抗金名将韩世忠兵权被收，主战的张浚、赵鼎诸将被贬逐，南宋庸帝和奸相将自己赤裸着奉上了金人的刀俎之下。难怪无力的士子们痛哭于新亭③，对破碎的山河和无望的朝廷，他们能做什么呢？

朝廷固然是可恶之至，然则宋代的确所遇的马背上的虎狼之师太多。自公元960年赵匡胤得了天下，到1126年他的八世孙赵佶（宋徽宗）、九世孙赵桓（宋钦宗）“北狩”，被金人掳到黑龙江五国城，前后一百六十六年，边陲无一日平静。然则北宋并非无人，寇准、范仲淹不都曾先后使辽（契丹）和西夏（党项）人望风披靡吗？可恨的是赵匡胤重文偃武以来，竟然有了不成文的自保之模式，打了胜仗反倒输银贡绢。这真是天大的笑话！宋真宗景德元年（1004年）在寇准的力主下，真宗不得不到澶州（今河南濮阳）督战，不仅打了胜仗，射杀了辽军大将萧挞凛，宋军又于辽军背后壁垒森严。辽人在恐骇下提出与宋议和。此时正宜一不做，二不休，乘胜追击，了却北方边患。但宋真宗非其人也，赶快缩回汴梁，派降将、奸贼与求和的辽人谈判，于是订下了历史上十分滑稽的“澶渊之盟”（清·李有棠《辽史纪事本末》卷二十四《澶渊之盟》）。辽失败了，但宋每年输辽银十万两、绢二十万匹。

这大概就是后来宋高宗赵构与奸相秦桧于岳飞朱仙镇大捷后，求和订约的祖上遗制。

水，当然是地球上最伟大的存在，“天下莫柔弱于水，而攻坚强者莫之能胜，其无以易之。”（《老子》第七十八章）那是不可替代的力量。水有着至善的本性：“上善若水；水善利万物而不争，处众人之所恶，故几于道。”（《老子》第八章）水不只哺育万物，而且甘于居卑处微，与世无争。不争则不争矣，可是当其澎湃激荡、震惊万壑之时，我们看出了水的威风，那是摧枯拉朽、势不可当的伟力。当它复归宁静之时，依旧上下天光，一碧万顷。这种状态，方之历史上的词人，只有辛稼轩差近，在他的性格中包含了这样的品质。此其所以为大丈夫的根本。所谓能屈能伸者，是因为辛稼轩进也豪、退也豪，屈、伸只是表象，而肺腑高致则不因屈、伸而略有改变。

“大丈夫”一词，于《孟子》一书中予以结论性的评述：“富贵不能淫，贫贱不能移，威武不能屈，此之谓大丈夫。”（《孟子》卷六《滕文公下》）而东周也的确是一个需要大丈夫也能产生大丈夫的时代。列国的纷争，改变了对帝王从一而终的观念，产生了诸侯与士的双向选择模式，这就使人才不易湮埋，“于是六国之士有宁越、徐尚、苏秦、杜赫之属为之谋，齐明、周最、陈轸、召滑、楼缓、翟景、苏厉、乐毅之徒通其意，吴起、孙膑、带佗、兒良、王廖、田忌、廉颇、赵奢之伦制其兵”（汉·贾谊《过秦论》）。朝秦暮楚的陈轸，似乎并不曾为人耻笑，选择是士的权利。然而与此同时，那十分遥远的，起于夏商之世的古老传统，即在士的心目中，君王即社稷、忠君即爱国的龙逄、比干、伯夷、叔齐式的“忠君”潜流已渐渐强烈，其代表人物便是楚国的屈原。“橘受天命，生于江南，不可移徙；种于北地，则化而为枳也。屈原自比志节如橘，亦不可移徙。”（宋·洪兴祖《楚辞补注》）辛稼轩当然是十分自负的，他有词云：“古来三五个英雄。雨打风吹何处是，汉殿秦宫？”（《稼轩长短句·浪淘沙·山寺夜半闻钟》）古往今来，能与他比列的英雄三五个而已。他当然有苏秦、徐尚之智，有乐毅、齐明之谋，有廉颇、赵奢之威，他身上集中了智略、识见和勇气，凛凛然大丈夫也。然而辛稼轩成不了大业的根本原因是南宋是个无耻而偷生的偏安政权。辛稼轩的存在，不仅多余，而且扎眼。他能不像岳飞那样作为奉献给金人的鼎脔，已是万幸了。南宋从杀岳飞的那一刻起，就注定了国家的败亡。辛稼轩虽然没有被杀，比他年长的陆游，在1207年（宋宁宗开禧三年）辛稼轩死后，题诗当哭：“君看幼安气如虎，一病遽已归荒墟。”（《剑南诗稿·寄赵昌甫》）死后犹有小人倪思上疏弹劾辛稼轩，为的是佞臣韩侂胄为私欲北伐惨败事。辛与韩疏于交往，韩之败与辛何干？昏聩之极的宁宗，竟“追削爵秩，夺从官恤典”（《鹤山先生大全集》卷八十八倪思墓志铭）。此大冤案一直等到七十年后，宋恭帝德祐元年，史馆校勘谢枋得请于朝，才得到彻底平反。然而这种帝王的表面文章，救不了宋的国运，辛稼轩的亡灵也不会因此而含笑九泉。

辛稼轩当然有过轰轰烈烈的青年时代。他出生于金。金完颜亮死后，中原豪杰并起，耿京啸聚山东。少年时代的辛稼轩目击亡国奴之悲哀，毅然加入耿京的部队并鼓动耿京南归。事乃有大谬不然者，关键时刻出了叛徒。第一个是个慈眉善目的伪和尚义端，“喜谈兵，弃疾间与之游”（《宋史》卷四百一《列传》第一百六十）。结果义端偷了耿京的印玺，奔赴金帅。耿京大怒，欲杀稼轩。稼轩于此时方显英雄本色，对耿京说：“丐我三日期，不获，就死未晚。”果然辛稼轩手到擒来，叛徒义端讲：“我识君真相，乃青兕也，力能杀人，幸勿杀我。”（《宋史》卷四百一《列传》第一百六十）稼轩斩其首归报，耿京以为壮士。辛稼轩不只腹笥阔大，通经读史，并且膂力过人，万夫不当，是一个文武双全的奇才。第二个叛徒是张安国。辛稼轩奉耿京之命到建康见宋高宗，决定南归时，张安国杀耿京而降金。稼轩乃与王世隆、马全福等径趋金营，“安国方与金将酣饮，即众中缚之以归，金将追之不及。献俘行在，斩安国于市。……弃疾时年二十三。”（《宋史》卷四百一《列传》第一百六十）这是发生在宋高宗绍兴三十二年（1162年）的事，此时辛稼轩二十三岁，而秦桧已死七年，昏聩的高宗如梦初醒，看到北方来的英雄，也不免“一见三叹息”，而久处惕息忐忑中的儒士们亦“为之兴起”。辛稼轩的豪气和壮举，使绝望的死水顿生涟漪。这是辛稼轩一生引以为荣的回忆：“壮岁旌旗拥万夫，锦襜突骑渡江初。燕兵夜娖银胡韄，汉箭朝飞金仆姑。 追往事，叹今吾。春风不染白髭须。却将万字平戎策，换得东家种树书。”（《稼轩长短句 · 鹧鸪天》）这首词是辛稼轩第二次被罢官住在信州城北的带湖时写的，他自称这首词是“有客慨然谈功名，因追念少年时事戏作”。辛稼轩一腔的热情，在怯懦的偏安朝廷中遇到的是冰冷的回应。自“锦襜突骑渡江初”到辛稼轩殁，在江南四十五年中，只任职二十五年，且位居下僚，不被重用。1162—1181年用十九年，1181年被王蔺弹劾落职。四十二岁至五十二岁，十年间赋闲带湖。1191年辛亥宋光宗绍熙二年被起用为福建提点刑狱至1195年，遭何澹劾奏，免去秘阁修撰，时年五十六矣。五十六岁至六十四岁八年间赋闲铅山瓢泉。1203年宋宁宗嘉泰三年起知绍兴府兼浙东安抚使，到

1205年宁宗开禧元年改知隆兴府，未到任。此年又遭弹劾。综窥其宦海沉浮，可谓命途多舛，三起三落。

南宋的皇帝，既患于得，又患于失，自视力量微薄，不足以御强胡，而又对失去的江山有所不甘，父皇与兄弟在五国城被囚，不能说不有所羞耻与怀想。父皇徽宗本是个不能驾驭天下的糊涂君王。《宋史》称“宋中叶之祸（按指靖康徽钦北狩），章、蔡首恶”（《宋史》卷二十二《本纪》第二十二）。这指的是章惇和蔡京。宋的国运，从来就不曾好过，而到了这些佞臣掌权之时，除去谋私之外，更打着变法的旗帜为号召。大可悲叹者，领导变法的王安石辈，心忧天下是不用怀疑的，但刚愎自用，视事易而举措急，竟至虽有改革变法之心，而收天下震动混乱之果，老臣谏士被废逐摈斥，而跃然于新法推行之际的投机者章惇、蔡京辈，则是祸国殃民，他们绝对不管社稷之存亡、人民之死活。王安石之青苗、保甲、均输、市易、水利之法，当然本心无可厚非，而司马光辈之反新法，也是老臣深谋，或有道理。坏就坏在王安石不知道自己周围有小人作祟。君子在台面上相互指责，小人则在台下乘机行事。作为一代书家的蔡京，留下了一块万古遗臭的元祐党人碑，从而宋书坛之苏黄米蔡四大家，也以蔡襄取蔡京之位而代之。④蔡京的小人嘴脸是他第一个拍司马光的马屁反对王安石，取信邀宠，惯伎用尽。而到章惇执政时，他立刻倒戈投靠。徽宗即位后，被罢免。旋又穿梭于佞臣童贯门庭，最后取得徽宗之宠信。可悲这宋徽宗，丢下国事，一头栽向道教。最应务实的帝王一旦谈无论虚，危机就深深埋下了。《宋史》论徽宗之失国：“由……特恃其私智小慧，用心一偏，疏斥正士，狎近奸谀。于是蔡京以狷薄巧佞之资，济其骄奢淫佚之志。溺信虚无，崇饰游观，困竭民力。”“自古人君玩物而丧志，纵欲而败度，鲜不亡者，徽宗甚焉……”（《宋史》卷二十二《本纪》第二十二）宋徽宗不事朝政，而于宣和画院且加意焉。他本人则是一位造诣极高的书画家。中国历史上的亡国之君而为艺术家者有三：其一，南朝之陈后主，诗人也。隋兵已临门下，而诗人乃与宫女于枯井中饮酒作乐，真够得上“忘怀得失”四字。其二，五代十国时南唐李后主，固词坛之帝王、治国之庸君。赵宋掳其北上，他则“最是仓皇辞庙日，教坊犹奏别离歌，垂泪对宫娥”。苏东坡斥之谓：此时正应痛哭于九庙之外，宜其为亡国之君。其三，赵匡胤之北虏李煜，来报于其八世孙宋徽宗，这位喜欢道士的帝王却真正画得一手高雅的工笔画，写一笔潇洒的草书。以我之见，帝王正应做帝王之事，艺术则是余兴，万万不能当真。

宋徽宗能留给儿孙什么遗产呢？优柔寡断，沉溺虚无，耽迷书画。国之将亡，佞臣朱勔以花石纲媚上。“君臣逸豫，相为诞谩，怠弃国政，日行无稽”（《宋史》卷二十二《本纪》第二十二），国是亡定了。而在徽宗的遗传中的确是有艺术的基因。高宗赵构的宫中有米友仁陪伴着，他父亲米芾的书法，有宋第一家也。高宗网罗天下米字，这倒和唐太宗网罗天下王字有些像，就是宋高宗不具备唐太宗的文韬武略。绍兴五年（1135年）宋徽宗死于五国城，不是信息时代，两年后消息才传到江南。在北国的九年，宋徽宗是备尝胡人的凌辱了。绍兴十二年（1142年）尊宋徽宗“体神合道骏烈逊功圣文仁德宪慈显孝皇帝”，这十六个字大概宋高宗也背不出来，我看除“文”字徽宗当之无愧外，其他十五字与他邈不相关。宋高宗重用奸佞，杀戮名将忠良，这是他平生最可耻的一页。孝宗时追谥岳飞“武穆”，宁宗时追封鄂王，意在凝聚民心，但似乎朝政病在膏肓，大宋气数已尽，急救也无济于事了。

还回到谈《鹧鸪天》，写这首词已是宋宁宗庆元六年（1200年），辛稼轩六十一岁，而词中所云“壮岁”则是指1162年宋高宗绍兴三十二年左右南归时，稼轩二十三岁。而向宋孝宗皇帝上《美芹十论》则是乾道元年（1165年）辛稼轩二十六岁时的事。据邓广铭先生之考，写作年代可能推前至隆兴二年（1164年）的秋冬之交，稼轩二十五岁。“但写成之后未必立即奏进，稍有迟延，岁序已更，便已经是乾道元年乙酉了。”（邓广铭《辛稼轩诗文钞存》,《美芹十论》作年考，p.25）。《宋史》对孝宗颇有赞词，称他“聪明英毅，卓然为南渡诸帝之称首”（《宋史》卷三十五《本纪》第三十五）。孝宗即位之初，虽称锐意恢复，然而也不过停留于口头，实际上不过借天厌南北之兵，欲休民生为托辞，继续苟且偷安；而对辛稼轩之《美芹十论》不予重视，实所必然。

《美芹十论》即辛稼轩词中所称之“平戎策”。南宋士人善策论之文，而其中深入其理、至乎道者，莫过于朱熹；而纵横捭阖、可践乎行者，莫过于辛稼轩。而他们两人都是在孝宗即位之初“诏求直言”（《宋史》卷四百二十九《列传》第一百八十八）的形势下，忠言直谏，无所忌讳。因之观诸其文，亦叩玉振金，掷地有声，不啻是李斯《谏逐客书》、贾谊《过秦论》之俦。而朱熹以大理学家而论时事，其鞭辟入里，固所宜矣。举其上封事言之一段可见：“夫记诵词藻，非所以探渊源而出治道；虚无寂灭，非所以贯本末而立大中。帝王之学，必先格物致知，以极夫事物之变，使义理所存，纤悉毕照，则自然意诚心正，而可以应天下之务。”“修攘之计不时定者，讲和之说误之也。夫金人于我有不共戴天之仇，则不可和也明矣。愿断以义理之公，闭关绝约，任贤使能，立纪纲、厉风俗。数年之后，国富兵强，视吾力之强弱，观彼衅之浅深，徐起而图之。”（《宋史》卷四百二十九《列传》第一百八十八）在辛稼轩的心目中，朱熹是一位可亲可敬的兄长。可亲在其抗金言说既积极而又慎重，不是“元嘉草草”之辈；可敬在朱熹为博学通儒，睿智圆融。比较起来，辛稼轩的策论则是具体实践的大方略，而其文采飞扬，有朱熹所不及者。辛稼轩的“万字平戎策”毫不夸张，《美芹十论》即在一万五千字以上。更由于他是曾在北方沙场上实刀真枪的剽悍的战士，他在《审势》第一章中就开宗明义地描述了金人“地虽名为广，其实易分”的表面地广势众，实易瓜剖豆分的危卵之势。而其中所述辛巳（1161年，宋高宗绍兴三十一年，金世宗大定元年）之变更有亲历的经验：“辛巳之变，萧鹧巴反于辽，开赵反于密，魏胜反于海，王友直反于魏，耿京反于齐、鲁，亲而葛王又反于燕，其余纷纷所在而是。”（邓广铭《辛稼轩诗文钞存·美芹十论·审势第一》,p.3）其论金人敛财而疏于理、兵众而易于溃，皆言之有据；其更看破金人朝廷杂以契丹、中原、江南之士，“上下猜防，议论龃龉……且骨肉间僭弑成风”。所谓知己知彼，百战不殆，辛稼轩可当之者矣。而于金人之色厉而内荏，辛稼轩更述其三不敢必战：其一，辛巳之变，可谓“商鉴不远”；其二，彼时海、泗、唐、邓等州在宋手中，“彼用兵三年而无成”；其三，“契丹诸胡侧目于其后，中原之士扼腕于其前”，这是金人所畏惧者。而金人并非就此罢手，有必欲尝试者二：其一，生怕宋朝看到金的外强中干而绝岁币，“则其势不得不张大以要我”；其二“心惟务于侥幸，谋不暇于万全”（邓广铭《辛稼轩诗文钞存·美芹十论·察情第二》,p.4）。贪欲之心会使金人唐突冒进。因之辛稼轩劝朝廷“心定而虑审，何情不可得，何功不可成”。先给宋孝宗吃下定心之丸，然后辛稼轩继续展开其宏论：若“观衅”，论民心之亲叛向背，以为金人实“为汤武驱民者，桀与纣也”，揭示金人不得民心之由；若“自治”，极言绝岁币、都金陵之急迫待行；若“守淮”，献“聚兵为屯，以守为战”的战略方针；若“屯田”，稼轩议以州郡之卒屯田，“使阡陌相连，庐舍相望，并耕乎两淮之间”，以其监临归正之军民，有以民制民之意；若“致勇”，辛稼轩提出：“《兵法》曰‘军赏不逾时’”，然须“徐以予之，且欲使之常亹亹然有歆慕未足之意以要其后效”，则收买军心之术也；若《防微》，论人性之浮动，欲帝王“不吝爵赏以笼络天下智勇辩力之士，而不欲一夫有忧愁怨怼亡聊不平之心以败吾事”，则笼络天下之道也；若“久任”，则劝帝王之任人、处事宜从长察之，不宜以一胜论其贤，一败论其佞；若“详战”，“详其所战之地也”，稼轩于此则评述山东战略地位之重要。至此，于南宋之局势，可谓剖析透彻，言尽而意永，所谓不忍辍读者，情动于中，不愿释卷也。

《美芹十论》撰诸史乘，验于当世，可谓尽善矣；而其文横绝六合，扫空万古，亦可谓尽美矣。梁任公评辛稼轩于淳熙六年（1179年）所作之《摸鱼儿》一词云："回肠荡气，至于此极；前无古人，后无来者。"（梁令娴《艺蘅馆词选》）以此评视辛稼轩之《美芹》，不亦宜乎？要之，文士谈武，则往往托空词以自炫，于世无补；而英雄之论战，则"大声镗鞳，小声铿锵"，无一处不指到要处。"大丈夫"之名，舍稼轩其何人？

读《美芹》既毕，复展读《九议》。此文被收录于《永乐大典》，而《稼轩集抄存》所收《九议》为自《永乐大典》中辑录者，邓广铭先生发现其错落疏漏处，曾以文意与逻辑校正推移之，应无大讹。即使观其豹纹一斑，已足惊叹，更况经邓先生努力，刘后村（南宋末《辛稼轩集序》作者）所称"辛公文墨议论尤英伟磊落。……笔势浩荡，智略辐辏，有权书衡论之风"（刘克庄《后村先生大全集》卷九十八），是确乎无疑的评价。又据邓广铭先生之考，《九议》之写作年代应为宋孝宗乾道六、七两年之内（1170年或1171年），亦即辛稼轩三十或三十一岁时，已是《美芹》之后五六年的事。

细审之，"论"与"议"，"论"重论述事态的始末与预测形势之消长，略类沙场主帅之谈战略战术；而"议"重总体谋划与宏观控驭，重形而上之归纳推断，大似军师谋士之运筹帷幄。而其中，朱熹之格物致知之学、天理人欲之辨有之矣。朱熹以为"一念之顷必谨而察之：此为天理耶，人欲耶？果天理也，则敬以充之，而不使其少有壅阏；果人欲也，则敬以克之，而不使其少有凝滞"（《宋史》卷四百二十九《列传》第一百八十八）。朱熹并特别强调"正心诚意"，谓"吾平生所学，惟此四字"。朱熹误以为孝宗"诏求直言"是真，于是呆鸟般递上疏言，竟有"陛下所与亲密谋议者，不过一二近习之臣。上以蛊惑陛下之心志，使陛下不信先王之大道，而说（悦）于功利之卑说，不乐庄士之谠言，而安于私暬之鄙态；下则招集天下士大夫之嗜利无耻者，文武汇分，各入其门。所喜则阴为引援，擢置清显；所恶则密行訾毁，公肆挤排。交通货赂，所盗者皆陛下之财；命卿置将，所窃者皆陛下之柄"。而且不畏以危言警示孝宗："莫大之祸，必至之忧，近在朝夕，而陛下独未之知。”讵知孝宗大怒：“是以我为亡也！”（《宋史》卷四百二十九《列传》第一百八十八）意思是你朱熹难道竟敢说国家亡于我之手乎？朱熹之不得宠是在所难免了。当然，除去孝宗时的宰相汤思退、洪适辈苟且主和之外，尚有如宁宗之时良臣赵汝愚，不仅首推朱熹，而且当其为相时收召四方知名之士。然而赵汝愚低估了奸佞韩侂胄的力量，历史上迎来了一次大冤案。韩侂胄大兴“庆元党禁”，这时已是宋宁宗朝。宁宗是一个更加庸碌无能的帝王，“汝愚亦以诬逐，而朝廷大权悉归侂胄矣”。不久朱熹去国，韩侂胄声势炎蒸，于是将朱熹之学由伪学而诬为伪党、更诬为逆党，群小之嚣噪有谓赵、朱“窥伺神器”者，有上书“乞斩熹”者。朱熹的门人学生们的丑态可掬：“方是时，士之绳趋尺步，稍以儒名者，无所容其身。从游之士，特立不顾者，屏伏丘壑；依阿巽懦者，更名他师，过门不入，甚至变易衣冠，狎游市肆，以自别其非党。”（《宋史》卷四百二十九《列传》第一百八十八）有无耻之徒如沈继祖者由对朱熹的崇拜，而匍伏于韩侂胄之门下。从容不迫的朱熹，可称威武不能屈者：“而熹日与诸生讲学不休，或劝以谢遣生徒者，笑而不答。”朱熹在从容的应对中去世。他的葬礼十分寂寥，噤若寒蝉的友朋门人们在得知朝中有佞臣上疏谨防“四方伪徒期会，送伪师之葬”后，一个个龟缩不出。此时的辛稼轩，虽未列入“伪学逆党”，然而他孤踪独往，从铅山瓢泉到建阳武夷山朱熹简陋的墓前凭吊，挥泪写下了“所不朽者，垂万世名。孰谓公死，凛凛犹生”（《宋史》卷四百一《列传》第一百六十）的名句。这是庆元六年（1200年）的事，时辛稼轩六十一岁，朱熹享年七十一。愤怒的辛稼轩写下“算不如闲，不如醉，不如痴”的激越疾俗的词句。朱熹的这段公案，一直等到廿七年后理宗宝庆三年（1227年）才得以昭雪。理宗淳祐元年（1241年），手诏以周、张、二程及朱熹从祀孔子庙，理学濂洛关闽之说，始成定论，朱熹已殁四十一年矣。

再读辛稼轩的《九议》，不难看出辛稼轩之议与朱熹的学说有着血脉之关联，其所谓“气”者，正朱熹“理”之运行。稼轩认为以言与貌而为勇者，其实为欺世求售，而以“气”为勇者，是为公而不为私也。他认为恢复中原，这是“为祖宗、为社稷、为生民而已，此亦明主所与天下智勇之士之所共也，顾岂吾君吾相之私哉”（邓广铭《辛稼轩诗文钞存》p.31）。又说“论天下之事者主乎气，而所谓气者又贵乎平。气不平则不足以知事之情，事不知其情则败。今事之情有三：一曰无欲速，二曰宜审先后，三曰能任败。”（邓广铭《辛稼轩诗文钞存》p.32）这三点都是宋宁宗和韩侂胄所做不到的。韩侂胄以奸佞之私心，作尽表面的虚饰，若请宁宗追封岳飞为鄂王，若改秦桧之“申王”而谥“谬丑”。然韩侂胄之“谬丑”岂在秦桧之下？为一己之功名，草草出兵攻金，败绩，金人论罪于首谋，宁宗竟割下韩侂胄之首级函奉金廷，其于国体可谓荒谬绝伦。以朝廷重臣、位在左右丞相之上的韩佞头颅去换取金人的见谅，朝廷之卑下可见。正不如以韩佞之头供奉于朱熹的亡灵前，还不失帝王的威仪。“无欲速”即对金要取持久战，亦如朱熹所谓的“徐起而图之”，因为宋的对手不是以言、貌为勇者可抵挡的。在此，辛稼轩以朱熹一分为二之法辨析主客观之条件，以论敌我之短长。他说：“今土地不如虏之广，士马不如虏之强，钱谷不如虏之富，赏罚号令不如虏之严，是数者彼之所长、吾之所短也。然天下有急，中原之民袒臂大呼、溃裂四出、影射响应者，吾之所长、彼之所短也。”（同上，p.33）他看出决定战争的胜负在于民心之向背。“既知彼己之长短，其胜在于攻其无备、出其不意而已，故莫若骄之，不能骄则劳之。”（同上，p.34）此骄兵必败、以逸待劳之谓也。而兵不厌诈，正义之所在，虽诈何妨？“某以谓今日阴谋之大者，上则攻其腹心之大臣，下则间其州府之兵卒，使之内变外乱。”（同上，p.36）大阴谋中藏大忠烈、大智慧，非可以稼轩之字面误解也。稼轩以兵家深知伤其十指不如断其一指的意义，故曰：“故凡强大之所以见败于小弱者，强大者分而小弱者专也。”（邓广铭《辛稼轩诗文钞存》p.37）集中优势之兵力，各个击破，正用兵之大略也。以弱小而胜豪强，则“其要在于为之以阴，行之以渐，使敌人莫吾觉耳”。（同上，p.39）在当时从临安（今杭州）而迁建康（今南京）当然是稼轩梦寐以求者。然而这“渐”的步骤则极重要：“异时兵已临淮，则车驾即日上道，驻跸建业以张声势；兵已渡淮，则亲幸庐扬以决胜负。”（同上，p.41）而当此时，万众一心，众志成城，则绝对是必胜的根本。武王伐纣，“武王曰：‘受（纣）有臣亿万惟亿万心，予有臣三千惟一心。’胜商杀受（纣），诚在于此。”（同上，p.42）在逆境中辛稼轩力劝孝宗不要“怀千金之璧（指民心）而不能斡营低昂，而俯首于贩夫（指金）；惩蝮蛇之毒（指金），不能详核真伪（指金人之外强中干）而褫魄于雕弓”。（同上，p.44）对金人屈膝投降，杯弓蛇影是南宋帝王的一贯猥琐之状。辛稼轩行文至此，可谓居高训斥矣，其非大丈夫而谁何？有云封建时代之“大丈夫”于帝王前乃为弱者，略类“臣妾”，视辛稼轩之所为作，余不敢同之也。

我们再一次回到前文相隔遥远的《鹧鸪天》。在辛稼轩渡江之初，可谓豪情万丈。对于一位卓越的英雄，战场别有其审美价值。那托生死于鸣镝丛中的险恶，在他则有一番绚烂的描述：“燕兵夜娖银胡䩮，汉箭朝飞金仆姑。”同样的描述见于辛稼轩的《破阵子》：“八百里分麾下炙，五十弦翻塞外声。沙场秋点兵”；“马作的卢飞快，弓如霹雳弦惊”。（《稼轩长短句》）健康而年轻的生命，在正义之战中只会生发出如此壮丽而无畏的火花，烈火中能飞出的必是凤凰而非燕雀。然而当迟暮之年来临时，朝政每况愈下，那“追往事，叹今吾。春风不染白髭须。却将万字平戎策，换得东家种树书”的悲叹，不是无聊者的苦语唱酬，不是怯懦者的喁喁低吟，那是英雄椎心泣血的浩叹、烈士大木飘零的感喟；以极平淡萧瑟之句，令人不禁感极而悲，正应奔赴江西铅山稼轩墓前，抚茔大哭。

历史固不可假设，然我们不能不叩问一下，倘然孝宗初年果真锐意进取，果真听取忠谏之士如朱熹、辛稼轩的逆耳之言，历史的进程将会如何？

牧放于野

深山有吾友

岭上闲云

思无邪

米颠拜石

后赤壁赋

亦有所思

亡宋者非金也、非元也，宋也！

八百年过去了，如梦幻泡影，如露亦如电，金剑沉埋，壮志蒿莱，然而这“万字平戎策”却于中国战史和文学史上熠熠生辉。而“却将万字平戎策，换得东家种树书”两句词也成为千古之绝唱、不朽之咏叹。其间感人肺腑的力量从这十四字中摩荡控抟而出，使后来者心旌风动，一唱三叹。

被誉为词史压卷之作的《永遇乐》是辛词之冠冕。心血来潮的宁宗忽然想起了辛稼轩，然而辛稼轩早生华发，垂垂老矣。这是对他的第三次起用，时在宁宗嘉泰三年（1203年），辛稼轩六十四岁。虽然宋廷光复大业已经完全无望，但对于这次出山，辛稼轩隐然感到有一线的光照在前，于是熄灭的火焰又在胸中复燃。宁宗开禧元年（1205年）稼轩六十六岁，他来到京口（今镇江）的北固亭，发出了烈士暮年的最后一次慷慨长啸：

> 千古江山，英雄无觅，孙仲谋处。舞榭歌台，风流总被，雨打风吹去。斜阳草树，寻常巷陌，人道寄奴曾住。想当年、金戈铁马，气吞万里如虎。　　元嘉草草，封狼居胥，赢得仓皇北顾。四十三年，望中犹记、烽火扬州路。可堪回首，佛狸祠下，一片神鸦社鼓。凭谁问：廉颇老矣，尚能饭否？
>
> （《稼轩长短句》）

伫立于北固亭上，这“千古江山”一词正差不多言中，三国孙权到辛稼轩果是一千年。青山依旧在，几度夕阳红。那当年坐断东南的孙权式的人物，只今不见矣。孙权了不起的地方是，他的对手一位是刘备，自是汉的皇族后裔；一位是挟天子（汉献帝刘协）以令诸侯的曹操。唯一无所依恃的便是孙权。他联蜀汉而败曹操于赤壁，稳定了三国鼎立之势。辛稼轩又想到那八百年前出身寒微的宋武帝刘裕，他带兵北伐，灭南燕、收巴蜀、入关中、灭后秦，固一世之雄也。年四十二掌握东晋大权，最后代晋称帝。年轻时“金戈铁马，气吞万里如虎”，何等气派！然而到了他的儿子宋文帝刘义隆，对北魏作战不力，尤于元嘉二十七年（450年）瓜埠一战大败，国势顿衰。北伐，苟无朱熹的“徐起而图之”，无辛稼轩的“无欲速”，草草从事，是必败无疑的。虽有霍去病“封狼居胥”的雄心，只不过是水月镜花，瞬间破灭。辛稼轩二十三岁渡江南归，至此时六十六岁，四十三年过去，那金主驻跸的扬州，在金兵撤退时的连天烽火犹在记忆之中。而今日竟如何？南宋的孤忠之臣依旧在回忆着靖康之耻，有志之士仍谋图着北伐申雪。但在金人统治下半个世纪过去，那愚昧的土人是甘作顺民了吗？为什么在立春或立秋之日，那么欢乐？——“一片神鸦社鼓”，娱神亦以自娱。啊！忘却，是苟活者生存的前提。辛稼轩看到这样的情景是何等的悲哀，何等的凄凉！然而，对于一生为恢复中原备受身心煎熬的辛稼轩，依旧此心不死。他以廉颇自比，说明烈士暮年，壮心不已。然而这句问话中，也隐伏着他的莫名的忧虑。会不会有郭开之类的小人作祟，而在帝王面前称“廉将军虽老，尚善饭，然与臣坐，顷之三遗矢矣”一类的谤词，使他生命最后可能的一次腾飞折翅？“世溷浊而嫉贤兮，好蔽美而称恶”，所有杰出的人，一生中无一例外地受到这样的妒恼和怨恨。

同一年辛稼轩再一次作《南乡子·登京口北固亭有怀》一词，怀古之情依旧，而豪情更有胜于《永遇乐》：“何处望神州？满眼风光北固楼。千古兴亡多少事，悠悠，不尽长江滚滚流。　年少万兜鍪，坐断东南战未休。天下英雄谁敌手？曹刘。生子当如孙仲谋。”（《稼轩长短句》）

辛稼轩晚年之词老辣跌宕，气宇高迈，显为斫轮老手；信笔挥洒而不失周赡，激越之中蕴有冲融。刘勰所谓“纷哉万象，劳矣千想。玄神宜宝，素气资养。水停以鉴，火静而朗。无扰文虑，郁此精爽”。（《文心雕龙·养气第四十二》）这“精爽”二字，谈何容易？为艺如作画、书法、戏剧、舞蹈，为文如诗、如词、如赋、如文章，哪里容得拖泥带水，邋遢龌龊？有自以为天才横溢者，必使其艺奇丑极陋而后快，不亦荒诞可笑之至。询诸当代大数学家陈省身、大物理学家杨振宁论科学家心目中或微观世界之美，皆简洁合度，恰到好处。诚如天体物理学家开普勒所云，宇宙是六声部的大交响，其中有数、有律，这就是秩序；而秩序则必以和谐为其前提。在混沌中放出光明，乃是科学巨人和大艺术家之本分。我曾在所描绘陈省身与杨振宁先生一画"奇文共欣赏，疑义相与析"中题七律一首："纷繁造化赋玄黄，宇宙浑茫即大荒。递变时空皆有数，迁流物类总成场。天衣剪掇丛无缝，太极平衡律是纲。巨擘从来诗作魄，真情妙悟铸文章。"杨振宁先生激赏此诗，以为方之英国大诗人蒲柏（Alexander Pope）或无多让。今以谈及辛稼轩晚年之诗《永遇乐》与《南乡子》，可以看到凡至极境，古今中外，科学、文艺必有相通之处；亦有以告于当今之从事者，万勿侥幸以求捷径。终南之下有卢藏用而北山有周颙者，皆以其伪而为世所不屑，能不自警欤？

辛稼轩作词以赋入词、以诗入词、以散文入词，甚至以俚语入词，有无所不可入词者。"辛稼轩别开天地，横绝古今。论、孟、诗小序、左氏春秋、南华、离骚、史、汉、世说、选学、李杜诗，拉杂运用，弥见其笔力之峭。"（唐圭璋《词话丛编·莲子居词话》）这"拉杂运用"四字看似贬词，其实有前边"横绝古今"，后边"笔力之峭"，知道这不是任什么人都能"拉杂"得起来的。于此我们也不妨一听反面的意见：一、"微觉用事多耳"（宋·岳珂《桯史》卷第三）；二、"近岁放翁、稼轩，一扫纤艳，不事斧凿，高则高矣，但时时掉书袋，要是一癖。"（宋·刘克庄《跋刘叔安〈感秋八词〉》）此等评述，窃不敢苟同者，以诗词一道，倘平白说去，虽有亲切感，而往往不足供回思咏叹，且也，中国诗统自《诗经》"六义"中之赋、比、兴开始，必有所铺陈、有所比列、有所兴起。楚辞《离骚》苟无典章故实，则非屈子之作矣。故必有宓妃、有有虞之二姚、有有娀之佚女、有女媭，然后有美人；有木兰、秋菊、宿莽、留夷、揭车，然后有香草。有美人、香草矣，故司马迁有“其志洁，故其称物芳”之赞，此中故实多矣。至于论三后之纯粹、桀纣之猖披、宁戚之讴歌、彭咸之所居，此中人物夥矣，未有称屈原掉书袋者，要在用事准确，则意蕴丰厚。且也，诗词本非必待人人解透而后知其为佳作。杜甫之《秋兴八首》中有句“匡衡抗疏功名薄，刘向传经心事违”，但感杜甫之抑郁不得通其道，而未必问匡衡家在何处，刘向年龄多大，唯知其为朝廷命臣、经学大家则足矣。再说辛稼轩用典最多之词如《水龙吟·登建康赏心亭》：“楚天千里清秋，水随天去秋无际。遥岑远目，献愁供恨，玉簪螺髻。落日楼头，断鸿声里，江南游子。把吴钩看了，栏干拍遍，无人会，登临意。　休说鲈鱼堪脍，尽西风、季鹰归未？求田问舍，怕应羞见，刘郎才气。可惜流年，忧愁风雨，树犹如此！倩何人、唤取红巾翠袖，揾英雄泪。”（《稼轩长短句》）这里用了张翰、刘裕、桓温等人故实，但觉其美，不觉其赘。倘“季鹰归来”改“贱子来归”，“刘郎才气”改“高人奇才”，“树犹如此”改“树竟长大”，那便成恶札而不为诗矣。由“树犹如此”即可想到“人何以堪”，想到北伐将士的苦辛，其中的意味既深且长，令人拍案叫绝。嫌掉书袋者，读书少耳，正应责诸己，不当苛求人。我们再一步知道这《水龙吟》作于宋孝宗淳熙元年（1174年），辛稼轩三十五岁之时，这已是他上书《美芹十论》十年、《九议》五年之后的心境了：当初孝宗的“诏求直言”告示早已发霉，辛稼轩虽年富力强，却已预后不佳，本想南归之后一展宏图，讵料已成幻梦，这是何等的悲切，正值得一挥英雄之泪。他在犹豫中选择：作张翰，不甘；比刘裕，不如；即使桓温，虽年华过尽，终有在北伐中一展身手的经历。比谁？如何比？都使辛稼轩无奈而无援，但有谁能理解他无可慰藉的悲哀？

君子无所不能而有所不为。“用事多”、“掉书袋”之类贬词之不足道，已有以上之辩诬。那我们再看一看辛稼轩完全不用事、忘掉书袋的词，和那些直白说去的恶札大异其趣。天才在任何地方都不同凡响。宋孝宗淳熙十三年（1186年），辛弃疾赋闲带湖，写了一首《丑奴儿·书博山道中壁》："少年不识愁滋味，爱上层楼。爱上层楼，为赋新词强说愁。　而今识尽愁滋味，欲说还休。欲说还休，却道天凉好个秋！"（《稼轩长短句》）四十七岁的辛稼轩如此淡淡说愁，更足见其愁之深。对愁的淡化述说，丝毫无法抹去那深不见底的连绵愁绪，亦若痛定之思痛，其痛楚之剧，应不会在痛苦当日之下。回忆，是个奇妙的、已经消逝但非虚拟的人生历程。也许不少事已然忘却，而那最不应忘却的则是那刻骨铭心的往事，那改变了一生命途的历史。因为一旦触及，便不能自拔于无穷的摧心肝的往事。如托尔斯泰《复活》中的玛斯洛娃，她在狱中经常回忆那苦多乐少的、情窦初开的时节。唯有一个人——涅赫留道夫，她不会想起他。辛稼轩的"欲说还休"，正是这种违心自制状态。这儿无须用事，因为辛稼轩不能找到比自己身受的悲切更甚的事物来比列自己。那"壮岁旌旗拥万夫"、那"把吴钩看了，栏干拍遍"的年华，正是他最有作为也最爱说愁的锦瑟时节。那时他有泪水，人生最怕的是泪水的枯涸，最怕百无聊赖的平淡。

辛稼轩的性格最易遭妒，因为他集才情、壮烈、柔情、慷慨于一身，已如上文所述：1181年台臣王蔺诬其"用钱如泥沙，杀人如草芥"。前者可视为李白式的"千金散尽还复来"；后者则当其处乱世，盗贼蜂起，则用重典也其宜。真所谓欲加之罪，何患无辞。1195年御史中丞何澹劾奏辛稼轩，谓其"酷虐裒敛，掩帑藏为私家之物，席卷福州，为之一空"（《宋会要·职官门·黜降官》）。深文罗织，并未证实。"众女嫉余之蛾眉兮，谣诼谓余以善淫"，1205年又遭劾奏，谓其"好色、贪财、淫刑、聚敛"。好色可算是英雄末事，毋庸为辩。好色矣，又如何？历史上还少英雄美人的故事吗？其独稼轩不可？而其他的事，苟有一件着实，则《宋史》不会记录他鼓励廉洁的事件："同僚吴交如死，无棺敛，弃疾叹曰：'身为列卿而贫若此，是廉介之士也！'"（《宋史》卷四百一《列传》第一百六十）足见稼轩以为美德者"廉介"

也，廉洁而耿介也。其为人也廉介，必不曲逢阿时，必临财廉而取予义，其必是大丈夫无疑。而辛稼轩以“稼”名轩，亦以标示己所崇者稼穑也、勤劬也。而稼轩的二斋室名为朱熹所题：“克己复礼”、“夙兴夜寐”，固有勖勉、表彰之意在焉。从辛稼轩的词里，我们时时看到他无瑕的童心，那种天籁自发的快意、任情恣肆的意态。那是只属于天才卓绝的人的本性。他的词如陈廷焯云，大部分是“气魄极雄大，意境却极沉郁”（清・陈廷焯《白雨斋词话》），如惊雷怒涛，骇人耳目，洵天地巨观也。而一旦这排空浪涛过去的时候，那清澈如镜的碧水，天光云影在其间徘徊，是那么沁人心脾。作于宋孝宗淳熙十四年（1187年）的《清平乐》，那是兴风狂啸者的怜子柔情。有着这样一双慈爱的眼睛的人，是不会滥杀无辜的；甚至可以断言，辛稼轩以他的吴钩所驱赶者，正是伤害人类至亲至情生活的魔鬼。“茅檐低小，溪上青青草。醉里吴音相媚好，白发谁家翁媪。　大儿锄豆溪东，中儿正织鸡笼，最喜小儿亡赖，溪头卧剥莲蓬。”《稼轩长短句》这是一幅农家乐的和平图景。“茅檐低小”，清贫不意味着痛苦和烦恼，而安其居、乐其俗、美其服、甘其食则是农耕社会的追逐。“醉里吴音相媚好”，从北方来的大汉，操着一口山东话的辛稼轩，是很可以将吴语当作音乐来欣赏的。当纳兰容若刚入关内到吴地时，写下了：“山水总归诗格秀，箫声恰衬语音圆”。在北方人听来，吴语是亲和而圆润的。而当吴语溶解于美酒中的时候，其妩媚感人，更非北方人可梦见。这是一对相濡以沫的农家翁媪。词人对那被娇宠惯了的“亡赖”小儿，更倾注了无限的爱心。这是夏末时节，芙蕖香销而莲蓬果熟的时候。大儿锄豆，已担负了主要的农事；中儿编笼，主管着家庭的饲殖；而只有浑浑沌沌的小儿，纯任自然，享受着这清贫之家的珍果。最平凡的、毫无用事的语言却是那么清新、那么迷人，这就是大手笔不同凡人的地方。这种词，无酬酢之痕迹，“使吾人忘利害之念，而以精神之全力沉浸于此对象之形式中”（《王国维遗书》第三册《古雅之在美学上之位置》，p.615），因之爽籁发而清风生。你能想象这是那以“整顿乾坤”（辛稼轩寿韩南涧尚书有“待他年、整顿乾坤事了，为先生寿”句）为己任的辛稼轩写出的吗？人性的多面性，往往于天才之身标著最烈。

英雄之解愁，远取诸高山大水、急雷灼电，近取诸美人名酒、宝剑骏骥。酒，陪伴着辛稼轩度过了带湖十秋、瓢泉八载的苦闷生活。酒，把愁云驱散，把豪兴激发，他是词人放浪形骸的催化剂。在酒的沉醉中，辛稼轩发现了另一个快意的人生。它不同于现实生活，在迷糊的半醒中，英雄自有英雄的作为，词人自有词人的眼力。当愁云铺天的时候，辛稼轩以“放下”二字自解。作年不详的《丑奴儿》即是：“近来愁似天来大，谁解相怜？谁解相怜，又把愁来做个天。　都将今古无穷事，放在愁边。放在愁边，却自移家向酒泉。”（《稼轩长短句》）在陇西的酒泉，那儿俯饮即可的滔滔泉流，都是浓醇芳香的酒。那是词人的理想国、极乐天。那儿没有君王的天下事待我了却，没有乾坤的无穷业待我整顿，那儿只有一块青石板待我醉卧。形骸算什么？而精神正脱却形骸的羁束，得以自在地升腾。作于宁宗庆元六年（1200年）的《西江月·遣兴》更是老夫醉后的狂态：“醉里且贪欢笑，要愁那得工夫。近来始觉古人书，信着全无是处。　昨夜松边醉倒，问松：‘我醉何如？’只疑松动要来扶，以手推松曰：‘去！’”（《稼轩长短句》）对现实的失望，引发出对历史的虚无。古人的书中有英雄的大自在吗？我稼轩的平戎策又有谁来相信？那么我为何还去信奉古人的书？这首词最妙处在问话、行为都是醉人的状貌。然而英雄不待他人扶持的心胸，即使在醉中，也大别于俗子。我自醉卧于松下，干松何事？非胸罗万象者不会作如此想，不会作如此说。然则其天真痴迷的状态，令人击节三叹。微斯人，无此醉后之豪。这时他已是六十一岁的老者。另一首作年不详的《浪淘沙·山寺夜半闻钟》，写醉后惊梦：“身世酒杯中，万事皆空。古来三五个英雄。雨打风吹何处是，汉殿秦宫？　梦入少年丛，歌舞匆匆。老僧夜半误鸣钟。惊起西窗眠不得，卷地西风。”（《稼

轩长短句》)

晚年的辛稼轩看人类历史不过如蜗角蛮触。(《哨遍·秋水观》:“蜗角斗争,左触右蛮,一战连千里。”)他被庄子“齐一”说所动,既然是非难判,“齐一”便是最圆融的解释。在梦中他似乎见到了庄子:“庄周吾梦见之。正商略遗篇,翩然顾笑,空堂梦觉题《秋水》。”(《稼轩长短句》)辛稼轩的醉中之梦,颇值得一谈。这不是乡愿之醉生梦死,而是英雄的醉后无奈。梦与醒,难道能够是“齐一”的吗?——“身世酒杯中,万事皆空”,辛稼轩作了肯定的回答。功名竟如何? “从来天地一稊米”(《哨遍》)、“万事皆空”,可谓怨而不诽的繁华过尽、红尘看透的浩叹。那么就寻找梦境的欢愉吧!然而那不知趣的老和尚,偏偏在他“梦入少年丛,歌舞匆匆”的时候,误将月色当朝暾,敲响了深山古钟。关键在最后两句:“惊起西窗眠不得,卷地西风。”辛稼轩做不到酒不醉人人自醉,一旦清醒,为何而“惊”?惊岁月之流逝、时不我予。为何“眠不得”?往事如潮,又注入心头。这“卷地西风”,不惟卷去了虚幻的梦境,更描述了心头的荒寒。

在瓢泉,辛稼轩的嗜酒,渐渐损伤着他垂老的身体。他决心戒酒,但决心不大。可能旧瘾复发之后,倍饮于前,把损失的追回来。连他自己也觉可笑,于是作《沁园春·将止酒,戒酒杯勿使进》自嘲:“杯汝来前,老子今朝,点检形骸。甚长年抱渴,咽如焦釜;于今喜睡,气似奔雷。汝说:‘刘伶,古今达者,醉后何妨死便埋。’浑如许,叹汝于知己,真少恩哉! 更凭歌舞为媒。算合作、人间鸩毒猜。况怨无小大,生于所爱;物无美恶,过则为灾。与汝成言:‘勿留亟退,吾力犹能肆汝杯。’杯再拜,道‘麾之即去,招亦须来。’”(《稼轩长短句》)这酒杯是遭不白之冤了。可以看出,辛稼轩的霸气,明明是你自己饮酒无度,却迁怒于酒杯,酒杯敢在你面前如此说吗?——你喝吧,像刘伶那样命童子背上酒瓮和一把锄头,喝死后就地掩埋。这全然是辛稼轩的嫁祸于酒杯。不惟如此,还说饮者与你本是知己,你对他何以寡情薄义如此？叫酒杯走还不解恨，还要砸碎酒杯。那受了一肚子窝囊气的酒杯只有唯命是从说："麾之即去，招亦须来。"知道你辛稼轩戒不了酒，别装模作样，过两天叫我，我敢不来吗？这真是一则老人的童话。其中的幽默，还隐含着哲理："况怨无大小，生于所爱；物无美恶，过则为灾"；还推测着人间的阴谋，是否"更凭歌舞为媒"，准备害死我。文字之开阖张弛，至此达于极致。虽为戏作，但辛稼轩用笔疏宕奇幻，不可思议；而其韵态天成，不事雕琢，开前人所未见之境域。袁宏道所谓"本色独造语"不只宜论苏东坡，论辛稼轩也宜。

刘融斋评北宋、南宋词之辨，云"北宋词用密亦疏，用隐亦亮，用沉亦快，用细亦阔，用精亦浑；南宋只是掉转过来"。（清·刘熙载《艺概》卷四《词曲概》）以此参阅辛词，可知融斋只眼。辛词于疏放处，当知其慎密；于明白处，当识其内蕴；于激越处，视其沉稳；于阔大处，辨其精微；于浑沌处，悟其光明。以此眼力而读辛词，事过半矣。即以此戒酒戏作论，潇洒中是何等功力！阅诸古今词人，不作第二人观。

老境确乎来临了，当最后一次为国效力的梦破碎之后，他是悲莫大于心死了。他对朝廷的失望，见于他的一则跋文，题于宋高宗的绍兴间诏书之后："使此诏出于绍兴之前，可以无事仇之大耻；使此诏行于隆兴之后，可以卒不世之大功。今此诏与仇敌俱存也，悲夫！"（《宋史》卷四百一《列传》第一百六十）亦即倘高宗赵构南渡之初三四年间，有志匡复北伐，则不会发生此后向金称臣、纳岁币的大耻；倘孝宗赵昚接位之后能中兴帝业，那么北伐当可成功。遗憾的是，这种徒托浮词而不付实践的诏文，既不在前，又不在后，坐失先机之兆，则时不再来，它将与仇敌俱存于世，于我无益，于敌无害，实在可悲得很。

朝廷对年老力衰的辛稼轩似乎又生起用之意，而且授命他为兵部侍郎，稼轩恳辞；接着授予"龙图阁待制在京宫观"，此后又给予弃疾叙复朝请大夫，继又授叙复朝议大夫；不久，又进为枢密都承旨。身患重病的辛稼轩看着这雪片一般飞来的廉价的虚誉，无所动于衷，于宋宁宗开禧三年（1207年）九月初十辞世，结束了充满风涛和危机的生命。“天以百凶成就一词人”（王国维《人间词话》手稿），信然！

辛稼轩殁后一年，即宋宁宗嘉定元年（1208年），有恶人倪思者上疏弹劾辛稼轩，以为辛迎合韩侂胄开边。辛与韩在政治上绝无瓜葛，愚以为，可能韩侂胄被杀前作的一些表面文章，如主张北伐、追封岳飞、贬谥秦桧，颇掩盖了他在大兴“庆元党禁”时罢斥赵汝愚、罢逐朱熹的丑行。而辛稼轩以词人之性，颇易上当受骗，对韩侂胄之北伐，或有稍稍同情。至于世传之辛稼轩寿韩侂胄词有：“堂上谋臣尊俎，边头将士干戈。天时地利与人和，燕可伐欤曰可。 今日楼台鼎鼐，明年带砺山河。大家齐唱大风歌，不日四方来贺。”[⑤]词鄙俗不可读，对韩侂胄草草北伐，与朱熹、辛稼轩一向主张显然不侔，辛稼轩断不会对昔日之仇人，献今日之谀词。少时偶读此词，便觉非出自稼轩辈豪杰之手，缘其“豪”中有伪态、有酸气。稼轩之用俚语则有奇趣、有真情，岂会出“天时地利与人和”与“大家齐唱大风歌”之类令人生厌之句？

倪思之疏是否得宁宗之诏准，则据邓广铭先生之考，是肯定的，即对稼轩“追削爵秩，夺从官恤典”。不仅如此，据《铅山辛氏家谱》所载，辛氏后人还遭封门抄家之祸，四散潜逃，竟有改姓辜者。宋理宗绍定六年（1233年）即稼轩死后二十六年，朝中已以为对稼轩处置不当，赠光禄大夫；稼轩死后六十八年，即宋恭帝德祐元年，史馆校勘谢枋得为辛稼轩冤案事请于朝，得以彻底平反，追赠少师，谥忠敏。也许谢枋得为此事颇造舆论，假天意以谏宋恭帝：“咸淳间，史馆校勘谢枋得过弃疾墓旁僧舍，有疾声大呼于堂上，若鸣其不平，自昏暮至三鼓不绝声。枋得秉烛作文，旦且祭之，文成而声始息。”（《宋史》卷四百一《列传》一百六十）我愿信其为真，“惊天地，泣鬼神”，本来是诗意的判断。然以精神现象判断，谢枋得之幻觉乃如博格森之说：记忆及心灵独立于身体，利用身体达到其目的。而谢枋得之记忆乃辛稼轩平生浩然之气、壮烈之举，其心灵固与辛稼轩相通，耳中所闻僧舍中呼号因以出之矣。这是一则既壮且悲的、带有神秘主义色彩的故事。这则故事的意义，不在其真伪，而在其最能沁浸于心灵，唤起对英雄的无限同情。

人以群分。南宋朝亦并非无人，如叶衡、韩南涧、郑舜举、傅安道、虞允文、汤朝美、李正之，或官至卿相，或为地方大吏；如陈亮、朱熹、陆放翁、刘过，或为鸿儒文宗，或为剑客谈士，都与辛稼轩有着深厚而诚挚的友情。郑舜举被朝廷召举，辛稼轩以平日交游甚笃，别离寄语，感人至深："湖海平生，算不负苍髯如戟。闻道是、君王着意，太平长策。此老自当兵十万，长安正在天西北。便凤凰、飞诏下天来，催归急。　车马路，儿童泣。风雨暗，旌旗湿。看野梅官柳，东风消息。莫向蔗庵追语笑，只今松竹无颜色。问人间、谁管别离愁，杯中物。"（《稼轩长短句·满江红·送信守郑舜举被召》）是有治国平胡之厚望于郑舜举也。与韩南涧相互激励，韩有"使君莫袖平戎手"句，辛稼轩则回赠长词："渡江天马南来，几人真是经纶手？长安父老，新亭风景，可怜依旧。夷甫诸人，神州沉陆，几曾回首！算平戎万里，功名本是，真儒事、公知否？　况有文章山斗，对桐阴、满庭清昼。当年堕地，而今试看，风云奔走。绿野风烟，平泉草木，东山歌酒。待他年、整顿乾坤事了，为先生寿。"（《稼轩长短句·水龙吟·甲辰岁寿韩南涧尚书》）辛稼轩即使在带湖、瓢泉，凡遇至友之迁升，心中必涌动起对友人建功立业的期盼，于是由离怀忧伤升腾到把袂壮别。如《送李正之提刑入蜀》有《满江红》，上阕云："蜀道登天，一杯送绣衣行客。还自叹、中年多病，不堪离别。东北看惊诸葛表，西南更草相如檄。把功名、收拾付君侯，如椽笔。"（《稼轩长短句》）读之令人热泪沾襟，深为稼轩之期许所感。

不可抗御的岁月流逝，使辛稼轩情绪渐趋恬淡，然而这与陶潜就大有轩轻了。辛稼轩最欣赏的诗人只有陶渊明。他爱渊明，但不愿做一个彻底的陶渊明：他对社稷的用情太深，而陶渊明也确实没有辛稼轩的一身文治武功。辛稼轩把陶潜作为异代知己，而南朝王、谢诸子是断断不在辛稼轩眼中的。他的《贺新郎》一词，最是对陶潜的怀想与冥谈："甚矣吾衰矣。怅平生、交游零落，只今馀几？白发空垂三千丈，一笑人间万事。问何物、能令公喜？我见青山多妩媚，料青山、见我应如是。情与貌，略相似。 一尊搔首东窗里。想渊明、《停云》诗就，此时风味。江左沉酣求名者，岂识浊醪妙理？回首叫、云飞风起。不恨古人吾不见，恨古人、不见吾狂耳。知我者，二三子。"[8]辛稼轩的性格跌宕不羁，即使本来想平淡一下，忽尔兴起，却又恣纵无状，其老成却总被天真所冲破。这首词简直是从低谷到峰巅的飞云直上，而这首词也不啻是辛稼轩对自己的词抱负着神圣之自尊的总结，而且我以为是再准确不过的评语了。"古来三五个英雄"是辛稼轩对千古英雄的傲视，"知我者，二三子"则是辛稼轩对自己词章成就的无上评许。

窃以为词之有婉约与豪放两宗，多是后之评家为方便计，其实这方便是多余的，往往塞人视听而入迷雾障。十翼以为词只有好坏之别，这才是论者正道。以苏东坡、辛稼轩之才，本无意于开宗立派，只有意于万古盛名。以婉约豪放论，陶婉而辛豪；以好坏论，则伯仲之评在焉。明辨苏、辛之别，亦不在门户，而在苏旷而辛豪。苏东坡旷宕、疏放、散淡、通达，有高士之气，总评之曰：恢宏而高远，不失之颓；辛稼轩豪放、恣纵、磊落、任侠，有英雄之气，总评之曰：慷慨而恣肆，不失之粗。而辛稼轩深层的悲凉，苏东坡或缺。前面所引刘融斋之评，述之已详，兹不赘矣。

"大丈夫"是中华民族自周秦以还民族脊梁的符号，也将是我们新时代民族性的灵魂，21世纪"神舟"六号载人飞船之上天，民心大振。微吾老书生，竟夕不眠，以待聂海胜、费俊龙之回归。至陈炳德将军宣布胜利完成之时，不禁老泪纵横。此无他，以19世纪中叶以还，中华民族备受宰割凌辱，19世纪末至20世纪初中国知识分子热切期望西学东渐，然则西学之于武器而秘藏者，其渐可乎？鲁迅先生有云："我们从古以来，就有埋头苦干的人，有拚命硬干的人，有为民请命的人，有舍身求法的人，……虽是等于为帝王将相作家谱的所谓'正史'，也往往掩不住他们的光耀，这就是中国的脊梁。"(《鲁迅全集》第六卷《且介亭杂文·中国人失掉自信力了吗》)我深为祖国之前途祷，为生民之幸福祷！扫荡民族的劣根性，亦即鲁迅先生当年"哀其不幸"、"怒其不争"的所有品性，正是当代青年所深应痛绝者。子曰："好学近乎智，力行近乎仁，知耻近乎勇。知斯三者，则知所以修身；知所以修身，则知所以治人；知所以治人，则知所以治天下国家矣。"(《十三经注疏·礼记正义》)此中"知耻近乎勇"，则大丈夫立于世之根本。"知耻"二字应为当代青年心目中的警言。

郭沫若先生于辛弃疾纪念堂曾有联焉："铁板铜琶，继东坡高唱大江东去；美芹悲黍，冀南宋莫随鸿雁南飞。"谨以此佳联，为本文结。

范曾乙酉冬于南开大学西南村

注释：

① 即1963年于陕西宝鸡发现之何尊。

② 火崇拜在各民族极其普遍，如通古斯各族萨满教之火崇拜、氐羌族之火崇拜等，历史上如"安史之乱"之首领安禄山、史思明皆信仰拜火教之昭武九姓胡。

③ 新亭之泣为晋典。南宋时则多为人道及，如辛稼轩词："长安父老，新亭风景，可怜依旧。"

④ 明张丑《清河书画舫》："宋人书例称苏、黄、米、蔡者，谓京也。后人恶其为人，乃斥去之而进君谟书耳。君谟在苏、黄前，不应列元章后，其为京无疑矣。京笔法姿媚，非君谟可比也。"

⑤ 此词见刘过《龙洲集》。刘过年轻，易上当，又效稼轩豪词，眼钝者误为辛作，不亦冤哉。

王国维和他的审美裁判

古往今来一切理智性的自裁都是绝对的自觉行为。他们对死不存畏惧，对人生不复留恋，同时对往昔的一切不公、屈辱、心灵与肉体的摧残，都一概原谅。他们之中的杰出者都会给后世留下一个难解的谜。王国维自沉颐和园鱼藻轩，时在1927年夏。一时众说纷纭，且持说者皆王国维之旧交熟知。世人莫衷一是，非无由也。

权威的发言人莫过于早为逊帝而视王国维为无双国士的溥仪，然而他所陈王国维的死因是由于与罗振玉的债务纠葛；郭沫若一依其说。这是典型的皮相之判。王国维果以此而引决自裁，不亦过轻生乎？

其次的发言人为王国维的深交，如罗振玉、梁启超、吴宓等，以死节者次比，认为王国维有中国文人所固有的报恩心态。窃以为王氏倘若然，正有极多的事待其报恩。以王氏之哲学家思维，至大无涯，其所欲报者乃天地好生之大德，乃故国学术之大业。且也，王氏自视为中国学术所寄之人，宁为一姓氏庙堂之隳而自沉？王氏自清室覆亡至1927年十六年间，一直拖着一条枯槁的长辫，这和张勋的那条辫子是大相径庭的。盖张勋之辫固为复辟的印记，而王氏之辫恐怕不会那么简单。王氏彼时深知新学对拯救中国之必要，然而以中国的文化特质，他又深知新学无法挽回纲纪的颓败。他写《殷周制度论》与孔子之梦周公，属于同一种知其不可为而为之的迂顽情结。“迂顽”二字，在王国维的辫子上得到了印证。它正是王氏不阿时以取容、而以士节自勉，有所操守的象征。剪辫子是很容易的事，《阿Q正传》钱府的假洋鬼子，做得比谁都快。而留着辫子十六年，不畏世人之诟骂，以王氏之文章、道德，这就是“虽千万人吾往矣”的独立人格与精神了。明末清初的傅山之不留辫，与王国维之不剪辫，人皆以为是前朝遗老行为，看不到他们内心的持守。其实王国维之投水，与一姓一朝之败亡关系不大。“迂顽”一词是很有审美价值的。

关于王国维之死的原因，有两则可靠的消息：其一是王国维的遗书。在王国维自沉于昆明湖后，在其内衣口袋内有一“送西院十八号王贞明先生收”的一封信，起首的十六字，至关重要。辞云：“五十之年，只欠一死；经此世变，义无再辱。”王国维所云“再辱”，后人分析甚多，有云1927年北伐，此年北京《世界日报》有《戏拟党军到京所捕之人》一文，王国维三字赫然在焉。以王国维之倔强，所畏之辱当非报纸之戏言。我们在此引出第二条消息：最知道王国维的莫过于陈寅恪，他在《清华大学王观堂先生纪念碑铭》中作如是说：“士之读书治学，盖将以脱心志于俗谛之桎梏，真理因得以发扬。思想而不自由，毋宁死耳。斯古今仁圣所同殉之精义，夫岂庸鄙之敢望。先生以一死见其独立自由之意志，非所论于一人之恩怨，一姓之兴亡。呜呼！树兹石于讲舍，系哀思而不忘。表哲人之奇节，诉真宰之茫茫。来世不可知者也，先生之著述，或有时而不章；先生之学说，或有时而可商。惟此独立之精神，自由之思想，历千万祀，与天壤而同久，共三光而永光。”

毕竟是陈寅恪高人一筹，他的铭文诠释了王国维的自沉，非缘一人（指溥仪）之恩怨，一姓（指爱新觉罗氏）之兴亡。这就把王国维之死从殉国（清王朝）的狭窄的分析中解脱，从而认定王国维所以为“辱”者，为思想之禁锢，所殉者正是“独立之精神，自由之思想”。既然如此，为何必以一死以见之？那么，我们应当循着陈寅恪先生这一博大的思路去进一步追寻王国维心灵和性格的原因。清朝覆亡之后，王国维所看到的咸与维新的人群，乃是对国故的颠覆不分青红皂白，洗澡水和婴儿一齐泼的过激者，或对西学孤陋寡闻的庸鄙者。王国维深感自己的思想举步维艰。一个深爱叔本华与尼采而且最早介绍他们的思想来到中国的王国维，深深知道自由意志的重要，而这种自由意志不仅仅是他受外来影响，恰切地说，在与西方思想接触之前，东方古哲的学术思辨已根植于胸，在王国维身上，中西学的交汇融合，乃生发出绚烂的火花，这距同代人已十分遥远了。更使王国维困惑的是，倘使西学之东渐意味着国故的湮灭，则是更大的危机。在此存废兴亡的关键时刻，王国维有着巨大的使命感，以为“一代兴亡与万世人纪之所宗”常系“一二人”之身，“当仁不让”只是王国维的自视，也恐怕只有王国维一二人作如此想。这是他必然感到孤独的根本的心灵的原因。

王国维于己未（1919年）沈曾植（寐叟）七十岁时有祝祷寿文，文云：“窃又闻之，国家与学术为存亡。天而未厌中国也，必不亡其学术；天不欲亡中国之学术，则于学术所寄之人必因而笃之，世变愈亟，则所以笃之者愈至。使伏生、浮邱伯辈，天不畀以期颐之寿，则《诗》《书》绝于秦火矣。既验于古，必验于今。其在《诗》曰：‘乐只君子，邦家之基。乐只君子，万寿无期。’又曰：‘乐只君子，邦家之光。乐只君子，万寿无疆。’若先生者，非所谓‘学术所寄’者欤？非所谓‘邦家之基’、‘邦家之光’者欤？己未二月，先生年正七十，因书先生之学所以继往开来者，以寿先生，并使世人知先生自兹以往，康强寿耇，永永无疆者，固可由天之不亡中国学术卜之矣。”这时是民国八年

(1919年),王国维四十三岁。这篇祷文词情恳挚,不惟祷寐叟,亦自祷也。显然,王国维看到学人高寿对学术之重要,而且文中所透露的正是"天下英雄唯使君与操耳"的自负,自认为唯有沈寐叟与他一二人能坚守中国学术之阵地,维护传统的纲纪,不使因世变而扫地以尽。大可悲叹的是,时隔三年壬戌(1922年)沈寐叟遽然长逝,这对王国维来讲宛若晴天霹雳,苍天塌下了一半,因为晚清民初的一位最伟大的学人再不能与他对话了。王国维时年四十六岁,离他自沉只剩下五年。王国维最后的五年内心凄凉可知,命代雄心似已沉埋,名流盛事日见孤零。他于乙丑(1925年)撇下甲骨金文而转攻西北地理及元史,包含着他对沈曾植学术的最后完善。沈氏晚年专治辽、金、元三史及西北舆地,王氏对亡人的最佳纪念,莫过于承其志、弘其学。王国维不欠清廷、不欠故友,所欠何事?他最后的力量已不再专注于一字一器之考订,由于身体羸弱,他视为道统之本的经学,成为他指导研究的主要学科范围。终于到了他自以为"五十之年,只欠一死"的时节,当王国维决心既下,他是颇有苏格拉底"男子汉应在平静中死去"的从容气派的。他乘车去颐和园,半途折回,似乎有一件小事未竟,复乘车直抵鱼藻轩。这时的鱼藻轩已不复当年的金碧辉煌,荒草满目,深苔侵阶,虽为盛夏,仍觉境域萧森。"思想而不自由"是王国维所以为"辱"者。此"辱"因世变之烈,日甚一日,故云"再辱",加之王国维深不可测之孤独寂寞性格,其赴死而无反顾必矣。王国维吸了最后一支香烟,他在想什么? 缕轻烟飘逝了,鱼藻轩下是一潭绝望的死水。

我曾有七律《题伯隅王国维先生遗照》一诗,以志我对王国维自沉一事的感慨,词云:

孤影伯隅剩此身,
清风宛若六朝人。

三千世界知新学，
一辫迂顽有老臣。
天岸开张谈曲律，
神骢俊逸到云津。
无端错解彭咸志，
寂寞飞魂野水滨。

关键在最后两句，“错解彭咸志”的主体是谁？是王国维，还是仅以为王氏自沉是“死忠死节”的论者？我想都包括在内。王氏自沉时的怀抱断非殷高士彭咸或楚屈原投江时可以比列，这已见前陈寅恪先生的碑文和我的分析，我们还可以一读王国维《静庵诗稿》中的一首七律《尘劳》：

迢迢征雁过东皋，
谡谡长松卷怒涛。
苦觉秋风欺病骨，
不堪宵梦续尘劳。
至今呵壁天无语，
终古埋忧地不牢。
投阁沉渊争一间，
子云何事反离骚。

写此诗时王国维不到三十岁，然而此诗不啻是二十年后自沉的言谶。那时是光绪三十年（1904年）左右，还不存在屈原投汨罗江以自明心志的时代背景，这首诗隐含着王氏对往昔先贤自裁方式的认同。这几乎是从屈原开始的“投江情结”，君不见《离骚》的末段：

已矣哉，

国无人——

莫我知兮，

又何怀乎故都？

既莫足与为美政兮，

吾将从彭咸之所居。

寂寞的状态相同，然则寂寞的原因，这两千三百年的间隔就大有区别了。屈原的时代，西方只有柏拉图，而王国维的时代，西方却有了叔本华和尼采，有了独立之精神与意志之自由。王国维所谓的“子云何事反离骚”，是说扬雄著过《反离骚》。扬雄所反的恐怕仅止投水一事，与投水的原因无涉。而王国维的反《反离骚》则是对屈原投水一事表示了他的赞美。王国维的赞美也仅止于投水一事，止于屈子的行为方式。因为我相信，清逊帝溥仪早已苟延残喘，他不会如楚怀王、顷襄王那样“初既与余成言兮，后悔遁而有他”，出尔反尔地对待王国维。王国维的“南书房行走”也只是末代国师之虚位，尽管王氏有希图以他信奉的道统影响政统的宏图，那不过是镜花水月式的文人幻梦。王国维与溥仪之间几乎不可能存在那种大国君王与济世贤臣的关系，在政治地位上是同为刀俎下的鱼肉而已。

工国维所感到的“思想而不自由”（陈寅恪语），指的是辛亥之后社会整体的思想倾向，以为偏激即维新，其中包括对国学亦深有所知的人。似乎振兴中国的唯一良方是将线装书通统烧掉，因为阐述“仁”和“义”的所有典籍都有“吃人”二字闪烁其间，但在对待传统文化主要指道统的态度上与王国维势同水火，是一目了然的。在此无须对先贤的是非曲直作一明确的判断，各有自身所处的地位和境遇，也各有各的理想。其实当鲁迅先生平心静气地写他的《中国小说史略》时，恐怕与王国维的思维差距不会太大，更不会如冰之于炭。鲁迅先生对王氏之自沉，语存讥嘲：“（王氏）在水里将遗老生活结束。”这是略显刻薄的。他大概不记得自己也曾是尼采哲学的欣赏者。只以“遗老”二字状王国维，有失于对历史真面的剖析。对传统文化渊博如鲁迅者犹如此看待王国维，则世之咸与维新者对王国维攻讦之不遗余力可想而知。

我们现在大体可以对王国维的思想作一概述。他倾向于独立意志，尼采所谓“上帝已死”，“成为你自己”，“要抛弃一切使人软弱、使人病态、使人成为奴隶的理论”，这些我们在王国维的《人间词话》中已然体会到他与叔本华、尼采的侔合，容下文再谈。最使人惊叹的是王国维特立独行的治学态度，其中有天才的发现，也有陈寅恪所谓“或有时而可商”的疏漏。兹举一例以证之：吾师王玉哲先生曾于《周初的三监及其地望问题》一文，揆诸当时情势，证以史籍、考古，以为周初实力所统辖者有限，“武士所置三监之邶和鄘，绝对不可能远到河北北部和山东中部”，予王国维凭诗人想象以为“邶即燕、鄘即奄”说以不复容辩之否决，使三监历史之悬案冰解壤分，豁然大朗。从王国维的文风中我们可以看出他纵横恣肆的才情，治学方法上极富想象；苟非如此，一依陈言，则王国维断无甲骨文研究之成就。“征而信”，当然是治史的不二法门，然则达致“征而信”的境界，必须有披荆斩棘者的探索。他们发表的“或有时而可商”的言说，在学术的前进上，同样有着重大的意义，即使错误，也有先行者的悲壮在。我们在读《观堂集林》时，于他对经书中一词一句的发明，时时击节叹服。子曰：“视其所以，观其所由，察其所安，人焉廋哉？人焉廋哉？”（《论语·为政第二》）王国维的一意孤行，有头上的辫子为标志，这是他个人的事，只与性格有关，而与学术思想无关。所以，束缚他的心灵自由几乎是不可能的，而欲使王国维的独立意志就范，那就更是妄想。凭着这一点，我们有充足的理由认为王国维不仅不是封建末朝的殉葬品，而他的可贵处，正是他从封建的营垒中脱颖而出，大倡独立意志和自由思想。这种可贵的精神，在近世学人中有着导夫先路的启示作用。古人云不因人而废言，今人竟因辫而废言，不亦荒诞可笑乎？我说王国维的辫子有着审美意义，即指此。

然而王国维认为仅止于此是不行的，他看到世变的剧烈所导致的纲纪沦丧。纲纪云者，秩序也、契约也、俗成之伦理也、游戏之规则也。他对辛亥以后军阀势力之坐大深感忧虑。“中国十余年中纪纲扫地，争夺频仍，财政穷蹙，国几不国者，其源亦半出于此。”（《论政事疏》，见《海宁王忠悫公遗书》）王国维对《周礼》、《礼记》、《仪礼》的痴迷，对《尚书》的诠释，在在表现他晚年与孔子的“甚矣吾衰也，久矣吾不复梦见周公”的忧思难忘情怀。他的一切努力都是希图通过学术之研究，唤醒社会对传统秩序的记忆，希望从中找出万世治安之大计。然则历史不会以王国维书斋中的设计前进，尤其在气数已尽的时节；历史上所有相类的努力都是徒然的，王国维当然不能例外。王国维的天真在于他还以为“南书房行走”的赐衔或可以使他能治国平天下呢。

聪明的人立刻发现了我以上的言说成了龃龉不相统属的悖论。那就是你的肤浅了。人们习惯于一种思维，既然是主张意志独立、思想自由的，那必然是反道统、反传统的。在尼采那儿，也许你的判断正确，而在王国维这里，你的判断成了支离的皮毛之见。的确，尼采反对传统的哲学、宗教、伦理道德观，提出“重新估定一切价值”的命题，所以尼采的神经迟早会出问题。而王国维高尼采一筹的是，他认为自由意志必须在与道统的融合中，才是唯一可行的万世治安的大计。

其实人的本质是自由的，而社会的本质是秩序的。当自由符合秩序时，便是和谐圆融之境；当自由背离秩序时，便是嚣乱混浊之境。这是一个显见质实的逻辑。19世纪在叔本华的自由意志说后面，隐含着责任和悔恨；而20世纪，萨特在他的“是懦夫使自己变成懦夫，是英雄把自己变成英雄”的选择后面，也提出了“社会责任”。中外古今，在此问题上，凡是理智的而不是神经质的分析，结论基本上是大同而小异。

谈过王国维之自沉及其原因，回过头来讨论王国维的审美裁判，我们就有可能找到他心灵的依据：他的审美裁判，来源于一颗自由的心灵，来源于一种独立的意志，使他的滔滔言说成为空谷足音。他只眼独具，使他的理论高翔于混浊的泥淖，“盖将以脱心志于俗谛之桎梏，真理因得以发扬”（陈寅恪《清华大学王观堂先生纪念碑铭》）。

天才、赤子之心、真，是王国维审美的先决条件。对此，王国维的著述既含有灵台照雪般的理论分析，也有般若飞花式的感悟摛藻。驰辩如波涛，立论似峻峰，近世以还之文论能与南朝《文心雕龙》比美的，正是王国维的《人间词话》、《静庵文集》及续编和《观堂集林》中若干卷，还有便是王国维自视甚高的《苕华词》。

王国维当然是不世的天才。在论述王国维的天才论之前，请先略陈我对天才的分析：盖凡天才，天授之也，不可以功力成，不可以岁月到。这似乎有些玄乎其论，然揆诸艺术史迹，大概这个道理是不可颠扑的。大体艺术史上有三类人物：第一类是“知其然而不知其所以然”的，这断非天才，其间手艺人居多。这类人车载斗量，多不胜数，与艺术之本义无涉。第二类是“不知其然而然”的，这显见是天才，如音乐奇才莫扎特、画史异教凡·高、混迹乞讨的瞎子阿炳等等。这宛如胡塞尔（Edmund Husserl）所特别强调的“先验的主体”论。这些天才都是先验的，或者说他们的音乐和绘画都是不期然而至的摒弃理性与经验的灵智之果。第三类是“知其然，更知其所以然”的，其中包含着两种人：一类是职业的、有成就的艺术家，在天才以下，在平庸以上；另一类则是五百年必有王者兴的超天才，如欧西文艺复兴时的米开朗琪罗和中国南唐的李后主、明末清初的八大山人。今后，我以为有一个用语是可以取消的，即“八大石涛”——石涛比较八大山人，瞠乎其后远矣，把石涛捧得过高，大体是眼力不济。

我们综观王国维的所有学术与艺术成果，不能不惊叹他迥乎常人的、不可思议的辉煌。他的灵智光照一旦直指神奇的胜果之树，便立刻抽丝吐绿，花开满树，而留下的果实饱含着人类在此领域留下的芳馨与甘美。这当然只能是旷世的超天才才能做到的。当然，其中先验的、被直觉所感悟的成分十分重要，但王国维是“知其然，更知其所以然”的。与康德的先验说不谋而合的是他在激赏先验的同时，不曾拒绝经验，而且以为经验是构成先验不可或缺的。他在分析李后主的词时，讲他“生于深宫之中，长于妇人之手”，便是李后主的“经验”。在讲境界时强调“真景物、真感情”，也同样是“经验”。以此回头看我上述对天才的分类，大致是符合艺术历史的真实的，莫扎特是天才，而贝多芬是超天才，凡·高是天才，而米开朗琪罗是超天才。

称“天才”谈何容易？王国维对自己的天才是绝对自负的：“若夫余之哲学上及文学上之撰述，其见识、文采亦诚有过人者，此则汪氏中所谓‘斯有天致，非由人力，虽情苻橐哲，未足多矜’者，故不暇为世告焉。”更有自许之甚者：“近年嗜好之移于文学，亦有由焉，则填词之成功是也。余之于词，虽所作尚不及百阕，然自南宋以后，除一二人外，尚未有能及余者，则平日之所自信也。虽比之五代、北宋之大词人，余愧有所不如，然此等词人，亦未始无不及余之处。”(《静庵文集续编· 自序、自序二》)王国维乃出经入史、学贯中西之大儒，本应谦谦如也，而自恋如此，近世恐无第二人。其不令人厌者有由：一以所言不虚，近乎事实；其二则透出此迂顽老臣天真可爱之性格。这在伪为谦揖而心怀狡诈的学界是难能可贵的。王国维自负如此，且拉出霍蓝士(Horace，按今译贺拉斯)、鲁克来鸠斯(Lucletius，按今译卢克莱修)为垫背，称：“故大人而不自见其大者，殆未之有。惟细人，自顾其一生之空无所有，而聊托于谦逊以自慰。”当然，学界和艺术界更多狂悖荒谬之徒，这和王国维的自负楚辕赵辙，不可同年而语。

“情苻曩哲，未足多矜”这八个字最能概括王国维之于康德、叔本华、尼采的关系。非必读先贤之著而后有述，实神交已久，故“大好之”耳。王国维借尼采之酒杯浇自己之块垒，最典型者为王氏对《查拉图斯特拉如是说》一书之论述。王氏先引述尼采所拟之查拉图斯特拉说法于五色牛之村，谈到人类灵魂所可能经历的三变：第一为骆驼之性格，任重道远，“屈心而抑志兮，忍尤而攘垢”（屈原《离骚》句），这是一种柔顺而屈辱的灵魂；第二为狮子之性格，必于宇宙惊天动地大变之际，灵魂突变：“既而风高日黯，沙飞石走，昔日柔顺之骆驼，变为猛恶之狮子，尽弃其荷，而自为沙漠主，索其敌之大龙而战之。于是昔日之主，今日之敌，昔日之神，今日之魔。”查拉图斯特拉号召邦人兄弟：“汝等必为狮子，毋为骆驼。”然则狮子于破坏则足矣，于创作则未也。于是查拉图斯特拉更希望邦人兄弟由狮子之灵魂突变为赤子之灵魂，因为狮子于创造有所不能，而赤子能之，因为“赤子若狂也（孔子所谓“狂者进取”——范注），若忘也（庄子所谓“坐忘”——范注），万事之源泉也（老子所谓“复归于无极”、“复归于朴也”——范注），游戏之状态也（王国维所谓“文学者，游戏的事业也”，见《静庵文集续编·文学小言》——范注），自转之轮也（老子所谓“独立而不改，周行而不殆”也——范注），第一之运动也（牛顿所谓“第一推动力”也——范注），神圣之自尊也（释迦牟尼所谓“唯我为尊”也——范注）。

是则赤子者，天也、道也、佛也。这是一个带有哲学意味的概念，亦如本人《庄子显灵记》中之太始，亦一童子也，而其上天下地，通邮古今，无物不窥，无理不达，亦与尼采之赤子同为一理想之概念也。

至此，引出了叔本华的名言：“天才者，不失其赤子之心者也。”（王国维《静庵文集·叔本华与尼采》）引申到词学便是王国维的为天下景从的“词人者，不失其赤子之心者也”（王国维《人间词话》）这一名句。

同时，叔本华又说：“凡赤子，皆天才也。又凡天才，自某点观之，皆赤子也。”昔海尔台尔（Herder）谓格代（Goethe，按今译歌德）曰“巨孩”。音乐大家穆差德（Mozart，按今译莫扎特）亦终生不脱“孩气”。在这里，叔本华的“凡赤子，皆天才也”一说可作如此解：方生之子若婴儿、若幼儿，其所具者皆天所赋予，世俗之偏见与桎梏，彼懵然而无识，其所一举一动皆如天籁之自鸣，哭之笑之，一任随时感发，无虚诈，无矫饰，其混沌状态宛如天地之未开时，故曰“皆天才”也，天所与之也，非人力所使然也。叔本华之“又凡天才，自某点观之，皆赤子也”，这“自某点观之”五字有分寸。叔本华非谓天才之人，处处皆赤子，歌德于艺术或为“巨孩”，而其见伯爵则侧立道旁，躬身致礼，恐非赤子所为矣。

原来天才的范围是有着十分苛酷的遴选标准的，那是自人文初开以来，为数极少的人们。叔本华说：“民万而始有诸侯一，民兆而始有天子一，民京垓始有天才一耳。”（王国维《叔本华与尼采》。据《太平御览》卷七五〇引《风俗通》：“十万谓之亿，十亿谓之兆，十兆谓之经，十经谓之垓。”极言数之大也。）

王国维以为“古今之崇拜天才者，殆未有如叔氏之甚者”（《叔本华与尼采》），其实王国维也不例外，他说：“天才者，或数十年而一出，或数百年而一出，而又须济之以学问，帅之以德性，始能产真正之大文学。此屈子、渊明、子美、子瞻等所以旷世而不一遇也。”（《文学小言》）此处是谈诗，而在《人间词话》中，王国维所备极推重者乃纳兰性德和李后主，以为他们都不失赤子之心，是天才。王国维当然自视为天才，不是“聊托于谦逊以自慰”的“细人”，因此，能达到他《苕华词》水平，“自南宋以后”的一二人，我想他指的是辛稼轩、李清照。可惜《人间词话》中对李清照不置一词，绝非不屑提，因易安实不可忽之大词人。而五代、北宋之大词人，他所“愧有所不如”的，恐怕只指李后主和苏东坡。对此，我不以为王国维自誉过甚，吾友寒碧君有专文论述（《影印王国维手稿序》，浙江古典出版社出版），且审问辨析详尽，洵不可多得之佳文，大可一读。

以上论及天才与赤子之心的关系，至于尼采将美学上的天才说发展为伦理的超人说，艺术之意志发展为权力意志，非本文所需讨论者，兹不赘。而“赤子之心”说于《人间词话》中，可视为“境界说”之源起。王国维对南唐李后主的评价，我以为已将其加冕为词坛之君主。南唐亡国之庸君而为中国词坛之明主，这是一则十分有趣的童话。我称“童话”，言其奇幻美妙，不可思议。苟南唐而不亡，李后主之词一定与“花间”无别；在他历尽磨难、屈辱，从天堂跌入地狱之后，“眼界始大，感慨遂深，遂变伶工之词而为士大夫之词”。这种突发的命运的厄转，发生在一个没有治国本领的李煜身上，就更显沉重，因为他有着一颗不谙世故的“巨孩”的心灵，有着李后主之所以为词人的条件：“词人者，不失其赤子之心者也。故生于深宫之中，长于妇人之手，是后主为人君所短处，亦即为词人所长处。”（王国维《人间词话》）这颗“巨孩”般的心灵，敏于感受，富于推己及人的联想，而又勇于承担，敢于忏悔。所以，他的词不再是“烂嚼红茸，笑向檀郎吐”，不再是“花明月暗笼轻雾，今宵好向郎边去”，他的词是从血脉中涌流出来的，包含着滚烫的自忏之泪。他的“自是人生长恨水长东”、“流水落花春去也，天上人间”，岂只是自道悲戚，奢华和荒唐已为陈迹，而他热恋的却是自然和爱情。所有这一切的失去，都来自本人的原罪。那种无可挽回的惆怅，令人隐隐感到李后主的深自韬悔和道德承担。这在古代帝王之中是独无仅有的。他的所有悲怆，都足以引发人们的连类通感，从而王国维称“后主则俨有释迦、基督担荷人类罪恶之意”。当然，王国维为文用辞是极有分寸的，他称李后主的词“俨有……之意，”意指“好像有”，是一种非十分肯定的褒奖之语，因为李后主能将过去在舞榭歌台伶工娱乐性演唱的体裁变化为富有真实思想感情的士大夫作品，已是为功厥巨，他当然不可能有释迦牟尼和基督的博大悲怀，不能如佛所说“地狱不空，决不成佛”，不能如基督在十字架上说最后一句话

“原谅他们”。李后主的罪恶担荷与道德承担毕竟是有限的，他不能完全摆脱对昔日帝王生活的眷恋：“多少恨，昨夜梦魂中，还似旧时游上苑，车如流水马如龙，花月正春风。”然而即使如此，他的“花月正春风”却成为千古名句的根本原因，依然是由于他是一个“巨孩”，对大自然之美的讴歌是纯真恳挚的，是无邪无矫的。

李后主的词比之差不多同时的牛峤、顾敻辈或其后的吴梦窗、王沂孙辈之所以巍巍乎高哉，乃是由于李后主血管里流出的是血，而后者血管里流出的是水。王国维的评价：“尼采谓：‘一切文学，余爱以血书者。’后主之词，真所谓以血书者也。”（王国维《人间词话》）这真是一语破的、要言不烦的高评。

王国维在评纳兰容若时，显然同样是赞赏着他的“赤子之心”：“纳兰容若以自然之眼观物，以自然之舌言情。此由初入中原，未染汉人风气，故能真切如此。北宋以来，一人而已。”（王国维《人间词话》）汉人风气，非指汉人传统之道德伦理规范，非指高人雅士的风骨亮节，“风气”云者，习气也、陋识也、恶德也、俗格也、陋品也，而这一切只可造就浅俗的、矫造的刻红剪翠之词，于“词人”之本义何有哉？夫词人方其为“赤子”也，胸无市廛交易之物欲，无人际钩心斗角之阴诈，“自然之眼”所见者往往能真实不伪，“自然之舌”所言者亦处处皆纯真感发，此所以深为王国维所激赏也。

王国维在《人间词话》中引出沈昕伯纮自巴黎寄给他的一首《蝶恋花》，词云：“帘外东风随燕到。春色东来，循我来时道。一霎围场生绿草，归迟却怨春来早。　锦绣一城春水绕。庭院笙歌，行乐多年少。著意来开孤客抱，不知名字闲花鸟。”王国维称“此词当在晏氏父子间，南宋人不能道也”。当我在巴黎的一个早春时节，感时伤怀，也曾咏过一首曲《双调·新水令》：“庭庑又见正春韶，隔窗外和鸣喧嘈。番语枝头雀，不似家山鸟，梦醒今朝，但觉得音书杳。”自以为其韵态天成、不事雕琢决不在沈昕之下，而节奏明快、语焉精当或有过之，不知王国维以为如何。词之为物，最重心悟，其次布置，其次摛藻。而词之感发往往动于一霎，稍纵即逝，这种状态绝非寻章摘句者可以梦见。必为好诗好词，而忘却即时感发，忘却孩童般痴迷，则往往事与愿违。贾岛“二句三年得，一吟双泪流”（《题诗后》），苟好句之来如此艰难困苦，吾不欲为诗矣。“吟安一个字，捻断数茎须”（唐卢延让《苦吟》），苟炼字之难如此，则陆放翁《剑南诗稿》成，必成一秃翁矣。苟作诗填词之前，心中必欲作一首眼空无物之好诗好词，必不会出好诗好词，因障之已存，所见即伪，所言必矫。要之露才扬己、斗律钩韵，盖非诗人词人之所当追逐，唯童心未泯而又娴熟词章者能即时捕捉兔起鹘落之感怀，或疏宕奇幻、或情韵深美、或风格高秀、或体裁淡雅，皆在诗成之后始得之于心赏，断非在诗成之前有所设计也，此即诗人与匠人不同处。

王国维“赤子之心说”唯重一“真”字，真之既失，必为伪态、必为矫情、必为虚与委蛇、必为敷衍酬酢，此词人之大病。王国维论词有云：“词人之词，宁失之倡优，不失之俗子，以俗子之可厌，较倡优为甚故也。”（《人间词话》）同时王国维警告词人：“故艳词可作，唯万不可作儇薄语。”儇薄者，小巧之智、轻薄之态，淫而佞、轻而浮者也，视之即恶俗，更无论吟唱矣。王国维对龚定庵之诗“偶赋凌云偶倦飞，偶然闲慕遂初衣。偶逢锦瑟佳人问，便说寻春为汝归”，评之为“其人之凉薄无行，跃然纸墨间”。龚定庵此诗前三句即俗不可耐，句首之重字，为诗家之至难，其难在要看末句如何煞尾：倘末句为风格高秀之词，则通篇焕然有彩；倘最后狗尾叠足，则品格自低。于此，龚定庵诗可视为淫秽之冠，尤其“寻春”二字用于佳人之身，则其品斯滥矣。淫而不秽，则或有好诗，王国维则引六朝民歌以证之：“‘昔为倡家女，今为荡子妇。荡子行不归，空床难独守。’‘何不策高足，先据要路津。无为久贫贱，轗轲长苦辛。’可谓淫鄙之尤，然无视为淫词鄙词者，以其真也。五代、北宋之大词人亦然。非无淫词，读之者但觉其亲切动人。非无鄙词，但觉其精力弥满。可知淫词与鄙词之病，非淫与鄙之病，而游词之病也。”（王国维《人间词话》）“游”者，不实也，伪态也，与“真”不啻天壤。“诬善之人其辞游”（《易 · 系辞下》），即指此也。王国维是宁可恕其“质俚”（王国维《新煜发现之通俗诗及通俗小说》用“质俚”二字状唐时民间之歌唱脚本，非含贬意，其实有赞赏意），而决不容其淫佞的。以李后主之《菩萨蛮》为例："花明月暗笼轻雾，今宵好向郎边去。刬袜步香阶，手提金缕鞋。 画堂南畔见，一晌偎人颤。好为出来难，教君恣意怜。”其所描述“读之者但觉其亲切动人”，而忘其恣淫。当代民歌“妹妹我坐船头”有“让你爱个够”句或即脱胎于此，真切感人，断不会对其多所苛责。而王国维所引龚定庵诗，其病则“非淫与鄙之病，而游词之病也”。《文心雕龙 · 体性》中所列举八体中最后之“轻靡”，即所谓“浮文弱植，飘渺附俗”者，正“游词”之病征也。

当然，王国维《人间词话》固推重极典雅深邃博大精约之作，故重李后主之“眼界始大”，重冯延巳之“堂庑特大”，固不可以此望上段所论之“淫鄙”诸作，真固真矣，若雅则未也，这一点是应注意及之的。

以有“赤子之心”，然后有“真”，然后有纳兰容若之“真切如此”、有李后主之“感慨遂深”。而“真”字直连着王国维之“境界说”。《人间词话》有云：“境非独谓景物也，喜怒哀乐，亦人心中之一境界。故能写真景物、真感情者，谓之有境界，否则谓之无境界。”大至家国兴亡、千秋感慨，小至一花一木，皆为词家构成境界之材料，必有真景物浮动于胸次，必有真感情注入于其中，《文心雕龙》所谓“思理为妙，神与物游”也，所谓“目既往还，心亦吐纳”也，所谓“物色之动，心亦摇焉”也，有此主客观之真实交汇融合，何患境界之不出？王国维与刘勰为异代知己，于斯明矣。

前文提到混沌之天才与清醒之天才，他们的艺术当然同赴绝域，而生命的状态则异其趣。混沌之天才，往往语焉含糊，东一句西一句，如禅家之机锋，凭直觉而顿悟玄旨。欧阳修有《赠无为军李道士》诗：“弹虽在指声在意，听不以耳而以心。心意既得形骸忘，不觉天地白日愁云阴。”以画家拟之，则当代之李苦禅先生是也。苦禅先生作画的状态，真是忽忘古今、空所倚傍，紧闭双唇，口中喃喃似有语，偶发山东口音之“好着呢”，其童心之自惬，在旁观者是深知其陶醉状况的。清醒之天才则思路清晰不紊，他们有直觉，有灵感，然而毫不犹豫地通向理性之门，此正胡塞尔所谓“先验之主体（李可染本人之童心所在），通过先验的意识活动（李可染所强调的对景创作）‘构造’出本质、真理、存在等等”。王国维在谈境界时提出：“有造境，有写境，此理想与写实二派之所由分。然二者颇难分别，因大诗人所造之境，必合乎自然，所写之境，亦必邻于理想故也。”此处王国维之“写实”与“理想”，即今惯用之“写实”与“浪漫”也。

王国维接着论“有我之境”与“无我之境”，他说：“有我之境，以我观物，故物皆著我之色彩；无我之境，以物观物，故不知何者为我，何者为物。古人为词，写有我之境者为多，然未始不能写无我之境，此在豪杰之士能自树立耳。”（王国维《人间词话》）其中王国维的甲乙之判是颇清楚的，词人达到“无我之境”的并不多，所以他说“然未始不能写无我之境”，这是“豪杰之士能自树立耳”的天才之作。而天才数十年而一出乃至数百年而一出，能称“豪杰之士”者几稀，而词人还是“写有我之境者为多”。王国维举陶渊明之“采菊东篱下，悠然见南山”和元遗山的“寒波澹澹起，白鸟悠悠下”为无我之境，这与王国维对此二人之崇高评价有关。王国维以为“三代以下之诗人，无过于屈子、渊明、子美、子瞻”，他们是“旷世而不一遇”的人物（《静庵文集续编·文学小言》），又于《人间词话》中直引元遗山论诗绝句：“池塘春草谢家春，万古千秋五字新。传语闭门陈正字，可怜无补费精神”，且讽“梦窗、玉田辈当不乐闻此语”。近代范伯子曾有“直须上接元遗山，不肯下与吴王（指吴梅村与王士祯）班”。所贬之人不同而所崇之旨一也。王国维对元遗山亦偶有微词，谓苏东坡“能感自己之感，言自己之言”。“山谷可谓能言其言矣，未可谓能感所感也。遗山以下亦然。”论诗之眼力，王国维之不如范伯子，此一证也。王国维诗远不如词，兹举《范伯子集·诗十九·已是飘飞四日程》长诗中四句：“胆缘病怯愁无奈，魂为惊多梦不成。一顾苍天云尽失，几人白地浪来倾”，与王国维《静安诗稿·欲觅》七律中颔颈两联比列：“诗缘病辍弥无赖，忧与生来讵有端”，“起看月中霜万瓦，卧闻风里竹千竿”，则不难看出后者与前者之渊源。能言伯子之所言矣，其可谓能感伯子之所感乎？王国维先生固论词之大哲，游刃而有余，缘其下笔即有骎骎与五代、北宋争驱之才情，而其诗则大不其然，尤其长诗、排律有近恶札者。故其论诗，侘傺而局促，不足与伯子先生并肩。王国维借“莺偷百鸟声”之句，以讽国朝之新成，不亦含自讽意耶？冯延巳“可惜旧欢携手地，思量一夕成憔悴”，秦少游“可堪孤馆闭春寒，杜鹃声里斜阳暮”，王国维虽于《人间词话》中称许冯延巳“堂庑特大”，称许秦少游“终有品格”，然终竟未封其为“豪杰之士”，缘冯、秦之作尚在有我之境也。

于此，我们不难看出《人间词话》中的“写境”“造境”只是方法问题，因为这两种方法是不可断然分割的、是相互渗透的，而且真正的大手笔对此两者恰恰是随心所欲，运用自如的。对于大手笔没有一个囿于“写境”而不造者，也没有一个善于“造境”而不合乎自然者。这一思想贯穿于王国维文论之始终，“写境”者必有深邃之感情，而“造境”者必依锐敏之知识。《静庵文集续编·文学小言》中，王国维最后归结一句：“文学者，不外知识与感情交代之结果而已。”这就不仅承认了先验感悟之重要，而济之以学问、帅之以德性也同样重要。

《人间词话》中的“有我之境”与“无我之境”则是另一范畴的问题，这就是词作境界高低的问题了。所以，切不可误以为“写境”邻于“无我之境”而“造境”邻于“有我之境”，范畴不同，不可混淆。

国中之画界亦有二三子大倡先验、直觉者，呼嚣腾跳，目空一切，以西方后现代为圭臬，而视传统为粪土，拾西方狂哲之牙慧以为自身天才之发现，不畏识见之浅陋，而大放不伦之厥词，然则视其作品，除柔痕累累、色斑点点而外别无长物，更无论用笔的持重与墨色之焕发。他们的行径正如胡塞尔所指出的非理性主义在直觉与灵感问题上对理性的贬低与摒弃，集中到一点上，就在于对经验累积在认识上与创造中的作用的否定。其实，经验的累积对任何天才都是不可或缺的。八大山人固旷世之雄才，然其对笔墨的娴熟练达，可谓达到水停以鉴、火静而朗的出神入化的地步；天能降人以敏妙的悟性，而不能授人以不学而能的技法。

一想“直觉”，便非“直觉”。直觉者如本文前引叔本华之论天才：若狂也，若忘也，万事之源泉也，游戏之状态也，自转之轮也，第一之运动也，神圣之自尊也。这是一种冥冥中的天赋，而使天赋化为艺术品，其中经验不期然的注入则是质实高贵的品性。八大山人之作画，可以作到眼不见绢素、手不知笔墨，作到庖丁解牛的“神遇而不以目视，官知止而神欲行”，然而这种化境乃是有着对笔墨极高超的驾驭能力使然，庖丁之解牛最后还是“依乎天理”、“因其固然”（《庄子·养生主》）的。当天赋异禀与不世才学浑融一体的时候，天才便会来到人间。

在王国维的《人间词话》中，他对“境界说”的创见，确实超越了前人。他自己也不无欣慰地以为阮亭所谓“神韵”，沧浪所谓“兴趣”，终不如他的“境界”二字为探其本、溯其源。王国维把“境界”视为词之“最上”追逐，有境界则格调在其中，气质、神韵亦在其中。“境界说”为我们揭示了作词的本质——真，一字足为天下师。离“真”而言词、言诗、言艺术，终难免为世之空乏、虚饰、矫造之作张目；苟空谈气质、神韵而忘其本真，亦足使世之词人舍真景物、真感情，雕词凿句，空具华赡之貌而忘质实之本。

王国维以“赤子之心”而达致“真”，其所不屑者必与境界无缘之浮词，所深耻者必为与境界为仇寇之游词，而空具气与韵却无真情实境者，亦为王

孤影伯隅剩七旬清風宛若六朝人三千世界知新學一辯迂頑有老臣天岸開張談曲律神驄駿逸到雲津無端錯解彭咸志寂寞飛魂野水濱
乙酉范曾題王國維

王国维造像

书圣临池

达摩神悟

僧繇点睛

泼墨钟馗

少年诗人

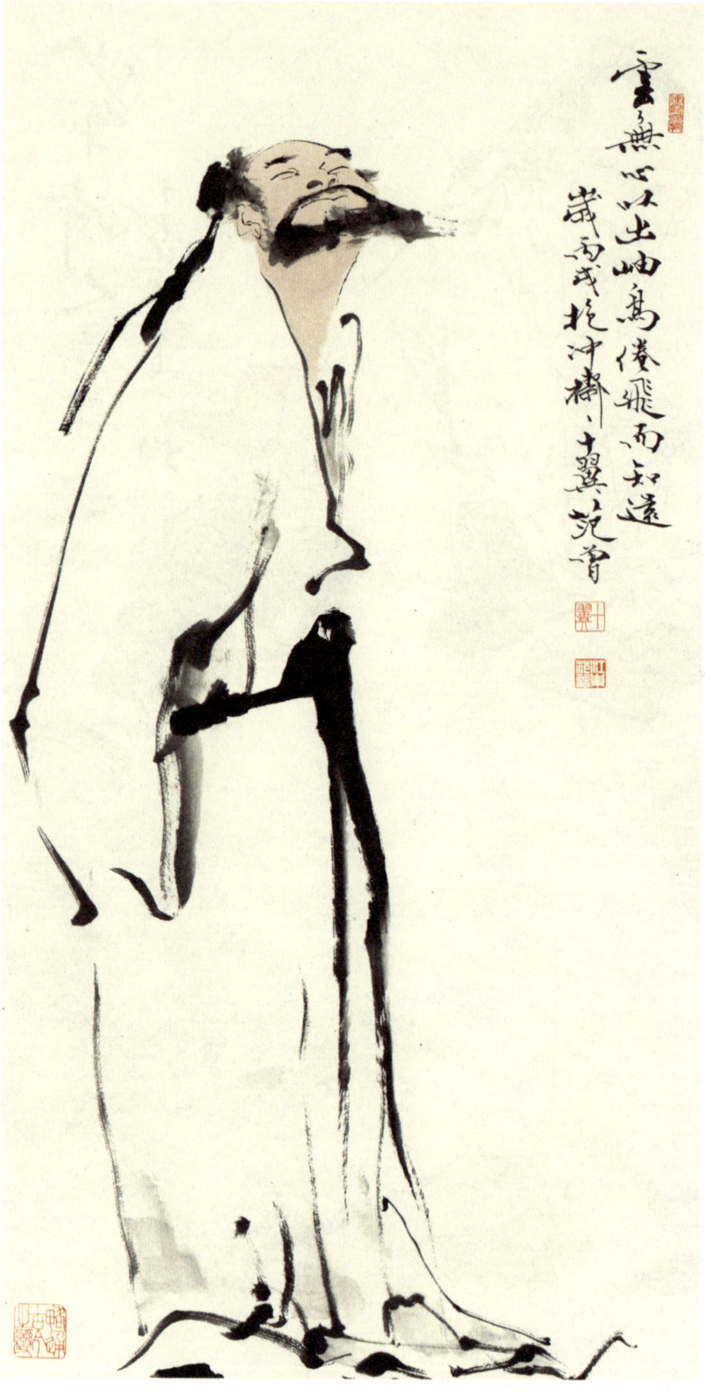

云无心以出岫

国维所贬抑。而“隔”则为上述诸词之共病。

诗词之道，对词人言，以直抒胸臆为至乐，即使深美闳约之作亦不宜穷奥莫测作雾里看花之语。而“隔”者，隔膜也，不可通邮也，不能畅达也。王国维所以欣赏“古诗十九首”中“生年不满百，常怀千岁忧。昼短苦夜长，何不秉烛游”和“服食求神仙，多为药所误。不如饮美酒，被服纨与素”，欣赏陶渊明“采菊东篱下，悠然见南山。山气日夕佳、飞鸟相与还”，欣赏《敕勒歌》“敕勒川，阴山下。(《人间词话》中删此六字，断不可，‘真景物’之处所也。)天似穹庐，笼盖四野。天苍苍，野茫茫，风吹草低见牛羊”，都是由于这些诗真切感人而断无虚饰。王国维特别欣赏六朝之陶、谢与北宋苏东坡，“不隔”是其首要的审美裁判。对读者言，以诗词能直抵灵府、澡雪精神为至快，即如杜甫《秋兴八首》，博大闳肆，奇谲瑰异，初读之或不解，然爱之却更深，久之则绵邈往复于胸次，爱之则更笃，其根本原因在其“不隔”。“隔”者非止词章字句也，“隔”在情、“隔”在景也。王国维之所以不予一句赞词于南宋吴梦窗者，以其病“隔”入于膏肓矣。今摘数句以证之：“绣幄鸳鸯柱，红情密，腻云低护秦树。芳根兼倚，花梢钿合，锦屏人妒”（《宴清都 · 连理海棠》），“聊对旧节传杯，尘笺蠹管，断阕经岁慵赋”（《霜叶飞 · 重九》），读之令人生厌，真李汝珍所谓脚趾在自家鞋中动也。如此之“隔”，南宋第一人也。

有境界矣，王国维亦重词格。“有格而无情”者，首推姜白石。他以为姜白石的格调是无人企及的，然而“惜不于意境上用力，故觉无言外之味、弦外之响，终不能与于第一流之作者也”（王国维《人间词话》），连世人所激赏的“数峰清苦，商略黄昏雨”，“高树晚蝉，说西风消息”，王国维也以为“终隔一层”。姜白石固南宋之大词人，论词刻削苛酷如王国维者，作如下评语：“白石之词，余所最爱者，亦仅二语曰‘淮南皓月冷千山，冥冥归去无人管’。”以我之见，王国维是有偏见的，于吴梦窗不予恕词则可，于姜白石，恐怕应当放宽尺度。“阅人多矣，谁得似长亭树？树若有情时，不会得青青如此。”（姜白石《长亭怨慢》）“送客重寻西去路，问水面，琵琶谁拨，最可惜、一片江山，总付与啼鴂。”（姜白石《八归·湘中送胡德华》）“双桨莼波，一蓑松雨，暮愁渐满空阔。”（姜白石《庆宫春》）所引此数段情境交汇之语，恐不多让南宋稼轩、易安。所以如此，王国维自己的词，气格实与稼轩远而与白石近，所谓同性相斥，异性相吸，在下面分析王国维词时将一一述及。于格高而无情与多情而格低两者之间，若请王国维辨其所好，他往往原谅多情而格低者，而苛求格高而无情者。这是可以理解的。民间俚俗之语，有真情在，故淳朴可爱，无情而炫以藻饰者，以矫伪故而可厌，用于吴梦窗其宜，用于姜白石则不可，缘姜白石有情有境而又精于词章者也。王国维还不止于此，而更申申其詈云：姜白石“如王衍口不言阿堵物，而暗中为营三窟之计，此其所以可鄙也”。窃以为过矣。

王国维于《人间词话》中以为诗词之境界不以所描写之对象大小而评其优劣，此论极是。“境界有大小，不以是分优劣”，引出杜工部之“细雨鱼儿出，微风燕子斜”与“落日照大旗，马鸣风萧萧”，以为同臻佳境。这就对诗词只重题材而不重艺术表现的评论方法作了否定，从而提出了境界第一的尺度。艺术之感人本不在所述何事、事件之大小。荷兰19世纪画家维美尔平生只画盈尺之小画，或画村姑侧影，或画倒牛乳之农妇，而达利评之为第一的画家，以其真也。在此，东西方之真知灼见者可谓不期而遇。

西方后现代诸流派，作画之先必有一理念横亘于胸，否定人类之普遍经验，而一味强调直觉，便使一个“隔”字挡住了视野。口称“直觉”，即非“直觉”，乃为一先行之理念；声称要表现性意识、潜意识和梦境，本无神秘之直觉，而自以为有之矣。阿多若之仇视艺术技巧，可谓贻害至大。后现代的旗帜上写着“怎么都行”，这与石涛所谓“至人无法，非无法也，无法而法，乃为至法”的用意是完全不同的。后现代派既有心灵上的“我执”，又有技巧上的“法执”。按佛家之说，“我执”就是烦恼障，是一切烦恼的根源；而“法执”是所知障。否定一切技巧的后现代派，强称知识为障。“障”之既立，“隔”所以从来矣。这种“隔”比王国维《人间词话》中的“隔”更来得广泛。王国维所谓的“隔”也是一种障，不过倘使隔得如后现代派之诗歌，恐怕王国维连评的兴趣都不会有的。姜白石写词的技巧、格调一流，王国维尚且以为“隔”，更遑论他矣。在中国，后现代主义所走道路愈行愈窄的根本原因，在于中国人从来不以文艺作理念之诠释，偶然透露出禅与道的消息，乃是一种难得的境界，非着力以求，是不期而至。如敬安大法师之“心中微有雪，花外欲无春”，则为诗词之无上境。这种美妙而空灵、圣洁而优雅的语言，绝非后现代为“障”所隔的梦魇呓语所可比拟者。王国维所论的“隔”与我所论的“隔”，内容当然不同，而希望艺术能直通心灵，不作隔靴搔痒之描述，则大体一致。

至此，我们可以将王国维的审美裁判梳理出一条逻辑的线索：由“天才说”而引发出“赤子之心说”；由“境界说”而引发出“唯真是求说”；然后辅之以“格调说”、“非隔说”；然后辅之以“识见说”（所谓“所知之深”也）。是则王国维为道德与文章的统一论者无疑，其对“游词”之贬斥，尤其令吾人拊掌称快。

《人间词话》、《人间词话续编》所论列之词人凡数十，以其评述而观其偏爱，王国维于历代诗人所最景慕者为屈原、陶渊明、杜甫、苏东坡，而对词人则未作明确之排列，我想下列的排列大体符合王国维所想，不会有错儿：其所最景慕之词人为李后主、纳兰容若，其次为冯延巳、苏东坡、辛稼轩，其次为欧阳修、秦少游、周美成，再其次为陆放翁、姜白石、温飞卿、韦端已。而以我本人之兴趣或异于王国维，请试略陈之，则苏、辛为最，而后为李后主、纳兰容若，而对王国维多有指责之姜白石，则应位列欧、秦之前。性之所近，故评价不一，非谓王国维之不当也。

前文提及王国维作词，其性相近者实姜白石，而于词评时则同性相斥，多有苛酷之评。余综观王国维词，其中可称绝伦者约十数，的确可与五代、北宋、南宋诸家雁行，而其所以与姜白石近者，以彼与姜白石皆无“释迦、基督担荷人类罪恶之意”，多顾影自怜之叹，自道身世之感，其固自不可与辛稼轩、苏东坡同年而语矣。

王国维词中，余所最赏者为《浣溪沙》（见《苕华词》）：

山寺微茫背夕曛，
飞鸟不到半山昏，
上方孤磬定行云。

试上高峰窥皓月，
偶开天眼觑红尘，
可怜身是眼中人。

此词境界空灵，寄意悲怆，真有“前不见古人，后不见来者，念天地之悠悠，独怆然而涕下”的无穷感慨。写于暮色苍茫之中，流云在天上飞动，而山寺的孤磬之声，却使天地归于岑寂，甚至云霞也为磬音所遏不再前行。寥寥三句，不啻是一曲黄昏的交响。词之境界不在长词与短令，王国维《浣溪沙》上阕真大手笔之泼墨写意，令人赞绝。而下阕更奇思突兀，于高峰皓月之下，孤寂之心怀忽焉使之对人生之终极意义提出咄咄追问，这红尘中充满着功名利禄和艰难苦恨，而自责不能看破红尘。这下阕又恰是王国维的生命交响。上下阕交汇的音调是博大而哀婉的，既充塞于天地而又凌翔于虚无，读后心旌摇动，久久不能平静。这首词，的确不会轻让于五代、北宋大家，用王国维评冯延巳之语，可称“庭庑特大”。

另一首《玉楼春》(见《苕华词》):

今年花事垂垂过,
明岁花开应更辨。
看花终古少年多,
只恐少年非属我。

劝君莫厌尊罍大,
醉倒且拚花底卧。
君看今日树头花,
不是去年枝上朵。

王国维填此词时与上词相同,年龄不到三十,而王氏自青年时代就有一种悲观的宿命,这首词可称凄而艳者,在风华婉转而外,透露出年华过尽少年不再的惶恐。看花开花谢,感人生无常,孤独寂寞构成了王国维词的主调,也同样反馈给自己一种人生选择的尺度;而这种尺度的神奇,甚至决定了古往今来大多选择者不能永寿的悲剧。

王国维尝言:"无高尚伟大之人格而有高尚伟大之文学者,殆未之有也。"(《静庵文集续编》)王国维固有伟大之人格者,文章之前半部已有陈寅恪先生之评判与本人之分析,则以此视王国维之词,亦不为过。盖凡诗人词家,不同于资本之积累者,以学术之事不可量化,于诗词尤然。苟陆放翁《剑南诗稿》中有五十首为世所传诵,《稼轩长短句》中有三十阕为天下所共赏,则为大诗人、大词人,其有疑乎?王国维平生所作词百阕而已,百首中有十数不让稼轩、东坡、后主专美于前,则其为大词人,亦无疑焉。余读王国维先生词,往往拊掌者,以其词剀切而其境悠远,若"已恨平芜随雁远,暝烟更界平芜断”(《蝶恋花》)，若“从醉里，忆平生，可怜心事太峥嵘。更堪此夜西楼梦，摘得星辰满袖行”(《鹧鸪天》)，若“觅句心肝终复在，掩书涕泪苦无端。可怜衣带为谁宽”(《浣溪沙》)等，皆五代、北宋人手笔，非近世词人可梦见，王国维之自信非无由也。而王国维最赏爱之景为深秋、为残柳、为黄昏，所寄之情为飘零、为凄苦、为寂灭，其自浸悲楚、摧残心肝，有天下人所不可告慰者。其引决自裁固有陈寅恪先生所述殉意志之独立与思想之自由为主因，而性格上之内敛不欲自伸，宿命导致绝望，亦王国维自沉悲剧之不可忽视之一端也。

山阴樊志厚对王国维之词为深解者也，谓六百年来词之不振，实由梦窗砌字、玉田垒句、雕凿敷衍而同归浅薄肇其端；而以为王国维词“往复幽咽，动摇人心，快而沉，直而能曲，不屑屑于言词之末，而名句间出，殆往往度越前人”；又以为王国维始为词时，“亦不自意其至此，而卒至此也，天也，非人之所能为也”(樊志厚《苕华词叙》)。则此余前所述为不知其然而然之混沌之天才也，而王国维之词论又为“知其然，更知其所以然”之“清醒之天才”也，作词时感发者多而论词时理性者多也。而王国维之最可爱处是其为感发混沌之天才时，亦即词人之王国维，而非词论家之王国维。而其贡献最著者为其词论，缘上可接《文心雕龙》，下可与刘熙载《艺概》并列。盖凡特立独行之士，往往发为孤愤偏激之语，偶有为十翼所不愿苟同者，此亦陈寅恪先生所著碑文中“可商”意也。

王国维之学遍列中外古今，贯而通、精而审者也。其灵智之所照映，则所涉文、史、哲、戏曲、考古、翻译皆高驰邈邈，五音繁会，在近代不作第二人观。而王国维自少年即体弱多病，“为生活故而治他人事”消耗之精力亦多，不能终日治学，日多不逾四时，少不过二时。王国维所贵者恒也，“唯此二三时之读书，则非有大故不稍间断而已”。持以之恒加上王国维超绝的辨审力，所取得的成就便是天才的心智之果。

王国维为人也至孝，1906年丙午、光绪卅二年，其父王乃誉病故，他千里奔丧，并持孝守之制半年。1917年丁巳、民国六年，返海宁扫墓。所谓志道据德依仁游艺，王国维可为典范矣。性耿介狂狷，不曲意逢迎。以王国维之博雅，且于辛亥之后游学日本，非不知中外之务、经世之学，非不知清之必亡，而新时代之必兴；非不知脑后一辫所引发的世之嘲议也，王国维独持偏见，一意孤行，其自日本回国后，坚拒北大之邀而于民国十二年癸亥受（1923年）逊帝溥仪之命任南书房行走，于民国十五年丙寅（1926年）赴天津为溥仪祝寿，其本人于清廷可谓善始善终者矣。此时王国维年五十，距鱼藻轩自沉止一年矣。我以为天津祝寿为其行迹，而其内心则为与溥仪告别耳。为人耿介不变至此，亦不忍厚非矣。

至此，文章似应戛然而止，忽忆1922年壬戌、民国十一年沈曾植去世时，王国维曾有一联，以志深悼，辞云："是大诗人，是大学人，更是大哲人，四昭炯心光，岂谓微言绝今日；为家孝子，为国纯臣，为世界先觉，一哀感知己，要为天下哭先生。"今日读来，似乎是王国维的自挽：大诗人、大学人、大哲人言其学，沈曾植有之，王国维亦有之；"四昭炯心光"言天才的灵智之光，沈曾植有之，王国维更有之。"微言"者，"大义"之所寄托也。王国维素以中国学术所寄之人自居，"世变愈烈，则所以笃之者愈至"（见前王国维致沈曾植祝祷寿文），王国维不相信国学会颓隳，故有"岂谓"一词，意即"未可谓"、"不可谓"也。沈曾植为孝子，王国维亦然，前文述王氏之奔丧、守孝、扫墓可见；而"纯臣"二字，则有王国维之寄托在焉。"忠臣"者，有所实对也，对沈曾植而言，便是逊帝溥仪。沈以"忠臣"视之则可，故尔沈氏去世，溥仪有"硕学孤忠"之匾额以赞；对王国维而言，"忠"则不可尽其意，或云不确。"纯臣"者，责诸己而未有实对也，是自身品质之评价也。虽为挽沈氏联，不用"忠臣"而用"纯臣"者，以王氏已深感"忠"于一姓氏一庙堂之时代已过去，而自身的纯真则应永葆厥美。"忠"与"纯"之大别如此。王国维虽拖以一辫，然其思想早非封建伦理所可禁锢者。他希望寻找独立意志、自由思想与中国固有的道统的无隙的融合，以为新时代来临时的先导。“余固知謇謇之为患兮，忍而不能舍也”（屈原《离骚》句），正直的言行可能使自己遭殃，但王国维决不放弃。“謇吾法夫前修兮，非世俗之所服。虽不周于今之人兮，愿依彭咸之遗则”（屈原《离骚》句）。王国维深感全面西化在中国是一条不可行的道路，而他的特立独行又不为世所承认，尽管不合时宜，他决心为此以身相殉，愿如彭咸般自沉以明志。王国维对屈原的崇拜是至高无上的，他说：“三代以下之诗人，无过于屈子、渊明、子美、子瞻者。此四子者，苟无文学之天才，其人格亦自足千古。”（王国维《静庵文集续编·文学小言》）显然，王国维是在这样理性的甚至审美的裁判下走向鱼藻轩的。

“要为天下哭先生”，王国维之死，留下了一个为理想“九死其犹未悔”的典型，而这正是清末民初知识分子难得的品性。

岂曰无衣，与子同袍

——谈战争与《诗经》

战争无疑是残酷的，古往今来任何战争都是极端的暴力行为。它是死亡的信号，而不是欢乐的节日。人类的历史，悲剧多于喜剧，而悲剧的主要内容则无疑是战争。《战国策》上有一则《唐雎不辱使命》的故事。当时凭恃着虎狼之师的秦王想以五百里之地易安陵，安陵君不许。秦王对安陵君的使者唐雎说："公亦闻天子之怒乎？"唐雎说："臣未尝闻也。"秦王勃然，说："天子之怒，伏尸百万，流血千里。"这在当时，他说得出也做得到。《秦本纪》与《秦始皇本纪》所载，自秦献公至秦王政（秦始皇）前后屠杀晋、魏、韩、赵、楚诸国的士兵，总一百四十余万。两千三百年前没有热兵器、没有爆炸，那是排头砍去或者活埋。"纸上谈兵"的赵括四十万将士一下子全被秦军活埋。农民战争的残酷性也不例外，那作诗述怀"飒飒西风满院栽，蕊寒香冷蝶难来。它年我若为青帝，报与桃花一处开"的黄巢，杀人逾八百万。[①]那是远远超出阶级斗争的观念范围的，是一种大恐怖。这样的残酷性，中西皆然，公元前3世纪古罗马之消灭迦太基，那是灭绝迦太基种族的大杀戮。大概相当于中国的夏代，苏美尔人的文化在地中海曾盛极一时。然而，因为塞姆人所建的巴比伦王国的胜利，不仅这优秀的文化灭绝，这个人种也不复存在，其间战争的血腥可想而知。随着苏美尔人在地球上的消失，那唯一可与中国古代象形文字比美的一种文字——楔形文字，成为远古遗存的一个令人哀伤的哑谜。对那无数生灵死亡前的哭号，这哑谜只是无声的回应。自上古至近代最残酷的战争当然是第二次世界大战。人们读过希特勒的《我的奋斗》，此书中的每一个字，就使一百二十五人失去生命。这是人类有史以来最血淋淋、最残酷暴虐的一个统计数字。

战争当然是破坏性的。“师之所处，荆棘生焉；大军之后，必有凶年。”②这是两千五百年前中国大哲老子的谔谔言教。战后十室九空，赤葵依井，崩榛塞道。饥荒之后继之瘟疫，饿殍横陈于沟壑，豺狼奔突于郊野。西晋永嘉之乱时，“长安城中户不盈百，墙宇颓毁，蒿棘成林。朝廷无车马章服，唯桑版署号而已。众唯一旅，公私有车四乘”③。

战争的破坏性为人类的文化遗产带来永远无法弥补的损害，从古希腊巴底隆神庙（约前5世纪）到中国清代被称为“万园之园”的圆明园的毁灭（1860年为英法联军所劫掠焚毁），所留下的庞大的残骸，无不使人对昔日繁华的一朝毁隳发出怅然的浩叹。

唐代李华的《吊古战场文》所描述者非指 一地，是诗人的意象之作，而所刻画有非军旅诗人可达的惨烈。“尸填巨港之岸，血满长城之窟；无贵无贱，同为枯骨，可胜言哉？”“魂魄结兮天沉沉，鬼神聚兮云幂幂。日光寒兮草短，月色苦兮霜白。伤心惨目，有如是耶？”这无穷极的灾难根源何在？这种地狱变相的人间世有无尽头？有什么办法使古战场不复出现？诗人提出了一系列的叩问。然则他的回答不能使人满意，对战争的源起，诗人没有可能作入木三分的判断。他说：“周逐猃狁”，对；而“秦筑长城”，错。这真是浮泛浅陋之判。

当人类石斧相向的时候，那是人文未开时的争夺，远非今天我们所谓战争的涵义。那时的氏族或氏族联盟甚至此后的部落联盟之间的战伐，都只是弱肉强食、优胜劣败的自然淘汰律在起作用。黄帝和蚩尤之战、黄帝和炎帝之战都没有国家和民族的概念，也没有效忠君王的伦常。我想象那时的黄帝一定孔武有力、智商超群，力足以斗群雄，智足以伏诸夷，绝对是从荒蛮中砍杀出来的强者。那时的人群还没有道义的框架左右他们的思维，也没有伦理的绳索制约他们的行动，他们要保卫的乃是生命赖以存在的土地和食物。《三才图会》上画的黄帝已带着帝王的冕旒，那真是荒谬有趣。那是后代的画家据《周礼》凭空杜撰出来的偶像，似乎华夏的初祖不应披着兽皮麻葛，正应穿着这种天子的礼服接受万国来使的朝拜。古代也没有天子的概念，禅位云者，不是由于尧舜有着高尚的品德，只是那时私有制观念淡漠，因之部落联盟族长的传承与血统关系不大。战争成为一个涵义确凿的词汇时，国家必已形成。在中国历史上战争以道义和伦理为其后盾并以为号召，那应当是商汤伐桀时开始，中国诗的源头《诗经》也正可以上溯至此时。

对人类历史存有总体性怀疑主义和对战争抱着彻底悲观主义的最具代表性的诗人，应属明末清初的归庄。他有着国破家亡之痛，对民族的深爱而转变为深恨，诗中所隐含的激烈的愤怒，化为表面的嬉笑怒骂。从天地开辟、三皇五帝开始，他一个也不轻饶：

太极混元苞，却被那盘古皇无端啰唣，生刺刺捏两丸圆弹子，撮几粒碎尘硗，云是乌飞兔走，岳镇也山朝。更蛀几条儿疥虫路，挖半掌儿蛙涔道。到如今，昆仑万仞撑天柱，江汉千支入海潮，弄这虚嚣。

那女娲氏，你断什么柱天鳌？那有巢氏，你架什么避风巢？那不识字的老包羲，你画什么奇和偶？那不知味的老神农，你尝什么卉和草？更有那惹祸招非的老轩辕，弥天摆下鱼龙阵，象意装成虎豹韬，便留下一把万古杀人刀。④

好一把“万古杀人刀”！他知道从此人们不复太平。这一把杀人刀，只是人类从远古生物状态时那种物竞天择、适者生存、自保残它的遗传基因的物化。生命都有弱肉强食的一面，又有畏生怖死的一面。而到了高级生命的人类，会把这种相反相成的本性、潜藏的凶残和怯懦发挥到极致。

人类社会在前进，当物质生产非止供果腹而有剩余时，私有制应运而生，国家的萌芽乃成为早晚的事。上古大禹，一改尧舜禅位之制，把帝位传给自己的儿子启，奴隶制国家形成，而且有了国都，竟然一统五百年之久。此后由商而西周而春秋战国，由奴隶制而封建制，为维护一统国家和中央权威的伦理、道义的观念方才出现。至少在公元前500年至公元前300百年间，也就是春秋末至战国后期，维系封建社会的最重要的概念、思想和学术派别等业已形成。

对于这一切，归老先生都给以过激的抨击，他说：

> 最可笑那弄笔头的老尼山，把二百四十年死骷髅，提得他没颠没倒。⑤更可怪那爱斗口的老峄山，把五帝三王的大头巾磕得人没头没脑。⑥还有那骑青牛说玄道妙(指老子)，跨鹏鸟汗漫逍遥(指庄子)。也记不得许多鸦鸣、蝉噪。秦关楚峤、兰卿鬼老，都只是扯虚脾斩不尽的葛藤，骗矮人弄猢狲的圈套。⑦

痛快，骂得痛快！庄子是应了佛家的果报了。当初他恣纵不傥的无端崖之词，骂得儒、名、墨诸家无地自容，只今竟如何？还有骂得更凶的。痛快之后又如何？归老先生似乎缺少了“生年不满百，常怀千岁忧”的责任感。他骂够了，“俺老先生摆尾摇头再不来了”。他去“望云涛海涛”、“倚梅梢柳梢”，过他“没些个半愁半恼”的日子去了。果真无愁无恼了吗？归庄是封建社会里第一个敢于对社会历史和社会陈见全面地提出正面攻讦的叛逆者。他不可能有理性的判断，这《击筑馀音》是一阵生命剧痛的宣泄。“诗意的判断”与“理性的判断”之不同，就在于“诗有别趣，非关理也”[⑧]。我们当然不能从归庄的长曲中识得历史的真面，但是他的长歌当哭、他的彻底的战争悲观论来自人类战争本身的悲剧性，加上归庄的泉飞藻思，其感人至深，堪称沁入肺腑。

战争绝对能激活人类生命中好斗的因子，也许这在太古之世是人类从万物生灵中脱颖而出的原因。然而当私有制产生后，好斗就包含了更多的占有欲的驱使。蒙古草原已够辽阔，匈奴人一定要到塞纳河（公元4世纪）、蒙古骑兵一定要到波兰的维斯托拉河饮马（公元13世纪）吗？毡裘之君长和农耕社会的帝王同样有着难填的欲壑。而人类往昔的一切过错之根源，无非佛家指出的贪、嗔、痴三字。秦始皇占有一切荣华，他“致昆山之玉，有随、和之宝，垂明月之珠，服太阿之剑，乘纤离之马，建翠凤之旗，树灵鼍之鼓”[⑨]，还有“夜光之璧”、“犀象之器”、“郑卫之女”、“骏良駃騠”、“江南金锡”、“西蜀丹青”，但名相李斯以为这些还不重要，他希望秦始皇不要驱逐异国的贤才如穆公时之百里奚、孝公时之商鞅、昭王时之范雎，有类似这样的人才，方可无敌于天下。

历史的偶然性所描绘的画图，完全非所逆料，被南匈奴和汉人击败而遁逃的北匈奴人转麾西向，在几世纪的迁徙中发现了极其富庶的西欧。强悍的匈奴人使欧洲的君王直至教皇闻风丧胆，匈奴人得到了在东方失去的一切。古代的战争包含着奴隶制社会所特有的蛮干精神和封建主的霸悍之气，那时掠夺和占有是唯一的目的。而“力”，是决定胜利的唯一原因。“力”有着一种特殊的象征性，在上古，斯巴达人正是凭着“力”，写过他们辉煌的历史。因为在彼时，胜利属于“优秀民族”，“力”是他的徽号。而憎恨祖国贫穷和衰弱的近代中国文化启蒙者梁启超和鲁迅，都曾是斯巴达精神的鼓吹者。然而在斯巴达人“力”的背后，没有太多的道德和伦理的说辞。东方也不例外，当成吉思汗的部将问军队打向何方时，成吉思汗用他的马鞭指着远方讲：“天边！”那也是绝无道德和伦理可言的。即使成吉思汗已死多年，余威震于殊族，他的孙子拔都统帅的铁骑和手中的火器足以使条顿武士的利剑黯然失色，杀得它片甲不留、流血漂橹（公元1241年）。这些威武壮阔的战争用血和火翻开人类历史的沉重篇章。当时的西方似乎在武力上并不占绝对的优势。

中国作为一个农业大国，在大一统的王朝已然形成的时期，对外的扩张不是当务之急。汉武的开边为的是把匈奴人驱赶得更远，以保自身的安全。农业社会需要日出而作、日入而息，需要四时运转，春播秋穑，夏耕冬藏，因之相对的安定是农业社会生存的基本条件。于是，自卫性成为古代中国上自君王、下至百姓的共同要求。“胡人不敢南下而牧马”虽然是暴秦为巩固子孙帝王万世之业而北筑长城的目的，却也是老百姓的期望所在。暴秦的“暴”主要是对付国内的“弯弓而报怨”的起义和六国君王的复辟，维持大一统是秦代的绝对命令。

远在孔子提倡“六艺（礼、乐、射、御、书、数）”的时候，其中射、御两项便成为士人的功课，可作为中国人尚武精神的体现。在此，孔子是将其置于礼乐之后的。孔子之思，首先还是“尚文”。至战国之世，各国名将辈出，“吴起、孙膑、带佗、兒良、王廖、田忌、廉颇、赵奢之伦制其兵”[10]。此举其大者而已，秦国的白起更是诸将的劲敌。春秋时的管仲、孙武之属则可称杰出的军事学家。自东周而汉、晋、唐、宋，武力的职能主要是两方面：对内平叛，对外御胡。历史上对华夏以外的民族统称胡。元代比较特殊，成吉思汗建立蒙古汗国，时在1206年。1216年西征，灭花剌子模与钦察，其间的残酷屠杀是世所罕见的，其血腥染遍了一部《元朝秘史》。因为察合台之子莫阿都平的阵亡，惹恼了祖父成吉思汗。这大汗之怒是足以使天地变色的，他将整个花剌子模的巴米安城杀得精光。这笔账实在不能算在中国人的头上。成吉思汗在中亚施暴，距他的孙子忽必烈建立元代、定都大都还有五十五年，那时成吉思汗已死了二十二年。我们无法回避的是历史，元代毕竟在中国完成了大一统的局面，结束了辽、金、西夏在北方和西南大理的政权，因为强悍，幅员广大，边疆不再有侵扰。廿五史中有《元史》，我们必须承认这是中华民族史的一部分。至于成吉思汗被追认为元太祖，那是忽必烈的事。这位天可汗与我们的关系比蒙哥汗、忽必烈遥远得多。尚武自卫而带有侵略性的拓疆还有最著名的唐代高仙芝，以塞外雄风著称的军旅诗人岑参当时正在他的麾下。

任何民族从它们的童年开始，便知道尚武是本民族得以存续的根本。每个民族都有英雄崇拜的情结。战争所保卫的主要是该民族的文化。而不同的民族由于有着不同的生存条件和人文传统，每一个民族对英雄人物的价值取向是不同的。歌颂本民族的辉煌历史（主要部分应该是战争史）和英雄人物，在上古历史的诗歌中尤为突出。无论希腊荷马史诗或中国《诗经》中的《商颂》、《鲁颂》、《大雅》和《小雅》都是如此。荷马史诗和《诗经》创作者的区别在于前者是诗人个人的创作，而后者则是殷周以降无名氏的集体创作；前者未经别人删选，而后者却是由孔子删选的。其中必注入了孔子个人的价值判断与审美判断。“《诗》三百，一言以蔽之，曰‘思无邪’。”[11] 这是孔子对《诗经》结论性的名言。“诗言志”[12] 是孔子对诗的艺术本性的要求；而“诗可以兴，可以观，可以群，可以怨”[13]，则是孔子对诗的社会功能的要求。这些论述要言不烦、切中肯綮，表现了孔子先贤大哲的胸怀。然则孔子作为中国封建社会全部伦理观、道德观的创说者和捍卫者，他首先要维护的是封建社会的大秩序，也就是“克己复礼为仁”[14] 的社会理想。而他所处的时代又与他的社会理想相龃龉，那是周天子形同虚设、群雄并起的时代，一个礼崩乐坏的时代。《诗经》在孔子看来几乎是可作为内政外交的必读书。“诵《诗》三百，授之以政，不达，使于四方，不能专对，虽多，亦奚以为？”[15] 既已诵《诗》，所求在用，学而不用，“亦奚以为”？读《诗》是为了从政可以顺畅，出使列国善于应对，显然孔子是把《诗》作为实现他社会理想的工具了。孔子从三千余首中遴选三百零五篇[16]，无疑有着他的伦理、道德标准。删去的、不可“施于礼义”者，果真就都“邪”吗？不一定。甚至桑间濮上之音，或者正是真诚的爱情之歌。在孔子，绝不可理解希腊的《伊利亚特》中阿迦门农与特洛伊王子为美人而战的精神。因此，我们对孔子所选的有关战争的诗歌必须清楚，这些作品应与孔子的“礼”和“仁”相契合。当然，这些诗早于孔子，那么孔子以后，受孔子影响那是不可避免的了。在诗意的判断背后有着伦理的判断和道义的判断，这是不足为奇的。甚至最天才杰出的诗人，也自觉不自觉地在作品中流露这种理性。完全超越这种理性的诗也有，但很少，或者说不是战争诗的主体。

在《论语》中，孔子提出了“仁”和“礼”两个巨大的思想符号。“仁”作为孔子心灵层面的理想境界，那是至高至极、至美至善的存在。在《论语》中，“仁”字出现凡一百零九次，其中包括有孔子的夫子自道、有同问异答的师生对话、有弟子之间的相互应答。“仁”字望之弥高，即之则温，它是那样平和地存在着，质朴得宛如宇宙本体的存在。它虽然崇高，但非不可及，人人可以去追求。孔子的“有教无类”[17]，倒不是他在阶级意识上的平等不二，而是针对不同的人，他有不同的期求。但每个人必须躬身力行。“仁远乎哉？我欲仁，斯仁至矣。”[18]这“欲仁”二字，宛若佛家之“得悟”，它们都不是可以一劳永逸的，不是做了一件事便可永为“仁人”，永远成佛。此时得悟，此时为佛；彼时迷障，彼时为众生。“仁”亦然，依仁得仁，不厌不倦，方可“斯仁至矣”。“仁”，虽不是高不可攀，近在咫尺，然而达到“仁”并不容易。连颜回那样的最得意的弟子，能做到“其心三月不违仁”[19]，孔子也就十分满意了。

《论语》中的“礼”，则是现实层面的最高境界。如果说“仁”是至美至善的终极目标，那么“礼”则是依伦依常的高度准则。“礼”乃为实现“仁”的手段和规矩，即所谓“礼义以为器”[20]，俗谓之游戏规则。而孔子的“礼”当然指周初之礼。在他的心目中，有着一个被他理想化了的，完全符合封建伦常的时代，那就是周公的时代。周公是孔子的偶像，而他毕生的奋斗则是希望在“臣弑其君，子弑其父”的礼崩乐坏的乱世，回归那遥远的古代。

孔子所推重的周初之礼，见于《论语》和孔子或其他儒家所编《尚书》、《周礼》、《礼记》、《左传》、《国语》诸经典。其中所论自天子、诸侯、卿、大夫、士之班爵授禄、祭祀、养老之法度，皆为封建社会必须遵循的大秩序；而破坏礼制的人，则必然是乱臣贼子。至于中国、夷、蛮、戎、狄，“皆有安居、和味、宜服、利用、备器”。“五方之民，言语不通，嗜欲不同”，“民咸安其居”，“不可推移”[21]。对这种和平融洽、相安无事的生活的破坏，当然是非礼的不仁之行。

周公本人为民立极，以自己的道德，使人知道父子、兄弟、君臣、长幼之道。武王与成王是父子，武王与周公是兄弟，武王死而成王年幼，周公辅之是君臣，而周公乃成王之叔父是长幼，其间封建的伦常，周公表现出无私秉公的典范，可称圣人之行。[22]礼，成为做人的根本：“礼，人之干也；无礼，无以立。”[23]孔子所谓“兴于《诗》，立于礼”[24]。

孔子希望通过“礼”而使“天下有道”，“天下有道”则可行“仁”，这首先得有“仁君”。季康子问政于孔子，说：“如杀无道以就有道，何如？”孔子回答道：“子为政，焉用杀？子欲善而民善矣。君子之德风，小人之德草，草上之风必偃。”[25]统治者的表率是仁政的根本。“‘善人为邦百年，亦可以胜残去杀矣。’诚哉是言也！”[26]这一方面是孔子替自己任鲁司寇“三月而诛少正卯”辩护，也同时说明“胜残”——残暴的人不再作恶，“去杀”——废除刑罚杀戮，也不是一朝一夕的事。

而个人达到“仁”的最高境界是以身殉仁。生死亦大矣！生与死乃是人生的最终选择。真正的、完美的人，孔子称之为“仁人”、“志士仁人”。他说：“志士仁人，无求生以害仁，有杀身以成仁。”[27]同样，孟子以为：“仁，人心也；义，人路也。”[28]“义”是完成“仁”的忠信壮烈之路。依仁之义也是可以以身殉之的最高境界："鱼，我所欲也，熊掌，亦我所欲也，二者不可得兼，舍鱼而取熊掌者也；生，亦我所欲也，义，亦我所欲也，二者不可得兼，舍生而取义者也。"㉙ 君子能直面死亡而最后完成崇高的不朽人格，这就是死得其所，就是重于泰山的英雄人物之死。

以上所述一切，对华夏民族的成长，对仁义之师的战争，对战争中英雄人物的出现，对战争诗歌的形成，都有着伦理与道德的潜在意义，构成了华夏民族的心灵的命令。

战争是残忍的，是破坏性的；战争是雄阔的，有激励性的。每个民族在历史上为求生存，必须主动或被动地投入战争。人们知道尚武的对立面是怯懦，前者生存，后者死亡。而在古代，正义与非正义则是用仁、至仁与不仁、至不仁来判断。战争之成为审美对象，不是由于它的血腥和屠杀。中国古典诗歌自上古以来就有着言志述怀、依仁见义的传统，其间可大致分为下列类型：一种是基于战争的合理性和合法性的理性判断。这样的诗大部分是对胜利的君王将帅的讴歌，对舍身捐躯的英烈的缅怀，场面宏阔，气势壮烈，但缺少精微的心灵内省。这些作品的作者有军旅中的文人、朝廷的命官或者君王本人。一种则是基于对战争本身的深切体悟而不失赤子之心的个人心灵判断。这类虽属纯粹的个人感怀，但往往战争带给他们无限的创伤与哀痛，所摧毁的曾是他们生命的一部分。这些诗有着浓厚的悲剧气氛，往往由此引发出人性中的深沉忧伤，其中如大量的征愁闺怨之诗，感情真挚而动人。还有一种是上述两种兼而有之的。这类诗词大体出于有深厚文学修养、道德修养而且亲自加入攻城野战、斩将搴旗的战斗的杰出人物。他们的诗悲壮激越，震撼人心，不愧英雄本色。当道义、伦理与个人灵魂化为一体的时候，当这一切又化为他们的诗篇时，他们就带着光环走进了"仁人"的殿堂，堪称华夏之脊梁。不易归类，但决不可忽视的，是格高境大不写战争的战争诗，譬如南唐李后主北狩后的某些名篇。由于他从现实的帝王而沦为囚徒，其间的落差真可谓“天上人间”，然而他的卓越之处在于他回避一切对战争的直接描写，一转而为超验的心灵叩问，任何人读他的词都会有一种广大无边的悲怀。这是李后主作为词人内心忏悔意识的诗化。王国维谓“后主则俨有释迦、基督担荷人类罪恶之意”[30]，即是指此。

由于中国历史上的战争极少侵略、掠夺性，而防御自保成为战争正义性的前提，于是激于理义乃是中国古代战争“道德”、“伦理”的正义之旗。

“中国”一词所从来远矣，据《礼记》所载，最晚在周代已然流行。“中国”——华夏民族，当然是相对于四周的蛮貊之邦所自称的。然则夷夏的区别，不是恒居而不变的，至战国之世，被称为荆蛮的楚国三闾大夫屈原已自谓“帝高阳之苗裔”，和三皇五帝挂上了直接的血缘关系。但“中国”亦即主要在黄河流域发展起来的华夏族，一直是主流文化的承担者，那是不争的事实。直到三国建安诗人王粲还在《从军诗》中称“从军征遐路，讨彼东南夷”，则在诗人心目中，连孙权还是夷人。以华夏为中心的思想有着历史的、文化的渊源。历史告诉我们，自殷周以降，猃狁、羌戎、鬼方，汉代匈奴，南北朝五胡，唐突厥，宋契丹、女真、党项，然后元（蒙古），清（女真），直至近代西方列强的入侵和骚扰，真所谓边患孔亟，略无间日。华夏的物质富庶和文明昌盛，成为他们侵掠的不二目标。中国不是一个甘受欺辱、宰割的民族，自虞舜、商、周、汉、唐之季，似乎绰有余力对付边患。也就是在冷兵器时代，中国的武器在彼时当属先进，而使用武器的人本身不是羸弱的群体，所以不致因侵凌而屈辱；加上传统的道德力量，历史上的确形成过“万国衣冠拜冕旒”的盛世。在承平之世，华夏民族与西方之以暴制暴不同，往往以柔克刚，怀柔之、联姻之、封赏之，希望以夏变夷。由石斧、石刀到剑戟铩钺，在战史上称冷兵器。殊不知由“冷”而“热”的转化的肇始者却是中国。当八国联军的洋枪、洋炮对准义和团勇士们“刀枪不入”的肚皮时，谁知道这些火器的祖先是深知刀枪能入的中国先觉者。宋代发明火药，即有突火枪之面世；元代金属管形火器炮、筒、铳的出现，则是彼时世界最先进的武器，其地位略类我们今日之视巡航导弹。当火药的配方由宋而金而元而阿拉伯人而欧洲人，存有机心、谙于机事的欧洲人却在兵器上利用东方的发明，在几百年内将冷兵器全部转换为热兵器。当西方人刀剑入库的时节18世纪来临时，中国的厄运也就不远了。兵器完全改变了西方和东方的战争格局和力量的对比，其强势一直绵延至今。早在《韩非子·有度》（前3世纪）中便有指南针——"司南"之记载，而在欧洲，指南针的发现则瞠乎其后久矣。当欧洲人利用它发现新大陆和新航线而殖民主义猖披全球的时候，在指南针的最早诞生地——中国的阴阳术士们却发明了测算命运的转盘。悲剧呀！历史上多少死忠死节的英雄豪杰，无法挽救一个鄙夷机事机心的民族。

古哲庄子反对机事机心，那是伟大的超越时空的思索。他是第一个预言当人类的小智慧挑战宇宙的大智慧时，人类将面临灭亡。这当然是不错的，而且历史正在进一步证明着庄子的形上之想。然而庄子想不到他的理论会掉落在愚蠢的泥淖中。如果战国之时的名家——最早的逻辑家们，能发展逻辑学，并将其应用于数学，中国的数学就不会仅仅停留于经验主义的《周髀算经》和《九章算术》，与此同时发展物理学，那境况就大不相同了。若然，倘没有中国伦理观、道德观，一味地霸悍，又哪会有中国的战争史和中国的诗？历史不能假设，闲话少说，让我们回到战争的诗歌上来。

中国诗的源头《诗经》是一部圣人认定的儒家经典，其中有关"征伐自天子出"的战争诗歌分别见于十五国风、雅、颂之中。其见于颂者有《鲁颂》中之《閟宫》，《商颂》中之《玄鸟》、《长发》和《殷武》等。这些诗歌的内容基本上是颂扬帝王战伐之正义和威严、军队之孔武和整肃，是"王者之师"行"仁"的战伐。主张慎战的孔子和以为战争会导致杀人盈城盈野的孟子，其内心最深层的主张是非战，而非战的思想即尚文的思想。这一点与大哲老子"兵者不祥之器，非君子之器，不得已而用之"[31]的观念完全相同。下面为说明本文之观点，重点节选《诗经》中颂、大小雅、国风之诗移译之。移译是因为《诗经》年代邈远，语言之阻隔往往使我们不容易直译，不如改为现代之韵语，俾使读者有亲切的感受。

《鲁颂·閟宫》节选	范译
后稷之孙，	后稷有他的裔孙，
实维大王。	这就是周太王。
居岐之阳，	住在凤鸣呈祥的岐山，
实始翦商。	开始大业，便是翦除殷商。
至于文武，	到了周文王和周武王，
缵大王之绪。	太王的遗绪得以发扬。
致天之届，	奉上帝之命讨伐殷纣的张狂，
于牧之野。	在牧野摆开了雄阔的战场。
无贰无虞，	不要二心，不要彷徨，
上帝临女。	上帝的巨眼把你张望。
敦商之旅，	俘获殷商的败旅，
克咸厥功。	这大功告成，何等的辉煌。

武王伐纣是顺应天帝之命的“天讨”，当然有着神圣的使命感。传说后稷是周族的始祖，他的母亲是有邰氏之女。她在荒野踏到巨人的足迹，怀孕而生后稷，这巨人我以为就是天帝。这一富于想象力的神话，使后稷为天帝之子具有了统治的合法性。后稷的裔孙便是周太王，传说凤鸣岐山，周代以兴。传到周文王、周武王，承先烈遗业，又适逢其会，商纣暴虐无道，因之武王之伐纣具有了正义性即道德伦理的优势。

上溯五百年便到了《商颂·玄鸟》的时代。

《商颂·玄鸟》节选	范译
天命玄鸟，	燕子飞来，奉命于天，
降而生商，	含卵而降，生契大贤，
宅殷土芒芒。	这殷土广漠无涯，芳草鲜妍。
古帝命武汤，	上帝授命勇武的成汤，
正域彼四方。	征服了四方，天下毗连。
方命厥后，	命令各部族的君长臣伏，
奄有九有。	统一九州，殷商的威名赫赫无前。
…………	…………
邦畿千里，	幅员广大，无际无边，
维民所止。	人民安居，不移不迁。
肇域彼四海，	开始征服，占据了四海，
四海来假，	四海的臣子都来朝拜天帝，
来假祁祁。	来朝拜的人接踵而比肩。

前一段写商初太乙即自号武王汤伐桀的丰功伟绩，后一段写汤的二十三世孙武丁更能弘先帝之基业至于邦畿千里、四海来朝。他们共同祭祀天帝，天下归心的统一王朝形成。关于商代的祖先也有一则神话作如是说："契母简狄者，有娀氏之长女也。当尧之时，与其妹娣浴于玄丘之水，有玄鸟衔卵，过而坠之，五色甚好，简狄与其妹娣竞往取之。简狄得而含之，误而吞之，遂生契焉。"[32] 契为商祖，正与稷为周祖同样是无父生子的故事，这或与当时母系氏族社会"只知其母，不知其父"的传统有关。这倒成了"天子"的来

源。在这些诗中，歌颂先人、歌颂英雄和歌颂天神是浑然一体的。桀、纣无道，成为暴虐之君的代表。

《商颂·长发》节选	范译
帝命不违，	上帝的使命不可违拗，
至于汤齐。	直到成汤，遵循大道。
…………	…………
上帝是祇，	上帝是唯一的敬仰，
帝命式于九围。	于是颁给他九州的封诰。
…………	…………
武王载旆，	武王的部旅旌旗飘扬，
有虔秉钺。	军容威武，斧钺闪光。
如火烈烈，	烈焰般的气势直映苍黄，
则莫我敢曷。	有谁敢把我阻挡。
…………	…………
九域有截，	广漠的九州从此臣伏，
韦顾既伐，	挥师讨伐韦、顾，
昆吾夏桀。	再将昆吾、夏桀扫荡。

此诗则叙述自契至于成汤统一天下的事迹，不违背天帝的命令，得到天下民心，敬重（祇）天帝，故尔统一了九州，而他对违背天意的韦、顾、昆吾和其罪魁夏桀的讨伐得以胜利，九州也便顺从而臣伏。（截，畅达而直渡也，言九州不再分割，此处以借言九州统一。）既统一之后，成汤又能施行“仁政”，“不刚不柔，敷政优优”，更有伊尹的辅佐，这就使太平盛世再现。

《商颂·殷武》一诗是歌颂第二十三代殷王高宗武丁之诗。高宗前世，殷道中衰，在他统治的五十九年中，伐荆楚、修宫室，对殷王朝之中兴和巩固，功劳至巨。

《商颂·殷武》节选	范译
挞彼殷武，	猛烈而迅捷的殷王，
奋伐荆楚。	奋勇前行讨伐荆楚。
…………	…………
自彼氐羌，	那远方的氐羌，
莫敢不来享，	都来进贡，不敢龃龉，
莫敢不来王，	都来朝拜，臣服驾驭，
曰商是常。	共赞殷商是无二的君主。

慑于殷商的威势，四方各族皆来臣服，都把供奉商为各邦之首当作纲常。

以上简略介绍《鲁颂》与《商颂》。孔子对它们并无具体的评价，然而在他欣赏音乐时，曾发表过如下的评语："子谓《韶》，尽美矣，又尽善也；谓《武》，尽美矣，未尽善也。"[33]《韶》，我们固可断言为虞舜时的韶乐；《武》则大体可以认为是指周武王时之音乐。音乐和诗虽不是一回事，但我们依旧可以看到孔子对《韶》与《武》的甲、乙之判。唐尧虞舜是孔子对遥远古代的崇高怀念，而商、西周却距孔子较近。"乐"是"诗"的载体，亦即歌谱与歌词的关系。《韶》的内容一定更接近孔子的社会理想，是一个"遵道而得路"[34]的时代，所以尽美尽善。而对战争一向谨慎从事的孔子，对西周之初战伐渐多，虽于合法性与伦理、道德或无多责，但总以为"未尽善也"。"未尽善"的意思是"善则善矣，尽善则未也"，并未讲周武"不善"，这一点儿分寸感是必须注意及之的。据考《尚书》是孔子所编撰，其中孟子读到武王伐纣“其血之流杵也”句时，对此描述颇存怀疑，有云：“尽信《书》，则不如无《书》。吾于《武成》（记述武王伐纣事，今已佚亡）取二三策而已。仁人无敌于天下，以至仁伐至不仁，而何其血之流杵也？”[35]孟子以为以周武王“至仁”之师伐“至不仁”的商纣，是不会血流漂橹的。孔子以为“未尽善”也，恐怕也是指此。但《武》乐的内容是否《孟子》书中所指《武成》，我在此不敢作无据之说。孔孟主张少用兵，即使用兵也不涂炭生灵，当这种道德观与天子的使命观结合起来时，就达到了儒家的“仁”的至高境界。孔子对天子、诸侯、卿、大夫、陪臣的权力范围是划分得十分清楚的，只有天子有制定礼乐和宣布战争的权力。“天下有道，则礼乐征伐自天子出；天下无道，则礼乐征伐自诸侯出。自诸侯出，盖十世希不失矣；自大夫出，五世希不失矣；陪臣执国命，三世希不失矣。”[36]孔子著《春秋》，纵览自公元前8世纪至前5世纪二百多年间治乱兴亡之史，确无延绵十世而不失国者。

中国之“天人合一”最初并不似后来宋明大儒之哲理化，自子思、孟子至汉董仲舒《春秋繁露》创说之初，与证明统治者的合法性有关。这样，当征伐“自天子出”时，与西方战争是“上帝的鞭子”便有了异曲同工之妙。没有比违背天意更大的罪恶，也没有比“天讨”更合理的事了。

征伐“自天子出”的还有《诗经·小雅·采芑》，赞美周宣王之南征，称颂老将方叔出马之威仪。那是“伐鼓渊渊，振旅阗阗”的整肃军容；是“方叔元老，克壮其犹”，老当益壮的社稷重臣的千里之志；是“如霆如雷”的迅捷征讨；是“荆蛮来威”的敌军臣伏。《诗经》其言简赅，其势宏大，隐隐使我们听到远古强大的、发自中国的战鼓，不禁产生对自卫战争的庄严感的心向往之。

而《大雅·江汉》则叙述周宣王命穆公召虎经略江汉、平淮南之夷并给予重赐之事，《大雅·常武》则咏赞周宣王亲率大军伐徐的壮举。

《大雅·江汉》节选	范译
江汉之浒，	在那江汉的水边，
王命召虎：	周宣王命令穆公召虎：
式辟四方，	去吧！开辟四方，
彻我疆土。	整顿我社稷的疆土。
…………	…………
虎拜稽首，	穆公召虎额手再拜，
天子万年。	天子万年，地动山呼。
…………	…………

《大雅·常武》节选	范译
王奋厥武，	周宣王真个奋扬威武，
如震如怒。	如电之震，如雷之怒。
…………	…………
王旅啴啴，	王师是何等的雄伟壮观，
如飞如翰。	如鸟之捷，如鹰之悍。
如江如汉，	莽莽如江，滔滔似汉，
如山之苞，	如山一般的伟岸，
如川之流。	如水一般的狂澜。

战争中表现出的王者之怒、表现出的重臣与王者之间的服从和倚重、天地山川为之震撼的感泣鬼神的勇气，至今使人们不能不对上古之世的道统与伦常和尚武精神对维护一统局面所起的巨大作用深表钦敬。这一切奠定了中国作为

文化古国在今后的岁月创造灿烂文明的社会安定的基础。尚武的结果是尚文，这是我们民族的不朽传统。与《商颂·玄鸟》同样，对神——天、王者——天子和英雄——穆公、召虎等作为统一体的歌颂作了更充分的表达。天帝的意志实际上是天子的意志，而英雄的意志则体现天子的意志，三者不是并列的关系。天帝是虚设者，英雄是执行者，最后都是为了天子。社稷和天子又是一体的，伦常和道义则是为维护天子的独尊。法路易十四之"朕即社稷，朕即国家"已为历史名言，中西暌隔，而其致一也。对《诗经》《大雅》、《小雅》和《商颂》、《鲁颂》诸篇之要旨，这应是肯綮之判。然则，孔子、孟子的圣人之思，非不知其然也，知其然而且知其所以然也，他们在主张天讨的同时，在合理性、合法性外，更有其仁义的道德期待。但在帝王的实践中必然大悖其道，因此他们用先王之历史比列陈情：汤武代桀，不予诛杀，而仅迁囚南巢。[37]比较武王伐纣，血流漂橹，逼使商纣瑶台自焚为仁慈。事实上战争必是更加残酷的，在血腥面前，孔子以为"未尽善"，孟子则表示不相信，这都是他们内心深处慎战、非战思想的流露，可谓深文隐蔚，难以言尽。《鲁颂》、《商颂》和《大雅》、《小雅》无疑有着尚武的精神，而没有对血与火、对杀戮与死亡的赞颂，这些都为儒家之道义精神所拒绝。这就与《伊利亚特》划清了界限。

就《诗经》中的雅、颂而论，特别值得我们重视的是它们的历史价值。讲它们是"诗史"是不妥的，因为史者必须是具体时间、地点、人物征而信者，它们不具备这样的因素；但以诗佐史，它们就具有了史诗特有的意义。若论诗则缺少诗人的心灵和生命体验，虽有激励民族感情、提高民族自信的壮烈描述，但不能使人心旌动摇，为之击节浩叹。其根本原因，这些诗有的或是镌于簋鼎尊盘的对天神、天子的铭赞，有的则是王者自勉，对天子敕封爵赏的感恩。按孔子的"兴、观、群、怨"说，那是足供大观的豪言壮语，至于诗的"群、怨"的共鸣性，则付阙如。

《诗经》中能令人感动的战争诗，仍在"国风"之中。孔子为什么会选这些对战争抱有怨怼甚至恚愤之诗呢？这依然离不开儒家的基本道统，即对这些诗中描述的战争的合法性的判断。孔子所称的“礼崩乐坏”，其中“礼乐征伐不自天子出”是其核心内容。“孔子谓季氏八佾舞于庭，是可忍也，孰不可忍也。”[38]按季氏，大夫而已，竟用天子八佾之舞，这样的事都可忍的话，还有什么不可忍的事呢？当然还有更不可忍的事——征伐不自天子出。孔子之世，已是春秋末期，前三百年间周室衰微，诸侯势力坐大，而其间的争伐完全是争地争城之战，只有兵力的较量，而没有道德的善恶。至孟子之世，“仁”的信念对群霸的战争如杯水之于车薪：“仁之胜不仁也，犹水胜火。今之为仁者，犹以一杯水救一车薪之火也”[39]，不会有任何意义。孔子知其不可为而为之，他为上古的社会理想的幻灭发出“凤鸟不至，河不出图，吾已矣夫”[40]的长叹。春秋战国之世的战争发言权在王者霸主之手，战争旷日持久，永无宁日。孔子能知道的是郑燕北制之战（前718年）、齐鲁长勺之战（前684年）、晋楚城濮之战（前632年）。在他弥留之际，吴越两国的战事已进行多年，勾践在卧薪尝胆多年之后，应是一展身手的时候了。在孔子死后一年，勾践终于在笠泽之战中大败夫差，一雪会稽之耻。“春秋无义战”，这是孟子后来所作的准确的斩钉截铁的评价。“彼善于此，则有之矣。”[41]这里的“善”是两坏相较取其轻的意思，而不是孟子所一向提倡的“性善”。

在这样的战伐之中，民不聊生是自然的。热衷于战伐的群雄，又哪有时间顾得上施行“仁政”。孔子过泰山之侧，有妇人哭于墓，使子路询其故，原来这位妇人的公公、丈夫、儿子都死于虎。孔子问她：“‘何为不去也？’曰：‘无苛政。’夫子曰：‘小子识之，苛政猛于虎也。’”[42]横征暴敛应是当时的普遍现象。“季氏富于周公，而求也为之聚敛而附益之。子曰：‘非吾徒也，小子鸣鼓而攻之可也。’”[43]这季氏可说是恶霸豪绅，而孔子弟子冉求竟助纣为虐，所以孔子希望予以舆论之挞伐。《诗经》国风中的战争诗，可使我们窥见彼时民间生活之一斑，其中包括农民和身份略高于农民的甲兵武士甚而更高级一些的“虎贲”之士所承受的痛苦和灾难。在孔子看来，这些不义之战都是因为征伐不自天子出，是“自诸侯出”的，因之不是“仁政”所使然，展示它们的灾难正足以说明对“礼”的破坏所可能导致的社会性灾难。孔子删诗，真可谓用心良苦。

男子汉浴血沙场，最思念他们的当然是闺中之妇。战争诗不能忘记妇女的闺怨和战士的望乡，而往往这些诗情真意切，不忍卒读。

《卫风 · 伯兮》写一位闺中少妇怀念远征不归的丈夫，而他是一位勇武过人的豪杰。“伯兮朅兮！邦之桀（一作杰）兮！伯也执殳（殳杖，兵器也），为王前驱。”自“伯”走后，少妇不再打扮，她熬着，一天天倚窗等候。她希望种下相思之草，陪伴她无告的寂寞。她不断地重复念叨：“愿言思伯，甘心首疾！”“愿言思伯，使我心痗（心痛难忍）。”而“伯”呀，你在何方？寥寥四章，写出她魂牵梦萦的无尽哀伤。这使我想起唐诗“忽见陌头杨柳色，悔教夫婿觅封侯”[44]；“可怜无定河边骨，犹是春闺梦里人”[45]；“打起黄莺儿，莫教枝上啼。啼时惊妾梦，不得到辽西。”[46]虽然时隔一千余年，但对征夫的难忘忧思，如出一辙。此类诗中最是突显诗之“可群、可怨”的通感作用，而读者也往往最易有连类之想。

《邶风 · 击鼓》一诗四、五两章则是怀乡战士追述临别与妻子执手相看时声泪俱下的哀吟，使我们想起杜甫的《新婚别》的生离死别：

《邶风 · 击鼓》节选	范译
死生契阔，	记得那生同床第死同穴，
与子成说。	是我俩的誓词，情真节烈。
执子之手，	离别时我紧执你的双手，
与子偕老。	与你同在人世，直到鬓染霜雪。

于嗟阔兮，	可悲叹哪，我们如此的阔别，
不我活兮。	不能生活在一起，啼鹃泣血。
于嗟洵兮，	可哀伤啊，我们隔离越来越远，
不我信兮。	不能信守誓言，忧思哽噎。

《唐风·鸨羽》一诗是诗三百中最令人心酸的诗篇，农民所求甚微，只是可怜的温饱之梦，而这一点希冀，终于幻灭。文学作品中小人物的痛苦是更令人揪心、令人同情的。

《唐风·鸨羽》节选	范译
肃肃鸨羽，	大雁在长空飞翔，肃肃其羽，
集于苞栩。	栖息于密密的栎树。
王事靡盬，	王事如此地无尽无休，
不能艺稷黍。	我不能在家园种稷植黍。
父母何怙？	无法奉侍父母，我有苦难吐，
悠悠苍天！	啊，老天爷！
曷其有所?	何时才有我安定的居所?
…………	…………
悠悠苍天，	啊，老天爷！
曷其有极?	何时你能克制而止步?
…………	…………
悠悠苍天！	啊，老天爷！
曷其有常?	何时给我正常的去处?

既然彼苍者天把一切荣华富贵都给了王者，把一切痛苦灾难都给了农民，那么农民向“天”提出叩向，并把“天”推上审判台是很自然的。

孔子当然知道天意苍茫，可敬可畏，然而替天行道的是成汤、武丁、周文王、周武王。在《鲁颂》、《商颂》中，“天”是那样广大蔚蓝，而春秋战国之季，“自诸侯出”的战伐却使“天”变得那么阴霾昏暗。这里，我们试图分析春秋战国之世，“人性”作为社会本质存在的发现。“人性”云者，人之为人的基本原始属性也。“食色，性也。”[47]——人皆有饮食男女之欲，有恋生怖死之情，“人皆有所不忍”，“人皆有所不为”[48]，等等。对这些基本属性的发现，在孔孟之前几乎是一片空白。孔子和孟子都希望通过自身的不断完善以达到真正的“人”的境界。“克己”是为了删尽一切非礼的成分，然而前面已谈及做到“志士仁人”的难度，那么，对普通人存有爱心和宽恕，则是“仁人”的本分。樊迟问仁，子曰：“爱人。”[49]“先难而后获”[50]，“养民以惠”[51]，“夫子之道，忠恕而已矣”[52]。能这样做到推己以待人，把困难留给自己，从而使人民得到实惠，这一切都说明从奴隶制向封建制转型之后，思想家的民本思想萌芽。孟子提出“民为贵，社稷次之，君为轻”[53]的最著名的民本睿语，其根本目的还是替天子着想。因为他接着说，能如此则“是故得乎丘民而为天子”[54]。民众的信任，在这里几乎与天帝的使命取得了同样重要的地位。孔孟一切慎战的思想都来源于对不义之战的本能拒绝。而孔子删诗，所以能留下这些感人至深的“国风”，也是基于其倡导民本的思想。如果不是孔子对这些征夫、怨妇怀着忠恕之情，我们今天就不会读到如此富于“民主性的精华”的章句。

《诗经·国风》中最为我所激赏的战争诗应推《秦风·无衣》三章：

《秦风·无衣》三章	范译
岂曰无衣？	谁说你入阵无衣？
与子同袍。	我和你共此战袍。
王于兴师，	王者号令着大军，
修我戈矛，	整顿起我的戈矛，
与子同仇！	我共你雪耻情豪。
岂曰无衣？	谁说你入阵无衣？
与子同泽。	我和你衫共汗泽。
王于兴师，	王者号令着大军，
修我矛戟，	整顿起我的矛戟，
与子偕作。	我与你共止同起。
岂曰无衣？	谁说你入阵无衣？
与子同裳。	我和你共此裳衿。
王于兴师，	王者号令着大军，
修我甲兵，	整顿起我的甲兵，
与子偕行。	我携你并肩前行。

这首诗引发出春秋时的一段故事，让我们再回忆一下那开口不饶人的明朝遗民归庄老先生。他在《击筑馀音》中写道：

（南明王朝——作者注）没一个建义旗下井陉的张天讨，没一个驱铁骑渡黄河的把贼胆摇，没一个痛哭秦庭效楚包，没一个洒泪新亭做晋导，没一个击江楫风涌怒涛高，没一个舞鸡鸣星净月痕小，没一个喷贼血截舌似常山杲，没一个守孤城碎首〔齿〕在睢阳庙。大都是鹤唳风声预遁逃，把青、徐、兖、济双手儿送得早。

他在列举历朝历代的英烈的同时，对南明逃亡政权的怯懦痛加鞭笞，其中“没一个痛哭秦庭效楚包”，便是直接引用的《无衣》一诗的典故。

这首诗是秦哀公应楚臣申包胥之请，出兵救楚拒吴而作，托为秦民歌，以普通士兵相互援手口气写出。国与国之间竟能如此，则申包胥的人格力量起了大作用。吴王阖庐与伍子胥伐楚，楚败绩，郢都失守，楚昭王派申包胥使秦求救兵。秦王起先虚与委蛇，申包胥水米不进，立于墙庭而哭，七日，“秦哀公为之赋《无衣》，九顿首而坐，秦师乃出。”[55] 秦王发兵救楚，义也；申包胥誓死求兵，诚而忠也。孔子以此感动，虽为诸侯之战，《无衣》未删而存，这在孔子是一个例外。不义之战中未必没有人格上可称许的人与事，这诚如孟子所说，“彼善于此，则有之矣”。在吴楚之争中，楚“善于”吴，是可作如是观的。楚，两坏相较之轻者也。《无衣》一诗正是因此而得以流传千古。撇开诗的本义而言诗，《无衣》则是音调铿锵、凛然大义的典范作品。“与子同袍”四字成为古往今来战争中唇齿相依者、利害相共者、同仇敌忾者的誓词。有此四字，一切都涵盖其中，飘风发发，令人顿生壮烈大义的情怀。战争之诗抒写至此，天下之能事毕矣。

《诗经》还有一首含有悲凉而不失豪情的是《邶国·式微》一诗两章：

《邶风·式微》两章	范译
式微式微，	天已黝暗，天已黝暗，
胡不归？	何不归我的梓桑？

微君之故，	倘不为效力王者的缘故，
胡为乎中露？	我何以餐风而饮露？
式微式微，	天已黝暗，天已黝暗，
胡不归？	何不归我的梓桑？
微君之躬，	倘不是王者忧思在躬，
胡为乎泥中！	我何以涉足于泥中！

近代于古诗独具慧眼的吴闿生先生曾盛赞此诗："诗特悲愤，旧评英雄之气，中荩（中，通忠，中荩之臣，忠臣也）之谋，有中夜起舞之意。"[56]足见此诗非一般下士之作，而是具有英雄气概的勇士（虎贲者流）之作，对王事富于责任心，有祖逖闻鸡之概。其愤不在王事，而在敌手，有忠于王事的意味，故吴氏称"中荩之谋"。这首诗本事无考，其忠君之思，显然为孔子所欣赏。然而，以诗本身言，"式微式微，胡不归"一句亦复成为吾民族的优秀语汇，而为千秋诗人所咏唱。

上述二诗（《无衣》、《式微》），以鲁迅先生论艺"看人生因作者而不同，看作品因读者而不同"的观念读之，更见诗无达诂的意义。它们为读者留下广阔的空间，任后之来者补充，正不必斤斤于诗之本事而评诗之优劣。

笔者更欲以《诗经・小雅・采薇》一章来略述《诗经》之语言特征。这首诗描述守卫中国的战士戍役之苦。这是正义之战，其道德之旗固然在望，但这也不排除戍卒个人的怀乡之情。而最后四句迂回咏叹，转而有"匈奴不灭，何以家为"的隐然豪情，平淡中和而有深意在焉：

《小雅·采薇》节选	范译
采薇采薇，	采薇呀采薇，
薇亦作止。	这薇菜生发按时。
曰归曰归，	说有归期，不闻归期，
岁亦莫止。	岁已云暮，春来何迟。
靡室靡家，	没有室啊没有家，
猃狁之故。	猃狁骚扰，可惧可危。
不遑启居，	席不暇暖，又得驱驰，
猃狁之故。	猃狁猖披，可惧可危。

中国战争诗从源头开始，不作暴力血腥之直观描写，含蓄蕴藉而言尽意永，《小雅·采薇》一诗可作典型。昔李商隐《上河东公启》有句云“常有辛酸，每嗟漂泊”，又云“方思效命旌旗，不敢载怀乡土”，今借以评《小雅·采薇》，义山不亦“涕泪犹存上古人”，视春秋戍边之士为同怀乎？

“乐而不淫，哀而不伤”，固然是孔子对《周南·关雎》一诗的评价，然而从孔子整体审美趣味而言，对疾言厉色、有失温柔敦厚的话语作风，从来有本能之厌恶。上述诸诗有哀思、有怨诽、有愤怒，但绝无张狂而失态。《诗经》，当然有风诵、规讽、美刺的作用，既然“依仁”是君子道德完善的根据，那么仁人之风也应在诗的审美实现过程中体现词温义美、好色而不淫、怨诽而不乱的话语风格和仪容，因之“暴力话语”极少见于《诗经》，或者根本没有，包括战争诗也不例外。孔子删诗的审美标准两千五百年来影响并形成中国诗歌的最重要的民族特色，进一步与古希腊的诗歌传统分道而扬镳。

“何谓传统？质言之，传统就是人类的集体记忆。”[57] 这记忆至大至广，横无际涯；这记忆无所不包，上下咸宜。其实，讲一个时代的思想即统治者的思想是不确的。传统，它像不断的触须向一切空间包括各阶级、各阶层、各种社会形态延伸；它像无量的光源，在无始无终的时间里，从上古向中古以至近代渗透。没有任何旷世的天才可以说他彻底摆脱了传统。我们生活于传统的长河之中。传统，是我们孩提时的摇篮，是我们少年时的模式，是我们成熟时的起点，是我们推进时的对象，是我们欣慰时的祥霭，是我们沮丧时的依恃。它教我们爱，教我们恨；教我们生，教我们死。它将如影随形，陪伴着我们终此一生。我们当然不会躺倒在传统之上，而且传统中就有弘毅精神教导我们做任重而道远的积层性的创新者、发展者。但如果说古往今来一无成就，起跑之线只在脚底，就不免狂悖无度、有伤大雅了。文化上的"革命"、"大革命"、推翻、颠覆云云，在历史上劣迹斑斑，直到今天，后现代主义的所有文学、艺术都难逃"怪力乱神"的大限。

中国在1840年鸦片战争之前，基本上是一个自给自足的农业大国，恋土重迁，文化得以传承。保持稳定、采取守势是其基本国策。而"尚文"与"尚武"乃是相辅相成的治国双面刃。中国受侵扰、受欺凌则是从未间断的历史现实，因之对外战争无疑带有保家卫国的意义。一座万里长城是历史留下的硕大无朋的符号，它庄严地告诉人们，这里面住着的是奉行着"仁"和"礼"的、己所不欲勿施于人的、有着高度道义理性的古代文明的民族。它的先贤大哲曾是那样苦心孤诣、理想主义地勾画着人类社会的太平世界。而西方一位哲人却妄称它是"半野蛮人"，那是由于他对东方文明认识的浅陋所致。中国的文人也不是都像本人画面上的那种清逸散淡之辈。文人能骑射战伐，那才是完美的文人："酾酒临江，横槊赋诗"的是曹操；"杖剑去国，辞亲远游"的是李白；"左牵黄，右擎苍"的是苏东坡；"把吴钩看了、栏杆拍遍"的是辛稼轩；"当年万里觅封侯，匹马戍梁州"的是陆放翁。清代曾国藩麾下的将领胡林翼、彭玉麟、左宗棠、李鸿章、张廉卿、俞樾，谁不是文人、不是诗文高手？他们是典型的儒将，修、齐、治、平，达到"内圣外王"是他们的生命目标。如果不“尚武”，中华民族早是“人为刀俎，我为鱼肉”，在历史上消失了。东方的或西方的，凡残我百姓、夺我土地、掠我金银、抢我妇女的，那才真正可称为“野蛮民族”。文明和野蛮，不在兵器的先进与落后，船坚炮利不是文明的载体，而在于精神上是否关注了普遍的人性，在行为上是否奉行真正的人本主义。

近百余年来中国积贫积弱，遍体鳞伤，这样的历史是一去不返了。中国是世界上所有文明古国中唯一留下的、不曾改变文化品种的、千秋一脉相承的国家，之所以能如此，还在于它的确是块啃不大动的硬骨头。

当尚武是为了自我防范时，它就化为中国的以柔克刚、将欲弱之必固强之、天下之至柔驰骋天下之至坚的伟大尚文哲理。因为我们要保卫的是我们的优秀文化，我们最终的目的是文化的胜利。当然，满人今天是我们中华民族大家庭的一员，然而当初却是女真族对汉族的侵犯。满人入关二百七十年的统治，结果是他们被汉文化所征服。这里面不存在阿 Q 的精神胜利法，但却对我们有一种深刻的启示：力可以得天下，不可得吉光片羽之文化。当纳兰性德写着那样美妙的汉诗时，我深深感到他在精神上对汉文化的崇拜、认同和融入。

从中国诗的源头《诗经》所刮起的尚武精神的雄风，一直是屈原《国殇》，汉乐府中的战诗，三国时曹操、陈琳、蔡琰之论战的叙事抒情诗，梁陈之际庾信的拟乐府，鲍照骈体赋中之战伐歌吟的精神源泉。到了唐代，军旅诗蔚为诗坛之大观，成为盛唐气象的文学大纛。其间王昌龄、王维、李白、高适、岑参、杜甫、卢纶皆称诗中巨擘。而当时诗人与边塞将领似乎有着特别深挚的情感，如高适之与哥舒翰，岑参之与高仙芝，杜甫之与严武。我们不能以为文士之进武幕都有着“释褐”（脱去平民布衣而换上官服）的功利目的。即使有之亦何妨？立德、立功、立言本是中国文人“三不朽”的人生传统观念，而唐军旅诗人绝大多数则是出于保国安边的“揽辔登车”之宏愿。

战争是人性的大展示。在人类社会的所有运动和事件中，没有什么能比战争更全面、彻底地展示人性中的美和丑，善和恶，真和假，忠与叛，孝与逆，勇敢和怯懦，舍生取义、杀身成仁和狼狈为奸、狗偷鼠窃。当人们面对生和死的终极抉择时，其灵魂洞若观火。中国的诗如果没有战争，没有战争正义性的精神支柱，没有我们民族的道德、伦理的审美判断，没有我们民族尚文与尚武精神的高度谐合，我们就读不到岳飞的《满江红》、文天祥的《正气歌》，读不到辛稼轩的“凭谁问，廉颇老矣，尚能饭否”、陆放翁的“此生谁料，心在天山，身老沧洲”，读不到郑成功的“开辟荆榛逐荷夷，十年始克复先基”、林则徐的“苟利国家生死以，岂因祸福避趋之”，读不到徐锡麟的“只解沙场为国死，何须马革裹尸还”、蔡锷的“军中夜半披衣起，热血填胸睡不安”这些气吞山河、以身殉国的卓越诗篇。一个缺少脊梁的国家将无法成为自立于世界民族之林的伟大国家，而一个没有博大恢宏的道德光照的民族，也不可能有不朽的文明历史。

上面提及的诗人英雄，都曾深受我们优秀文化传统的熏陶，其中如岳飞的结局则是道德完美的最高境界。他们度过了壮烈的英雄生命历程，而且是一种激越的诗意的生命历程。

笔者之所以重点论述战争与《诗经》，为的便是展示朱熹的名句“问渠那得清如许，为有源头活水来”的中国战争诗优秀传统，从而知道民族自信不是徒托浮辞的空言，而是来自我们列宗列祖的铮铮傲骨和凌凌风威所铸就的伟大民族性。在21世纪这混乱而失序的世界上，中国将会是挽狂澜于既倒的伟大力量，载人飞船的成功，被西方媒体誉为“新的宇宙帝国”，然而，这项令人振奋的消息只会给人类带来和平、繁荣的福音，绝不会带来多余的烦恼。我们坚信如此！

范曾　癸未秋月

于北京抱冲园

注释：

①《新唐书》卷二二五《黄巢传》。
②《老子·三十章》。
③《晋书》卷五《愍帝纪》。
④ 归庄《击筑馀音》。
⑤ 孔子注《春秋》，载自鲁隐公元年（前772年）至鲁哀公十四年（前481年）计二百四十年历史。
⑥ 指孟子。峄山地处邹邑，孟子家乡。
⑦ 归庄《击筑馀音》。
⑧ 严羽《沧浪诗话》。
⑨ 李斯《谏逐客书》。
⑩ 贾谊《过秦论》。
⑪《论语·为政篇第二》。
⑫《尚书·舜典》，《尚书》传为孔子所编。
⑬《论语·阳货篇第十七》。
⑭《论语·颜渊篇第十二》。
⑮《论语·子路篇第十三》。
⑯《史记·孔子世家》："古者《诗》三千余篇，及至孔子，去其重，取可施 于礼义……三百五篇孔子皆弦歌之，以求合《韶》《武》《雅》《颂》之音。"
⑰《论语·卫灵公篇第十五》。
⑱《论语·述而篇第七》。
⑲《论语·雍也篇第六》。
⑳《礼记·礼运》。
㉑《礼记·王制》。
㉒ 参见《礼记·曾子问》。
㉓《左传·昭公七年》。
㉔《论语·泰伯篇第八》。
㉕《论语·颜渊篇第十二》。
㉖《论语·子路篇第十三》。
㉗《论语·卫灵公第十五》。
㉘《孟子·第六篇告子章句上》。
㉙《孟子·第六篇告子章句上》。
㉚ 王国维《人间词话》。
㉛《老子·第三十一章》。
㉜《列女传》。
㉝《论语·八佾第三》。
㉞ 屈原《离骚》。
㉟《孟子·第七篇尽心章句下》。
㊱《论语·季氏篇第十六》。
㊲《尚书·商书·仲虺之诰》："成汤放桀于南巢，惟有惭德。"意思是把桀逐放南巢，成汤内心却有羞愧，其仁慈若此。
㊳《论语·八佾篇第三》。
㊴《孟子·第六篇告子章句上》。
㊵《论语·子罕篇第九》。

㊶《孟子·第七篇尽心章句下》。
㊷《礼记·檀弓下第四》。
㊸《论语·先进篇第十一》。
㊹唐王昌龄《闺怨》。
㊺唐陈陶《陇西行》。
㊻唐金昌绪《春怨》。
㊼《孟子·第六篇告子章句上》。
㊽《孟子·第七篇尽心章句下》。
㊾《论语·颜渊篇第十二》。
㊿《论语·雍也篇第六》。
51《论语·公冶长第五》。
52《论语·里仁篇第四》。
53《孟子·第七篇尽心章句下》。
54同上。
55《左传·定公四年》。
56吴闿生《诗义会通》。
57范曾《毋忘众芳之所在》。

童心论

因了明代出了一位桀骜不驯的奇才李贽，著了一篇名标千古的《童心说》，五百年来争议论说不断。李贽是一位汪洋恣肆的人，对先贤往哲的不恭，大似战国时的庄周。于是重礼而主敬的大儒们，对李贽的“不敬”往圣是有些恼怒了。我们知道，李贽是一位爱骂人的先生，但他自己似乎也知道社会上的物议，干脆著《三蠢记》以描述当时的岁寒三友：定见、深有和李贽。此三人者，李贽皆称之为“蠢物”。李贽爱骂人，而定见、深有不惟不恨李贽，反而亲善之，李贽则自诩，“以我口恶而心善，言恶而意善也”。

细审之，李贽的《童心说》有几点确乎是他敏锐而智慧的创见：

一、“童子者，人之初也；童心者，心之初也。”

二、童心是会遽而丢失的，当此之时，“童心既障，于是发而为言语，则言语不由衷；见而为政事，则政事无根柢；著而为文辞，则文辞不能达”。

这第一段是界定一下童子和童心。李贽以为，童子是年龄之界标，是

"人之初",而"童心"则与年龄无关,李贽说童心乃是"绝假纯真,最初一念之本心"。

李贽此处所强调的是童心本真说,与孟子性善之说本无龃龉。孟子以为那不学而能的为"良能",不虑而知的为"良知"。在他论述恻隐之心——仁、羞恶之心——义、恭敬之心——礼、是非之心——智的时候,以为这是"性"中已具其端的"根本善",乃"性"之所固有,非本来无有而勉力得之者。李贽的"最初一念之本心"——童心之丧失,与荀子的性恶说则殊途而同归。荀子以为人生就的本性是恶,是"不事而自然"的存在,那是已经完成了的自在之物。恶向善转化则须要学习。李贽说,如果你遇到不是"真正大圣人童心未曾失者",那你便会遇到三种不测的危机:一、"有闻见从耳目而入,而以为主于其内而童心失。"二、"其长也,有道理从闻见而入,而以为主于其内而童心失。"三、"其久也,道理闻见日以益多,则所知所觉日以益广,于是焉又知美名之可好也,而务欲以扬之而童心失;知不美之名之可丑也,而务欲以掩之而童心失。"也就是孟子所谓"良知"、"良能"的丧失,即那人生已具其端的"根本善"的丧失。李贽所说的三种不测的危机,则是荀子"不事而自然"的罂粟之花、魔鬼之果。

荀子讲,人性之初本身已恶矣,向善则须学习,不学习则恶果是自然的;李贽则说,人心之初——童心是善的,然则学而不当则恶——童心失。荀子是不学则恶,李贽是学而不当则恶,虽本初径庭,而后果则一。中国古人学未尝不博,所缺者往往是逻辑,影响了他们审问的精当和明辨的准确。孟、荀、李贽之间,恐怕本质上都有相通之处。

如果我们将童心理解为本真之性,那么在此领域谈得最彻底的还是东周时代的老子和庄子。他们共认为当下的自然状态即绝对之善。天下之所以有"善"与"不善",乃是混沌的大朴已散、大道废除之后,滋生出仁、义、礼、智,都不是善果,都是本真之性的丧失。在他们心目之中,至善乃是任其性命之情，性命之情是自然的，而仁义之类则是人为的。庄子在《骈拇》中讲，“夫待钩绳规矩而正者，是削其性者也；待绳约胶漆而固者，是侵其德者也。”他又在《马蹄》中说：“及至圣人，蹩躠为仁，踶跂为义，而天下始疑矣。”因此，道家的终极目的是复归，复归于婴儿，复归于无极，复归于朴；是知其白而守其黑，知其雄而守其雌，知其荣而守其辱；是以柔弱而胜刚强。因循至虚极，守静笃的天道，则归本根，在老庄看来，本根之性便是婴儿、无极和朴。

或云，以《老子》之辩证法观古往今来之治乱兴亡、成败得失，后发制人，所有“无为”后面隐含的“无不为”巨大功利目的，显然离“自然状态”的“绝对的美”的境界不可以道里计，何以在有关童心的论述中竟会发现老子的透辟和周赡？固然《老子》书是一部不可比量的大策略的著述，他的“挫其锐，解其纷；和其光，同其尘”（《老子·第四章》），“天地之间，其犹橐籥乎？虚而不屈，动而愈出。多言数穷，不如守中”（《老子·第五章》），“圣人处无为之事，行不言之教。万物作焉而不辞”（《老子·第二章》），此中固有种种处世为人的透彻之说，可谓慧智；又如“夫唯不争，故天下莫能与之争”（《老子·第二十二章》），“大直若曲，大巧若拙，大辩若讷”（《老子·第四十五章》），“将欲歙之，必固张之；将欲弱之，必固强之；将欲废之，必固兴之；将欲取之，必固与之”（《老子·第三十六章》），这一切简直证明了老子是一位老谋深算的大策士，治国平天下，老子绝不会稍稍让孔子专美于世。正因为老子深知物极必反，故提出“柔弱胜刚强”，“人之生也柔弱，其死也坚强。万物草木之生也柔脆，其死也枯槁。故坚强者死之徒，柔弱者生之徒。”（《老子·第七十六章》）老子看清了宇宙万有包括社会人生的发展，他发现，生命的婴孩时期，虽然柔弱，却包含着无穷的活力，未来绝对属于他，柔弱必然取代坚强，而宇宙万物在坍塌垂危或老朽衰败的时节绝对是坚硬而枯槁的。我们所应做的是甘于居卑而处微、功成而身退。复归于婴儿者，乃阅尽人间春色之后的返璞归真，使自己真正做到“为而不争”（《老子·第八十一章》),老子所谓“婴儿之未孩”者,童心也,无争之心、混沌之心也。(《老子·第二十章》)“我愚人之心也哉!沌沌兮。俗人昭昭,我独昏昏”,也许郑板桥爱题的“难得糊涂”正是这种老子式的大慧智。“慧智出,有大伪”,我们很容易误以为这种聪明之后的糊涂是“大伪”的所在。我想,这种理解是不公正的。倘若然,老子正可以不说,郑板桥正可以不写,免生俗世置喙。学会看古人之文,知其良苦之用心,是会看书、看懂书的基本条件。

在此我们就可以仔细地鉴赏我画的《老子出关》了。那老子慈眉善目,潭壑碧水似的眼神,表明他无与伦比的智慧,正所谓情深而不诡,风清而不杂者也。而天下第一等的难事,是既有大智慧而又避免了大伪的浸染。从那飘拂的须眉和身在化外的情态,我们似乎可以回忆那《道德经》八十一章的全部内容。这些内容无异是一部心灵的实录,它终极的皈依,乃是“人法地,地法天,天法道,道法自然”的根本回归。那于牛侧踏歌的童子,神情清纯,气质非凡,那是具备了孟子“善之端”的少年,也可以说是克除了荀子本然自在的“恶”,经历了善的修为的一种当下的至善。你们不难看出,一幅好的中国画,必须根植于民族文化的沃土,它是历史的、哲学的而又是高度笔墨技巧的展示。

初心——童心,在孟子和荀子那里的区别是可以统一的。孟子说的是“善之端”,并未保证其永善。而荀子也不曾否认已然的恶向善的转化。西方古代民谚说,上帝造人时,一半是魔鬼,一半是天使。而近代科学的 DNA 和 RNA 基因,未来必可分析出善的和恶的构成基因之不同。孟子和荀子如果在战国之时,有如此高度的生物学修养,他们会携手而笑。孟子说,当我称性善的时候,那恶的DNA和RNA在休眠。荀子说,当我痛恨本然存在的恶的时候,那善的DNA和RNA也在休眠。今天,人类唯一最大的修为,不在身外的一切,而在身内,而在于心,让恶的基因休眠吧!时间孔亟,不能久待,一旦全人类在核武器的轰鸣中同归于尽的时候,那就还得再等亿万斯年,出现新的物类。那和人类当然不是一回事,等待他们善的基因再来扼制恶的基因,那已是不用我们着急操心的事了。人类呀，难道我们不能同心同德地将身内的基因趋向于善？这已是拯救地球和人类的唯一通道。契约？世界曾有这样那样的契约，即使将来有全世界的和平宪章，而它对于“道法自然”的伟大皈依，不过是废纸。心灵的事只有用心灵的方法去解决，你会相信那些契约吗？因为签订那些契约的有天真的浮士德，也有穷凶的摩菲斯特。

主宰宇宙的永远是善，惟其如此，才会有天地之大美展现在我们眼前；“恶”，即使会得逞于一时，但宇宙的大规律是使它速朽，不得永年。“飘风不终朝，骤雨不终日。孰为此者？天地。天地尚不能久，而况于人乎？”(《老子·第二十三章》)所以老子希望人们能做与天地道德同步的事，过一种“见素抱朴，少私寡欲”(《老子·第十九章》)的生活。

至此，我们大体知道此文之标题“童心论”的涵义。“童心”二字只为方便明晰而摘取之，且童心二字代有贤者使用，似已然有甚多附加之深义在。其实，“童心”可以视为中国亘古至今一个不朽的永恒命题，“童”与大人、圣人，“童”与天地、宇宙、本初、朴、无极有并列不悖之义，可谓同性而异名。古人就心、性、情(张载)、性善(孟)、性恶(荀)的种种议论发明，都有张载所见到的大气迁流，万象纷陈，“民吾同胞，物吾与也”、“无一物非我”的感慨。童心者，大人之心也，圣人之心也，岂其有他哉？那是无瑕无疵、无邪无垢的心灵境域，那是一个纯粹高洁的代号，是追逐之象征，而非辩说之结果，亦宛若孔子之“仁”，也是一种道德的标示，即人生最高的当然准则，那也是无须辩说而后的存在。

论及“童心”，必论及中国作为士的阶层道德的构建。在此我们必须提及的有宋明理学家张载、朱熹和王阳明。

谈及张载，我们当然知道他是宋代理学的划时代的大师，他的成长过程中，似乎与我们范家有着一定的渊源。年轻时，张载崇拜先祖范仲淹，他啸聚了几个有血性的哥儿们弟兄，要与党项人一拼，收复洮西失地。范仲淹大概看出这书生还是回去读书为好，这次的劝阻，的确为中国史留下了一个大哲学家，而少了一介匹夫之勇的武士。从这件事却看出了张载的童心。

在张载看来，人性有二，一曰本然之性，这是天地宇宙的全体之性，是一种“纯善”之性；一曰气质之性，在宇宙大气迁流中（或如现代天体物理学之大爆炸所引致的冲击波），各种物类形成，“纷总总其离合兮，班陆离其上下”，物类既异，气质且殊，因此气质之性有善有不善，而这种有善有不善的气质，同样存于人性之中。张载看来，以上所述之性是根本的，有性矣，复有知觉，便成为心。这心包含了性（纯善之性和气质之性——有善有不善之性），性之发为情，情亦在心中。这时我们还不可以认为这“心”便可称“童心”，在气质没有修为之前，称之为“童心”还过早。他在《理窟·气质》中说：“人之气质美恶与贵贱夭寿之理，皆是所受定分。如气质恶者，学即能移”。在张载心目中，人生头等大事是变化气质，这变化的是“气质之性”。而与此同时，要悉心呵护天地之性。人人都有与宇宙全体之性同在的纯善之性，这种反省自明的作圣的工作，能使“天道合一，存乎诚”(《正蒙·诚明》)。这儿与天道合一的性，便是我们要证明的“童心”了。“童心”原来便是天人合一的伟大胜果。当人性中保持住了张载所称的天地本然之性，又诚恳地进行了气质的变化，那就做到了洛阳二程所说的“天地本无二，何必言合”的无间隙(《河南程氏遗书·第六》)的天即人、人即天的境界。在这里，“童心”化成了一种宇宙最本然的存在。体现了这种大存在的是为大人、圣人。

由此引出一位大人、圣人，那就是南宋的大理学家朱熹。在奸佞当道、残害忠良的时节，宋宁宗朝发生了“庆元党禁”，首当其冲的是良臣赵汝愚和大儒朱熹。党禁迫害变本加厉，朱熹之学由“伪学”而为“伪党”，由“伪党”而为“逆党”，群丑蹀躞跳荡，丑态毕现。而于风云之中，有两位足具“童心”者在焉：朱熹和辛稼轩。辛稼轩虽与党禁之祸无涉，但他是朱熹的好朋友，习相远而性相近，而且都具备着“含德之厚，比于赤子”的一颗纯粹不染的童心。

有了这样的童心，他们就柔弱胜刚强，“毒虫不螫，猛兽不据，攫鸟不搏。骨弱筋柔而握固”(《老子·第五十五章》)。朱熹处变不惊，临危不惧，在险境中安坐教席，拂麈而谈经，在从容的应对时变中去世。迟暮的英雄辛稼轩哭拜于朱熹墓前，写下了“所不朽者，垂万世名。孰谓公死，凛凛犹生”(《宋史》卷四百一《列传》第一百六十)的名句，还写下了“算不如闲，不如醉，不如痴”(《行香子》)的痛疾时弊的词句。《老子》书有云：“赤子”终日“号而不嗄(shà，啼极无声)，和之至也”。辛稼轩为了朱熹所作的愤怒呼号，不止终日而不嗄，而且亦当千秋而不嗄。

朱熹的著述，有一部专谈为人之气质、气象者曰《近思录》。宋代的理学家是重气质、气象的。张载之论已如前述，又如洛阳二程则说：“人须当学颜子，便入圣人气象。”记得《论语》有关颜回的有：“吾与回言终日，不违如愚。退而省其私，亦足以发，回也不愚。”(《论语·为政第二》)“回也闻一以知十。”(《论语·公冶长第五》)“回也，其心三月不违仁，其余则日月至焉而已矣。”(《论语·雍也第六》)“贤哉，回也！一箪食，一瓢饮，在陋巷，人不堪其忧，回也不改其乐。贤哉，回也！”(《论语·雍也第六》)看出了颜回的君子儒雅风范和内美修能，也看出了他的刚毅木讷。进问之，颜回“不改其乐”，其乐为何？——真正地能行仁，“仁远乎哉？我欲仁，斯仁至矣。”(《论语·述而第七》)时刻“欲仁”，那便是推己及人，力行忠恕，不以巧伪以赢人心，那便是颜回的至极快乐，乐以忘忧，仁者不忧，便入于圣人气象矣。“不违如愚”，似听话之学子；“闻一以知十”，绝对是聪颖之学子；“三月不违仁”，有弘毅精神之学子；“一箪食，一瓢饮”，固力行而克己复礼之学子。瞻其气质，“如婴儿之未孩”，而视其气象，炎炎其扬灵之大哲也。微颜回“童心”具足为无疑者矣。朱熹对孔子、颜回、孟子有精辟简赅的评语，云：“仲尼，天地也；颜子，和风庆云也；孟子，泰山岩岩之气象也。”(《近思录》卷十四)“仲尼无迹，颜子微有迹，孟子其迹著。”(《近思录》卷十四)朱熹唯言其状态之不类，而并不欲辨其高下轩轾。

朱熹又谈到张载：“先生气质刚毅，德盛貌严，然与人居久而日亲。其治家接物，大要正己以感人。人未之信，反躬自治，不以语人。虽有未喻，安行而无悔。故识与不识，闻风而畏。非其义也，不敢以一毫及之。”(《近思录》卷十四)童心之广大精微，已如上文；进言之，童心既是圣心，即不是“浅心”。浅心者，幼稚浅薄之心也。修持圣心，当非易事，圣心难用浅心求也。朱熹与陆象山之辩，朱氏每讽陆氏之学如禅，成圣过易则貌似醍醐灌顶，实玄远而神秘，要非成圣之道。

论及童心即大人之心、圣人之心，我们自然必须引出一段极深刻鞭辟入里之说，这就是王阳明的《大学问》，文云：“大人者，以天地万物为一体者也。……是故见孺子之入井，而必有怵惕恻隐之心焉，是其仁之与孺子而为一体也。孺子犹同类者也，见鸟兽之哀鸣觳觫，而必有不忍之心焉，是其仁之与鸟兽而为一体也。鸟兽犹有知觉者也，见草木之摧折，而必有悯恤之心焉，是其仁之与草木而为一体也。草木犹有生意者也，见瓦石之毁坏，而必有顾惜之心焉，是其仁之与瓦石而为一体也。是其一体之仁者，虽小人之心，亦必有之。是乃根于天命之性，而自然灵昭不昧者也。”这其中王阳明又高宋儒一筹者，在于他的格物而致良知之说，是广大慈悲、无限恻隐，未必只限于大人和圣人，即小人、鸟兽、草木、瓦石亦可致良知，于天地宇宙间亦皆属一体，而王阳明以为做不到一体的根本原因在于“己私未忘”。王阳明对孔子的“仁”进一步阐释为天人一体、万物一体。其实，从王阳明的述说中看出他真正的童心未泯，连鸟兽、草木、瓦石在王阳明眼中都是有生命、有感觉、有“天命之性”的，这在张载、二程、朱熹的学问上似有进步，故称“大学问”。王阳明在这里成了中国哲学史上更大的存在，同时他的学说将会为这童心沦丧的世界带来无穷尽的好处，他说：

范曾与夫人楠莉踏雪

庭有鹤

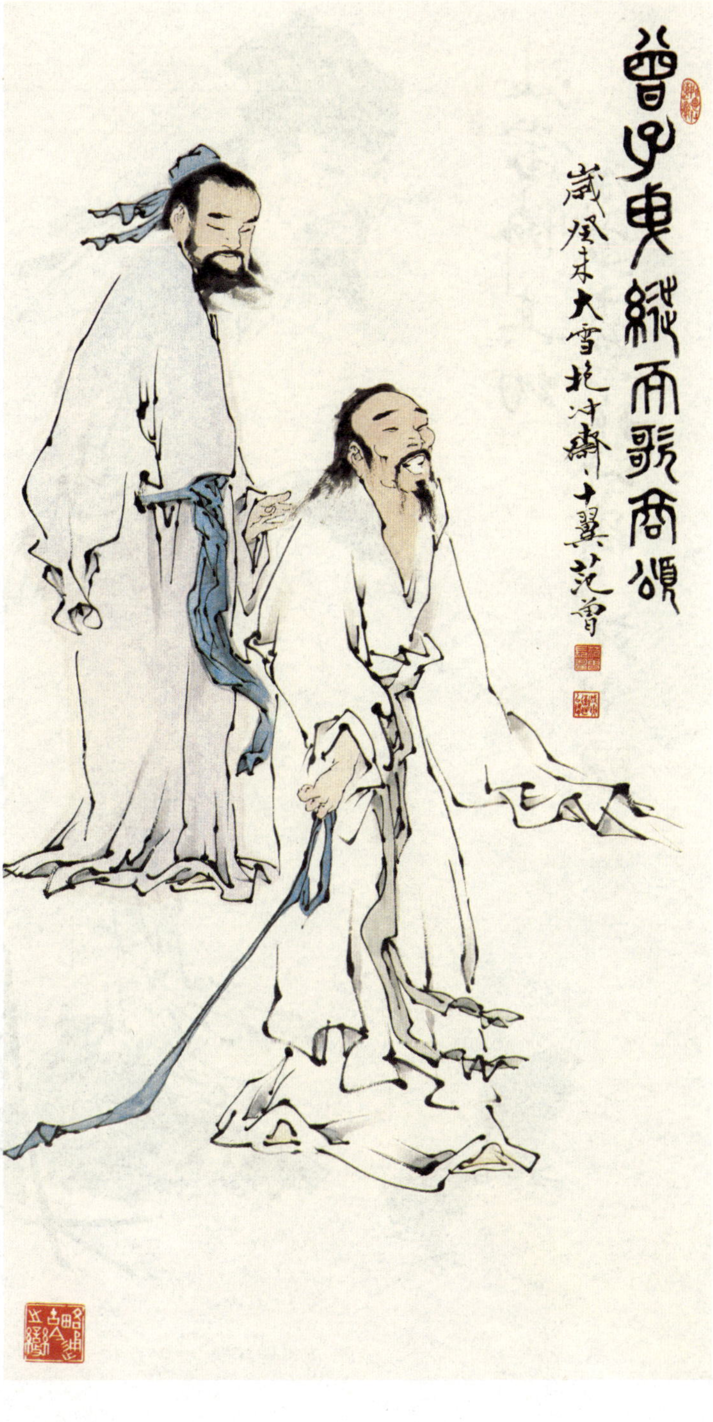

曾子曳继而歌商颂

汝当怜其幼

君子临渊羡而不渔

有所思

相看两不厌

邻家有善犬

> 夫圣人之心，以天地万物为一体 …… 天下之人心，其始亦非有异于圣人也，特其间于有我之私，隔于物欲之蔽，大者以小，通者以塞。（《答顾东桥书》）

人皆可为圣贤，天下人“皆其昆弟赤子之亲”，这是对人类自身净化、相互关系淳和、讲信修睦的崇高祈祷。五百年过去，人类竟如何？还有人从内心到行为崇尚王阳明的伟论吗？有的，中国目前正是如此在努力着。

以上对“童心”之内涵界定已对李贽《童心说》作了充分的剖析和补充。明代李贽被视为“异端”之学说，与宋明以降陆（象山）王（阳明）之学的占据学界要路之津的背景有关。然而本文所列之宋明儒家，既有重“道问学”的如朱熹，也有重“尊德性”的如王阳明。然就朱熹言，于泛观博览之外，亦未尝轻心性之学；而就王阳明言，虽唯恐读书博学适足废道之外，只为提醒学生会读书，非谓读书之果可废也。然而这两方面与本人所论述过的童心即吾心、即天地之心、即圣人之心，皆无龃龉。“尊德性”当然为的是证本心，而“道问学”何尝不是以古代文本证求圣人之心？朱子叫学生半日读书、半日静坐，目标很清楚，上午读的书，在下午的反刍中，化如吾心而不死于章句也，证求圣人之心亦证吾心也。当年鹅湖之会上，陆九渊（象山）、陆九龄（子寿）与朱熹的辩论似乎不是你死我活的路线斗争，侧重有别而已。陆氏兄弟重心性，而朱熹重义理，陆以朱之教人为支离，而朱以陆之教人为太简，但就宋学而言，在明心见性的大道理方面大概不会有根本性的分歧。

上文论及张载之重修为的“大人”境界，以为“变化气质”乃是为学的无上正觉，而朱熹则提倡“主敬”，对先贤经典、对天、对人深怀敬畏之心，则为人自有一段高逸儒雅之气。他说：“敬只是此心自作主宰处 。”意思是“敬”不来自外界的强求，只是主宰言行自身的持守。朱子以为如此，则心 存敬畏，气象自别。当一个人常具敬畏之心的时候，他就可以与天地精神无障地往还；无敬畏则有拒绝之心，无敬畏者无怀抱、无包容，则去大人、圣人日以远，童心之沦失殆尽可预卜之矣。

谈到童心和圣人之心的同性异名，不禁使我想起近世王国维词论中最具魅力的那句名言，王国维在论李煜时说："词人者，不失其赤子之心者也。"又说李煜之词"俨有释迦、基督担荷人类罪恶之意"，"赤子之心"谓未受污染、皭然不滓之童心也，而后句则称李煜有圣人之心矣。王国维于所译之尼采《查拉图斯特拉如是说》中，有查氏者对五色牛村之村民论及骆驼之性格、狮子之性格与赤子之性格时，谓赤子者"若狂也，若忘也，若游戏之状态也，若万物之源也，若自转之轮也，若第一之运动也，若神圣之自尊也"。有此七种品性(前文所谓之气象、气质)则骆驼之耐苦、狮子之咆哮不可拟之，有不可侵凌之气在焉。七种品性中前三种属"如婴儿之未孩"，后四种则属气象万千之大人、圣人也。七事备，而后我们深知本文所论之"童心"为不妄。

抬眼望，龙光牛斗，星汉灿烂；俯身察，万类繁衍，万物得时。这好端端一个风雨博施、日月随旋的宇宙，不正是不言大美之所在吗？二百年前康德就对着茫茫的六合玄想，心头升腾起"星空"、"道德"两个词，与两千五百年前大哲老子"道经"和"德经"两个词不期而遇。我们知道直至第二次世界大战前，德国还没有译本的老子《道德经》，可见康德是绝对没读过《老子》书的。然而人类的智慧有时是会有不期而遇的因缘的，不知何时何地为何携手，共逸绝尘。因为人类所面临的和所要解决的根本问题，一定是跳不出"天"和"人"两个字的。由猴子变为人，达尔文认为经历了一千万年的历史，而这一千万年比起霍金《时间简史》所讲的宇宙的历史，不过是弹指一瞬。人类是不是因了这一千万年的发展变得很伟大呢？我们如何来评价人类的文明发展史？文明和野蛮的界标是什么？今天的文明人和笛福笔下的《鲁滨孙漂流记》中的荒岛野人有什么区别？世界上被消灭的人类族群：四千年前的迦太基人、一千三百年前的苏美尔人、八百年前的党项人，他们都留下过不朽的、令人心驰神往的文明，而历史往往不公正地称胜利者为文明，而称失败者为野蛮。“优胜劣败”作为一个生物学的名词，其实是无法延伸到人类的历史范畴的。然而无论西方的和东方的大哲们，都幻想着大道之行也天下为公的、无私无嗔的、无贪无怨的太平盛世。如果说“童心论”和至大无垠的天地同在，《童心论》就近乎是本体论。我们所要开启的人类心性中的纯良无所不在，在你、在我、在他、在日月星辰、在鸟兽草木、在川泽山岳、在落叶残花、在颓垣残壁。我们看到在德国柏林街市上、在广岛二战的废墟上重建的大厦，将残墙镶嵌于建筑之中，那是一段刻骨铭心的记忆。但是人类有一个无救的恶德便是“忘却”。人类的文明和野蛮并行而不悖，因缘相仍有如孪生。五千年乃至一万年前人文肇始、混沌初开，人类从懵懂中昏昏然觉醒，从此走上了一条向死之生的不归之路。我们不禁要问，人类吵吵嚷嚷、嗡嗡营营几千年干了一些什么？现在正在干什么？所干的事，据说是从混沌走向光明！那是《庄子》书中倏和忽所干的事——将那大朴的“混沌”七窍洞开。人类多看、多听、多嗅、多味了一些东西，然则七窍开而混沌死。人类，我为你哭泣！你失去了很多很多，得到了很少很少。

张载说：“为天地立心，为生民立命，为往圣继绝学，为万世开太平。”(《张载集》)张载无疑地是宋代理学的堂庑特大的先哲，他之后的洛阳二程、朱熹、陆象山、王阳明以致明末清初顾、王、黄三杰，无不以此论为圭臬，而“先天下之忧而忧，后天下之乐而乐”的范仲淹，则是开宋代理学先河的圣哲。

由李贽的“童心说”所引发的是历史、哲学和整体文化的大议论，当人类还不知道有“童心说”的时候，“童心”已作为天地大美的存在渗透到一切领域，他和年龄无关，只和宇宙间一切美的、真实不欺的存在有关。他是光明的所在。当人类整体失去童心的那一天到来的时候，那地球将会走在宇宙的坍塌之前，掉进永夜的、万劫不复的黑洞。

英国诗人华兹华斯说：儿童是成人的父亲。

中国诗人范曾说：童心是人类的太阳。

2007年12月20日
元旦将至，以为献礼
范曾

魂魄犹在江山图

——可染恩师百年诞辰祭

在李可染先生诞辰百年之际，我们回顾一世纪来艺术的长河，真可谓千帆竞发。而于中国山水画史上，有两艘锦缆宝筏——李可染和傅抱石，已然被公认为黄宾虹以后不争的伟大存在。而且他们风格奇特，不可端倪，中国现代山水画史没有这两位大师，将会是黯然的。“信宿渔人还泛泛”的小舟再多也无济于事。于是在千帆过尽之后，我们总会仰望那峨然而在的庞然大物。今天我先放下傅抱石，谈我的恩师李可染。

可染先生的出现，有他的历史背景。当一个时代的艺术整体奔向浑浑噩噩的时候，需要圣洁的艺术；而艺术风貌整体堕入轻佻时，须要凝重的艺术：这正是李可染适时而生的缘由。

首先，画家本人有庄严法相，内心有广大慈悲，而由于淡泊，可染为人充盈着端庄，心境是撄宁的；而且由于本能的拒绝鄙俗，可染以无待的心境在喧嚣的世态中独立而不倚，自强而不息。

当可染先生朝斯夕斯、胸无旁骛地沉浸于自己宁寂而庄严的心灵王国的时候，他趋近的美便与教养合而为一。他的作品陶冶了整个一代人，还将千秋万代地陶冶下去。艺术的助人伦、成教化，不是如演说家那样带有直接的目的性。它在潜移默化之中，使人们心悦诚服，趋向社会的崇高。可染先生的艺术正是如此更内在地激励着人们的心灵。

康德在艺术上永远坚持一种观念，即诗艺是至高无上的，而绘画之所以高于音乐，是由于绘画具有诗艺的深入理念的境域。正是在此意义上，我们把李可染先生的作品视为无声之《离骚》。

康德以为绘画的审美是持存性的，而音乐则是短暂性的。在此，康德不免将具有不可比性的事物置于一处而分其轩轾。然其妙处在于康德申述了绘画于教养上的持存性，人们日积月累的有所感动。而音乐却不能如此，广大群众不会为了提高教养去背贝多芬和巴赫的乐谱，在听演奏时的激动也跟着音乐会的结束随风而逝，绕梁三月，不绝于耳者，言剩余的感动也。而可染先生的画却不同，它伟然而在，使你百看不厌，从而深受教益。

可染先生对大自然潜在密码的破译，直接与他的道德向善的趋向不谋而合，而于此时，李可染的艺术与道德合而为一。当李可染先生叹赏大自然，如此深沉地倾注自己对祖国大地山河的刻骨铭心的热爱时，他显然站在了民族文化捍卫者的前列。

对自然漠不关心的艺术家，很可能制造一种骗局，咒骂着中国画的笔墨，套袭着“中西合璧”的异装，自以为走向了现代。当艺术家自身粗俗与鄙陋的时候，他的艺术不可能是精美的。艺术需要精美，那是感情上的精微。在此，可染先生的一条自天而降的细若琴弦的瀑布，正向我们展示着这大自然的妙籁。瀑布上善若水，流向百谷，而我们的感情却升腾到一个不可测量的高天。

先外祖缪篆先生在他的《老子古微》一著中论及《道德经》中的“大”

字，它与“道”同义而异名，“一”是天，而与负阴抱阳的“人”字合为“大”的时候，就是意味着哲学上的天人合一。

而在康德那里，他有着与中国古哲不谋而合的高论。康德说“我们把绝对的大的东西称为崇高”，那么就此我们可以认为李可染先生与傅抱石先生的艺术是绝对的、大的东西。当我们把美称为“大”的时候，总与天地相连接，而将美称为“小”的时候，则往往与俯拾即是的审美愉悦（有限的）相关连。可染的画“大”而一般山水画家的画“小”。所有沾沾自喜的以为在描画着大山大水的人们，相比于可染和抱石，都不过在精心刻画着王屋山下的魁父之丘。

可染先生有一种表达超越感观尺度的能力，这就是他内心所具有的崇高感使然的能力。他对大地山河仰之弥高，而这种情怀的持守，表现为他“大”的艺术。

可染是一位深具艺术理念的大师，然而当这种理念进入可染的审美时，大地山河与精神是那样地天然合拍，那样地不假说教，使人觉得他的理念和审美在山川林壑、飞瀑流泉中不期而遇，那是最融洽、自然的流露。

宛若语言的表达，与表达的意义，都有相关的音调，这就是艺术家所独有的风格。或沉雄博大，或清新俊逸，或伟岸巍峨，或潇疏苍润，悲壮的、奇险的、清凄的……只要是与崇高相连，他们都是美的，虽情态万殊，而其艺术已如自然——大宗师一样“来吾导夫先路”。艺术家，伟大的艺术家，都应该，也必然如此。

可染先生生活于一个风云板荡的时代，他当然有关心祖国和民族命运的、服务于时代的直接的一面，如抗日烽烟中他的作品体现了一位卓越艺术家的爱国良知。然而可染先生也同样有着纯心灵、表达一己情怀的一面，这时的可染先生的画，是心灵与广宇的邂逅。当审美与自然融而为一的时候，他的精神升腾到一个清明而纯净的、不染凡尘的境界，这对于一个山水画家是何等难得。

凭着我半纪从艺的直觉，第一感觉便可辨明那些孜孜于功利的山水画家的作品浮、燥、轻、滑、媚等等，这都是艺术肌体必须清除的附骨之疽。

山水画家的本分是趋近天地之大美。江山如画，言过其实；画如江山，则符合柏拉图之摹品说。然而这模仿二字有分教，天才之模仿和笨伯之模仿，相去正不可以道里计。我们对艺术过分自信，于是“更集中”、“更典型”云云，都似可商榷，再伟大的天才，也只是自然之子，而不可能是上帝。当然，我们能做到不是自然之孙，已经是件不简单的事了。在这里我们不免想起爱因斯坦，人们无疑地知道他是20世纪人类最智慧的天才，他也由衷地、谦逊地讲：“对于宇宙最微末的部分，我们也只是跟随而已。”

可染先生当然是不世的天才，他的“生而知之”透露在他异乎常人的语言方式。这是一种只可有一、不可有二的语言方式，一种极具个性化的符号。它的存在表现了先生俯仰天地、浩然长叹的襟怀，这不是每一个苦学者所可达致的。“生而知之”，我们可以在未来找到科学的答案，而这种天才的存在则是毋庸置疑的，因为这只属于为数极少的人物。当然可染先生知道自己有“生而知之”的本能，但凭着他更深邃的智慧，认识到它的不可靠，或者他甚至看到一些恃一曲之才而毁掉自己艺术的聪明人，当昙花一现的时节过去之后，留下的是残枝败叶。

可染先生告诉我，他年轻时作画极快，有一次到一位朋友家，朋友泥可染作画，可染不允。忽焉一阵敲门声，远客来归。主人越过天井开门、寒暄，回到画室时，可染却已画毕。主人大赞叹，以为神来之笔，先生亦颇自喜。先生说完这段故事后，告诉我，多年之后，他才警然有悟，必须力矫这样的用笔。先生还告诉我，他少年时有一位极富才华的朋友，写给他的信，毛笔字的稚拙天真、浑厚朴雅，使他有一次不可言喻的内心的感动。这感动是如此地刻骨铭心，竟至谈到此事时，先生的表情显得那样的庄肃和神往。

一位伟大的艺术家一生之中总会不期而至地遇到这样突兀的心灵感悟，仅这一次，足以改变艺术家一生的道路。在此，我断非故作惊人之语，研究艺术家的心灵历程，那些遽然蜕变和瞬间重生，有时来得迅猛近乎禅家的顿悟。

又是很多年过去，我已声名鹊起，送给可染先生一本出版的大画册，先生当时很高兴。事过不久，在一次展览会上见到先生，谈几句话后分手，先生又忽然转过身喊住我说："你以后用笔是不是可以再慢一点儿。"我知道了先生所说的"慢"非只指时间，更重要的是用笔的品质。他一直希望于学生的是金刚杵，是力透纸背，是虽细如发丝而全身力到，是屋漏痕，是印印泥，是百炼钢成绕指柔。这些画线条的审美原则，来自天地大美的铁律。天地万物众生的生命状态、生发状态、存在状态，都在冥冥中给历代的大书画家以无言的启示。兹后，我并没有在速度上求慢，我更注重的是这"慢"字背后对我的线条上的某些不足的批评。也许今天我的线条依然是快的，这并不妨碍我的线条几十年来所蓄积的力量和沉稳。顺便提一件年轻时的事：一次画人物写生，我的用笔迅捷，形象准确。蒋兆和先生缓步来到我的画板前，用平和的声调问我："你是不是很满意自己的画？"我显出了些支吾其辞的窘态。先生提起毛笔，在我的画纸空白处对着模特儿画出了一双晶莹的眼睛，那神采一出，我立刻感到无上的敬畏和欣喜。大师用笔缓而有度，徐不滞钝，和可染先生的教诲异曲同工。反顾几十年后我的画作，每遇精微处，便会想起兆和先生和可染先生的话，而凭着我的悟性，自信不负先贤的殷望。

可染先生好学而敏求，这是他"苦学派"的唯一解释。苦学者不意味着枯涩无味地下笨功夫。我曾有幸上可染先生的书法课，他不强求碑帖的选择，但是他喜欢岳麓山碑，张迁碑、张猛龙碑、爨宝子、爨龙颜、石门颂、石门铭。我选了一本礼器碑，他说要平心静气地读碑，知其间架，重其用笔，悟其风神，能于此三者有所悟，则去书道不远矣。书法课上，可染先生不喜欢一挥而就式的所谓笔动心不动的、麻木不仁的写字习气，他希望能做到

"屋漏痕"，而且讲到怀素与颜真卿两人之间对书道峻极境界的论讨。颜真卿问怀素："汝师邬彤的书法如何？"怀素说："如折钗股。"颜说："折钗股何如你的屋漏痕？"两人相与大笑，是怀素青出于蓝矣。可染说用笔之际虽所向空无一物，然则胸中应觉艨艟之遇浪遏，冲波逆折而前。当此之时，笔锋必有生涩出焉，必有稚拙出焉。有生涩稚拙矣，然后再求大巧，则大巧即在其中。而不似水注玻璃，一顺而下，可惜无痕费精神，画了半天，没有留下足观的一笔。这颇似目下的画家某，不见其用笔，唯见春蚓之绕草，秋蛇之绾树，杂以五彩纷陈的乱点，谓为中西绘画之交融于斯集大成，不亦尘秽视听而轻当世之士乎？

可染先生是大画家，所以他的书法课正好安排在他的山水画课之前，我们深知此中所包含的深旨大义。可染先生在书法上所信守者无疑是包世臣、康有为的碑学睿识。而据先生说，碑刻由于千百年的风雨袭蚀和兵燹磨砺，线条脱却了初刻时的锐利痕迹，书道所重的无起止之迹于此可问消息。这使我想起苦禅先生所不断提起的老子"善行无辙迹"的奥义。李可染和李苦禅先生用笔都不快，而其生涩高古可称同臻极境。

可染先生于书法所下工夫可谓焚膏继晷，三十多岁时的风华婉转至五十岁后一扫而空，石破天惊，创旷古无双之结体用笔，无丝毫泥古、媚俗、求奇、矫饰、市井、乡愿……一切的书画艺术可恶的痕迹与可染先生的书法格格不入，只觉铮铮其骨、磔磔其态，近之则畏，远之则敬。那是雕、是刻，是琢、是磨，是金、是铁，这种感受是灵魂的震撼。有一次可染先生笑谈："邹佩珠批评我的结体不够美。"邹先生知其不满，笑道："你写得好是不用说了，一点儿意见都不能提么？"我说："求全之毁，邹先生是在欣赏你的'不美'。老子说'天下皆知美之为美，斯恶已'。"可染先生的字我行我素，决不苟合取容，是颇见他笔下之牛"时亦强犟"的性格的。

有一次说到线，可染先生联想起京剧，他说一位卓越的京剧演员会将每一个字送到听众的耳中，其原因很多，但其中一点是他会把中国字的声母和韵母前后慢慢吐出，如“和”一定是“H 赫——e 哦”，名角能控制声调的每一丝变化，这和用笔是一个道理。我恍然大悟，这不正是声音上的“屋漏痕”吗？我又想起每逢新年联欢，李可染可能会拉一下二胡，那真是铿锵老辣、苍凉哀婉的高度统一。这其中固有先生青年时代国家山河破碎的难伸孤愤，也有先生倔强不拔的满怀壮志。那琴弦被先生控制得丝丝入扣，声声入耳，那真正是声音上的“屋漏痕”了。

先生的“学而知之”的部分，当然还包含了他对素描的积年锤炼、对光影的敏锐认识，在此先置而不论。

先生称自己是“困而知之”。人们不要以为可染先生当真地为自己才情不逮而困守干城。他的智慧，绝非一般人可梦见，于是我们不能按《中庸》篇注论“困而知之”是“钝者勉为”的解释。可染先生的“困”是他推动中国画史这沉重的列车所需的移山心力，他要弘扬的是中华文化所素有的伟岸与高华，他极端鄙弃浮光掠影的、油腔滑调的、市侩的艺术。这神圣的自尊支撑着他博大的灵魂，打进去，致勇也；打出来，夺魂也。这其中数十年苦心孤诣，念兹在兹，朝斯夕斯，诚如白石先生所赠可染先生的“不分日日夜夜，哪怕千难万难”，也如可染先生题赐于我的“七十二难。玄奘西天取经不畏七十二难，今以此四字书赠范曾同学”。言犹在耳，衷岂忘之！我们一代代都抱着跣足苦行的宏愿，在艺术征途上踽踽而前，“困”者，“难”也。

至此，我们可得如下之结论：

生而知之，先生所固有，且脱俗超常，未可比量；学而知之，先生所持守，虹吸鲸饮，岂能轻忽；困而知之，先生之抱负，博大雄奇，空视古今，此中包含着谦逊和伟大。泰戈尔有言：“当一个人大为谦卑的时候，就是他接近伟大的时候。”

或云，李可染先生之才气逊于傅抱石先生，而傅抱石先生不逮李可染先生之功力。此论初看有理，慎思之、明辨之则知道这纯属皮相之判。李可染与傅抱石都具备着顶尖的才气，也具备着顶尖的功力，如苏东坡之评米芾，都是“天下第一等人”。而自黄宾虹之后，山水画坛达此境界者，大江南北仅此二人而已，不惟不须分其轩轾，甚至我可以断言，尚没有人有资格于此两大老前指手画脚，因为开口便错，更无论细审深刻矣。

或云李可染先生的山水画是做出来的，傅抱石先生的山水画是写出来的，点评之际，颇有扬“写”抑“做”的意味。此论更属浅陋。艺术看的是结果，看的不是过程，如种豆种瓜看的是豆与瓜，而不是栽苗插秧时的动作。亦有画界之票友、影坛之巨匠某公，每提笔必作语不惊人死不休状，猛然出击，戛然煞尾，状如疾电惊雷，然则张之素壁则败笔满纸，不可或观。故尔，过程并不重要。可染先生曾告诉我，齐白石先生作画往往左右上下尺矩量之，然后稳重下笔，看似笨拙，而悬观之，万千气象在焉。可染先生说，画家的作品挂在齐白石的旁边是很吃亏的，有时觉得如幻似影，用笔力度差得太远。黄宾虹先生作画则不甚讲究，小盅宿墨，坐而提笔，然用笔如春蚕之食叶，沙沙有声，近观之混沌一片，远视之则山川林壑宛在，叠笔而不赘，积墨而不垢，厚重中有清华之气，浑沌中隐隐然放出光明，正所谓邺水朱华、睢园绿竹尽在腕底，层次的丰赡，空绝古今，登其峰而造其极。可染先生称其三百年来一人而已，这其中包括了石涛、石豁、奚冈、龚贤诸人。群峰立而巨岳出，登蒙山而小齐鲁、登泰山而小天下，在可染先生心目之中，齐、黄就是两座难以逾越的大山，然而可染先生神圣之自尊在于学之不必似之。黄宾虹的丰厚、齐白石的劲拔，都震动着可染的心灵，然而他认为这是必过的桥梁，在巨人肩上的跨越是牛顿的抱负，同样也是可染的抱负。

齐白石的画除用笔的老辣、历练而外，重要的是那种天趣。人物画谈不上准确的解剖，然而憨态可掬，比不上可染早年的人物画，但情趣侔合。这种天趣追逐，在晚年不再作人物画时，山水画中的稚拙感，依旧是先生的梦境。我们很难说可染会丢失年轻时的风发才情，扬才露己的时节过去之后，在韬光养晦的漫长岁月中，时时提醒自己天籁之重要。可染先生与抱石先生的画，用王国维的“造境”说与“写境”说最是合适，可染所造之境与抱石所写之境的终极目标都是达到天籁之极境。只是可染先生之画如杜工部之《秋兴八首》，沉稳而静寂，中心勃郁之情，深藏于峻岭崇山。而抱石先生之画则如李白之《梦游天姥吟留别》，旷达而萧疏。“中国画是兴奋的”（傅抱石语）表现得淋漓尽致，在云丝雾影中，在愁绿浅赭中，有抱石先生跌宕不羁的情怀，那是“成功的作品往往就在瞬间”（抱石先生语）的明证。可染先生与抱石先生作画都不当众，那是静斋中的撄宁之果，不要任何人来干扰。可染先生心平气和，而抱石先生豪情激越。可染先生十日一山，五日一水，意匠惨淡经营中；抱石先生则纵横纷披、八龙蜿蜿，笔所未到气已吞。或云可染先生陷于“我执”，因困而知之，空生烦恼，这就属一偏之见了。可染先生至极精妙的作品平生不会很多，而其中是看不出一丝“我执”之痕的。或云抱石先生亦常马失前蹄，时见荒率，这也陷入了一叶障目的评判误区。抱石先生也有为数不多的至极精妙的作品，我们同样看不到丝毫的荒率。在这些为数不多的作品中，可染先生和抱石先生都达到空所依傍、无与伦比的境地。这样的境地是五百年必有王者兴的境地。当刘易斯夺得奥运百米金牌的瞬间，他已逾越了前五百年、后五百年的跨度。进言之，你也如可染先生“我执”一番，或如抱石先生“荒率”一番，试一试才知道，毕竟是大师之“我执”与大师之“荒率”，瞻之在前，忽焉在后，那依然是仰之弥高、钻之弥坚的境域。

可染先生的用笔必须慢，但慢中之快往往是千崖万壑中的跌宕几笔；抱石先生的用笔必须快，但快中之慢，正在山水中点景之人物须眉，正在一个水口、一条溪涧。拙诗所称“一线流泉尊法相，千山走雾到苍穹”，是我对两位大师的礼赞。

中国的山水，那是一片崇高的圣址，喜马拉雅山、长城、大海拱卫维护着它的独立而伟大的品性，中华民族的人文精神浸透着这片土地，它孕育了中国的历史、文学、哲学。诗意的裁判来源于这大地山河的不言教诲，为祖国山河立传，不是如史汉马班之文作山川列传，而是传达李可染先生对它整体的审美和表述。这“传”是东方的、民族的，同样可染先生通过自己不朽的笔墨所倾诉的爱恋，感动了全世界。这是可染先生的山水画不可取代的历史地位和时代精神。走向现代，可染先生已为我们作出了杰出的榜样，和那些食西方剩菜残羹的光怪陆离的艺术不同，可染先生所开启是宏门正学，而不是旁门左道。

1957年白石先生弥留之际，曾以一盒心爱的西洋红色的印泥赠予可染先生。白石老人说：“我离大去之期或不远矣，待我去后，你作画钤印，当会有所忆及。”眷眷深情令可染先生潸然泪下。这是两代大师的衣钵相传，其中所留下的是中国士林高风、画界懿范。当然可染先生不负其恩师之厚望，在中国画史上写下了重重的一笔，这一笔中有齐白石与黄宾虹的精魂烈魄。

十九年前，当我惊悉先生仙逝的消息时，无法遏止自少年时厕身门墙，先生无限垂爱的深情怀恋，挥泪写下《自度曲 · 一瓣心香怀恩师》。在先生诞辰一百年的祭日，我谨以此奉于先生灵前。

自度曲 · 怀可染师

笔含千秋雪，万壑胸中储，这不是寻常邂逅，分明与恩师孤魂遇。莽天涯，人何处，问彭城归飞鸟，问江南杏花雨，问牛背牧童，问暮云春树。竭精诚，驱望舒，骐骥痴驻峨嵋山，泪眼迷向蜀都雾。我哽咽翻作断肠语，彻悟宛似灌醍醐。仰望着大鹏，看破了驰骛。阅尽千崖竞秀色的兰亭，叹绝四万八千丈的天姥。记先生如椽的大笔，画出过悬天瀑布。真个是一泻如注，是无尽的怀思，是皓洁的情愫，是灵魂深处炼出的故国赋。

师牛堂前，万千思绪，一代宗匠，匆匆何遽。亦曾忝列门墙，师君若父。信先生心存东方既白的莲灯，身佩永夜相随的明珠。经困而知之的苦辛，轻生而知之的天赋。作贵胆要魂的艺徒，耻追名逐利的愚瞽。入传统深不可测的庭庑，作现代创新立异的笔主。索境界之精微，知陈言之务去。龙在海中游，鹤在云中驻。抒恢宏胸臆，觅清明去处，拓艺术王国的津渡，麾玉虬向心灵的天堂路。

我的悲怀弥六合，恩师已去典范树。他舍依傍，鸷鸟不群空今古；他瞻异代，春兰秋蕙芳馨吐。魂魄犹在江山图，啸傲似闻空谷竹，预留下惊鬼泣神的宫商谱。浩茫向天宇，一瓣心香和泪书。

范曾丁亥秋仲于北京

大道昌明天下闻

——就改革开放三十年答盈午问

邵盈午（以下简称“邵”）：今年是我国改革开放三十年。回顾三十年走过的道路，需要总结与反思的东西确乎很多。作为当代艺术大师，您近年来一直大力倡导“回归古典”，并得到艺术界广大有识之士的积极响应，可谓“大道昌明天下闻”。那么，您能否从传统文化的角度谈谈三十年中国画的繁荣与发展，目前还存在哪些亟待解决的问题？您对中国画的前景是否持乐观态度？

范曾（以下简称“范”）：改革开放三十年，中国各方面的突飞猛进，是有目共睹的。它所获得的巨大成就，使有创造力、有自信心的中国人看到一个古代的文化大国的振兴和崛起。它不只有着令人赞叹的历史，而且未来于国际事务上，有无可旁贷的担当。传统文化得到了前所未有的重视，尤其中国的学人们看到传统哲学、伦理学、社会学中所倡导的人文主义精神和启智性的深刻内涵，在学界呈现出一种深入探讨和普世推广的学术风气。中国画也同样受到这时代甘霖的润泽，艺术家们身心为之活跃。市场以兴，促进了中国画在国内外的交流，人们不再囿于在狭小范围内小试拳脚，而是希望自己能在更大的舞台上一展身手。当然，大部分中国画家不再为经济的窘迫所缚，这也是一种必不可缺的物质条件。

然而就中国画这一伟大的传统艺术而言，它所需要的不只是表面的繁荣，坚其内质，则是更不可忽视的。中国画家们亟须注意的是自身修养的提高，必须深知中国画是哲学的、文学的、书法的，当我们以发展中国画的守望者和护持者自励时，便应“纷吾既有此内美兮，又重之以修能”，“大任”当前而不让者，必有大怀抱、大愿力。不斤斤于一时一际的得失，而在毕力平险、恪尽职守中体现生命的价值。当中国有一个巨大的、为中国画前进甘于寂寞、沉浸于艺术探索、义无反顾的族群时，我才敢抱乐观的态度。现在过于乐观，为时太早。因为我们深知文化的前进与经济的发展两者既可能有同步的盛景，也可能有趋舍异路的状况；甚或经济在前进，文化却在颓萎也并非仅见。这已为欧洲20世纪40年代后期至今的状况所证实。重蹈覆辙，绝非中国人所乐见者。

邵：好！与大智者思维的灵光相遇总是令人激奋的事情。在当今的美术界，随着价值谎言的大量丛生及人们对真理感受性的日益退化，艺术的使命从未像今天这样沉重；基于这一语境，您在上世纪就曾提出“回归古典，回归自然”的艺术主张，而您的长诗《庄子显灵记》，则为中国传统文化内在价值的真正确立开辟了一条光明的道路，建构了一座古典精神的丰碑。《庄子显灵记》所展现出来的精神定向，正是经过整合、弘扬的传统文化精神将要展现的；而诗人在理想实现过程中所面临的种种困境和挑战，也正是重塑古典精神、高扬人文大纛的过程中所无法避免的。您能否结合《庄子显灵记》，具体谈谈您近年来大力倡导的"回归古典"的人文意涵？"回归古典"的终极目标是什么？

范：人类文化前进的原动力，其来有二："天"和"人"。天者，自然也；自然者，自在已然之存在也。天地的大美是宇宙的无尽储藏，取之无禁，用之不竭。人类历史上任何一次的文化大进步，都是人类与自然的蜜月期。爱慕自然、崇拜自然、敬畏自然，那自然会为悦己者容，它会尽其所能，成就艺术家的创造，人类一切的文化瑰宝随之以生。因为你在天堂之中，承受着无量的光照。反之，当人们以违拗自然规律为乐，嘲笑自然、亵渎自然、丑化自然，乃至愚蠢到视自然为弃妇的时候，它会由一个天生丽质的美人，变为一个严厉而无情的审判者，把这些忤逆者打进万劫不复的地狱。其实，这天堂和地狱本在自心，心外何来天堂和地狱？所有与自然为仇寇的人，都无法掩盖其怯懦而欲苟活的卑微心态，既患于得又患于失，因为活得缺少尊严，却益发妄自狂悖以至于疯狂。世俗又多有狡猾的评论家和痴迷的群众，对他们有悖常理的言行垂以青睐，使他们误以为自己是天才。这一切上溯20世纪20年代以后的西方现代派已作了最佳的演示。然而，这绝不应当成为中国画现代化倡导者们的旌旗。

至于"回归古典"，绝不是教人们到故纸堆中讨生活，更不是让大家重新穿上旗袍马褂。这"古典"二字有分教，我们指的是上古以还的中国历代往哲所遗存的经典思维之果，这当然是"人"这个字所包含的本质意义。凡属往哲不朽的灵智发现，都离不开对"人"自身的审视，对"人"的自处之道的深思。最近我所著《童心论》一文主要谈"童心"在老庄哲学中的原创和儒家的弘扬，将"童心"与宇宙本体联系起来，那就成为"大人之心"、"圣人之心"。而《童心论》的最后称"童心是人类的太阳"，人类倘能不失其本真之性，那么就能与天地精神相往还；艺术家而能与天地精神相往还，必是卓越而伟大的艺术家。

我的《庄子显灵记》所展示的古典哲理世界，既有东方与西方思维方法的龃龉，也有在至高境界的邂逅。《老子》书中："天地不仁，以万物为刍狗；圣人不仁，以百姓为刍狗"，过去对此语有所误解。老、庄都主张不要忘却宇宙的本真之性，而"仁"、"义"这些概念的形成正是在大道已废之后，所以天地是大道的所在，它会让万物自在地生存着，如刍如狗；而圣人也是大道之所在，也会让百姓自在地生存着，如刍如狗。这是对天地、圣人的礼赞，绝无批评之意。而"刍狗"一词，只言自在状态中的生命，也绝无贬损之意。

当人能与天地精神相往还的时候，那就是天人合一的时候，而自然的本初，人本身是自然的一部分，这就是洛阳二程所谓的"天人本无二，何必言合"。庄子所憎恶的艺术是仅满足耳目之娱的艺术，而真正能摇心旌、动天地、泣鬼神的艺术，他同样是倾注了热情的赞颂的。

邵： 如果回溯一下近现代绘画的历史，便会发现那些作为一种纯精神性存在的大师的价值优势；愈是时光流转，人们对他们的怀念就愈加深切（相反，一些特别容易被人迅速知晓的名字，如各类大众明星，被人遗忘的速度往往也同样快捷；他们的光色必须不断闪现，才能强化人们对他们的印象）。请问先生，您最推重的现代绘画大师是哪几位？您认为他们对中国画的繁荣、发展作过哪些突出贡献？

范： 昨天即今日之传统，今日即明天之传统。传统就是过程，就是时间流逝，就是时间一度性中人类的集体记忆。这集体记忆或者是哲学、文学、艺术，或者是数学、物理学、化学，其高焉者便构成记忆的山峰，常青不败，"青山依旧在，几度夕阳红"。那些"纯精神性存在的大师"指他们的精神与天地相往还的神圣之果是堪与天地比寿，与日月齐光的。传统之流，逝者如斯，不舍昼夜，当它淘尽了一切的渣滓之后，留下的必是永恒的人文价值。自徐悲鸿、黄宾虹、齐白石于上世纪50年代逝世，继起者是一批卓尔不群的大师：山水画界的李可染、傅抱石，花鸟画界的李苦禅、潘天寿，人物画界的蒋兆和、黄胄，都是前足以继往、后足以开来的大师。20世纪80年代之前，是千日当空、繁星闪烁的中国画辉煌期。有这些大师罩着，各地诸侯似乎都能安其居、乐其俗。80年代之后，巨星陨落，群雄并起，而市场的兴起，由画家而变为运动员的大有人在，叫嚣乎东西，隳突乎南北，疲于奔命在名利场而惰于艺术的沉思和追索，“大师”的内涵丧失而外延则无限扩大，“大师”已成为廉价商品。我想，恢复“大师”的尊严，只有耐心地待以时日。

邵：是的，一代又一代的大师们森森然的存在，在文学史上已然叠加成厚重的影子。因此，作为一个具有雄心伟抱的艺术家，首先必须融入传统、重新发现传统，然后才能丰富传统，乃至超越传统进而作出个人的贡献。也就是说，你越是能够重新发现传统，对自身的创新使命认得越清，属于你的“个人创造空间”就越大。请问能否结合自己的创作经历，就“传统与个人”的关系问题谈谈您个人的识见？

范：任何天才，都生活于传统之中，我们有祖父的祖父的祖父，还会有孙子的孙子的孙子。人类变为另一种动物需要千万亿年的历史，因此对生年不满百的具体的个人而言，我们无法过高估计自身的力量，以至如毕加索称“我就是上帝”。我们所能做的，正如牛顿所言是在巨人的肩上再跨进一步，哪怕微小的一步，也功莫大焉。艺术的前进是艰辛的，而艺术家的修炼又是长期的。对传统无所认识的人，绝对不会有所创树。我曾对国学有个七字简解：“先秦之学的生发”。国学的历史是一个生生不息、不断发现的过程，自孔孟而子思、曾参，自董仲舒而张载、朱熹、王阳明，他们的学术，渊源有自，大纛独立，这才叫真正的继往开来。世变愈亟，则为天对学术、艺术所寄之人笃之愈至，这是今天使命“沉重”的根本原因。

邵：妙哉此论！由此我又不禁想到：长期以来，美术评论界总是强调“变”，推崇“新”，鄙夷“保守”，醉心“追逐潮流”。为什么会这样？这显然基于某种深刻的思想文化根源与社会心理背景。整个20世纪，对人类影响最大的基本思想就是所谓“进化”、“维新”。作为一种理论主张或一种救国之策，它当然有其存在的合理性（但“进化论”在历史上确实起到为殖民主义提供理论根据的作用）。但逮至20世纪中叶以后，“进化”、“维新”已然变成国人的一种基本价值观，并习焉不察地以这种价值观来审视艺术，由此所导致的一个最基本最常见也是最严重的错误，即人们（当然包括那些美术评论家）普遍信奉一种进化论的、表面的时间观，即总以为现在比过去好，将来比现在好；新的就是好的，“变”胜于“不变”。但我认为，书画艺术作为一种文明形态，一种智性品质，其本身是无所谓进化与不进化的，更不能用一个简单的前后序列来界定其高下。如果这种“求变求新”是出于一领风骚的心理则更显荒唐。不知先生是否同意我的观点，您对此有何高见？

范：“进化论”作为19世纪达尔文的科学理论，对世界的影响是无可估量的。然而在达尔文晚年，他自己已发现以他的理论来统摄整个生物界，显见必有疏漏。他以为在自己死后，反对他的观点的材料，将会比支持他的观点的材料被发现得更多，甚至他自己以为倘若人的眼睛是进化而来的，简直不可思议。然则，达尔文的进化论，迄今依然是解释生物学进化的经典理论，这是毋庸讳言的。达尔文之后英国哲学家斯宾塞提出了文化进化论，削足适履地一依达尔文的法则运用到人类文化领域，结果立刻显其窘迫蹇促，表现出哲学的贫困。我们不妨以为他是一位迂阔的学者，而后殖民主义的资本大鳄，正为此理论的出笼窃然而喜，庸俗社会学直接效忠于国家、民族之间的弱肉强食。

我以为文化是人类灵智领域的产物，它的历史比起地球和宇宙的变化，为时甚短。即以人类的审美而言，天赋的遗传基因，古今一概，略无差距，于是由这样审美冲动而创造的艺术品，很难说今必胜昔。各个时代有各个时代所独具的、不可替代也不可重复的美，历久弥新是人类一切艺术遗存的价值所在。艺术只有好坏之判，而没有新旧之别。几千年前的艺术珍品，和今天的艺术珍品，可以放置于同一个天平上，不会倾斜。《楚辞》比《诗经》进步了吗？宋词比唐诗进步了吗？没有。

西方古典主义艺术的被颠覆与最后彻底丧失，其原因是艺术进化论代替了艺术本体论，谬误掩盖了本真之性。理念先行是一切违背灵智自然生发的后现代派的理论根据，先有一个什么光怪陆离的理念横亘胸次，作品出来之后，依靠解释来获得观众。一般讲来，好的艺术品是不用解释便会使人以为它好的，宛如鲜花的美艳，连蜂蝶都会感觉到，更况智慧如人。西方人对“新”的追逐，和商品经济求新求变以求售的心态有关，人们的艺术评判标准，由“好”和“坏”而变为“新”和“旧”。艺术家不再在艺术本身作舍身求法的、殉道式的追求，而是对市场察言观色，取媚的鄙俗代替了趋雅的神圣。仰人鼻息的艺术家永远是低贱的。我们在罗丹雕刻艺术馆，以仰慕之情看着这些不朽杰构，回望巴黎街头的雕刻真有伤心悲凉之感。一切倚赖于质地（钢、化工副产品等等）所堆叠起来或者在线、形之内玩弄小主意的作品，与垃圾何以异？艺术毕竟与社会、制度不同，后者的维新，主要是在统治方法和社会契约范畴内的前进，可恨的是对维新并不甚了了而“咸与维新”的人。在社会变革中，这些人不是投机，便是愚氓。从《阿 Q 正传》中赵府的少爷，到头发上插一根筷子的阿 Q 都属此类。那么，在根本不应以“新”、“旧”来判断的艺术领域，“咸与维新”就更显滑稽和愚蠢。

邵：其实，这种“滑稽”与“愚蠢”早已屡见不鲜，愈是在创作上不见长进的人，招牌换得愈勤。我愈来愈强烈地感到：那些追逐新潮的画家们，个个行色匆匆，处处标新立异；问题大概出在他们并不真正尊重艺术本体，有太多的来自艺术外部与内部的人为因素将艺术创作变成一种虚张声势、矫揉造作的行为。可一部中外文学艺术史却在不断地证明：真正具有永恒品质的大师恰恰是那些跟社会潮流与时代的风云变幻关系不大的人，他们留住的是时间，一种永恒的时间；而那些不断地标榜“前卫”，不断地紧跟潮流的人，却总是不断地被潮流所抛弃。对此，不知先生以为如何？

范：一位真正的艺术家，当然不会对时代的进步漠不关心，无动于衷，但他们不是弄潮儿，不是社会活动家。也就是，他们沉浸艺术的深思冥想中的时候，有一个更为奇妙的世界需要他们竭诚尽智，这个世界与现实世界保持着一定的距离。艺术属于永恒，而世变则是属于过程。陶潜的诗篇似乎和东晋时的时代震荡关系不大，然而英雄来复去，诗篇却留着。陶渊明笔下无心而出岫的云影，一直飘游到今天。这是不朽的存在，就是你所称的“永恒品质”。

有人提出这“永恒品质”与表现时代主旋律是否有所矛盾，我以为不是如此。譬如这次我应奥运会美术大会所作《弈秋课徒图》就是一种巧妙的结合。奥运会是有悠久历史的体育运动盛会，第一次奥运会距今已有两千七百年；而两千五百年前，中国便有博弈之术，这不只是古老的体育，同时是古老的文化。古希腊和古代中国东周都是人类文化的光荣时代，而通过我的文人画笔法描绘出来，敬献给2008年在北京举办的奥运会，祝祷圣火的辉煌，这难道不是主旋律吗？

“永恒品质”是艺术本体的需要，而能体现“永恒品质”的艺术家，则必是面貌独具的，这才能展现多元性的文化特质。

没有主见来源于知识的匮乏，而没有定力来源于自信的不足。

蜂蝶跟涛式的起哄，造就不出大文化。自以为“前卫”，恐怕正在食西方的剩菜残羹。我们既不要做深藏岩穴的隐士，也不要做追潮逐浪的“勇士”。我们需要的是坚如磐石的意志和静若止水的心境。

邵：20世纪下半叶以来，中国画的生存危机，实际上缘于20世纪的中国历史抛弃了“文人”这一文化主体，背离了为文人所守持与追求的“道”，以及中国画学的形而上精神。而您几十年来，一直执著于对“道”的体悟，对这种形而上精神的恪守，对“古理法”的探求，对“笔”、“墨”之间的深度体验，拳拳于“内美”的价值理想与道德自律，深入发掘我国古典文化宝藏中所蕴含的精华。这种在追逐新潮者看来不无保守之嫌的修为，在您那里却生发出一种极富魅力的人文意境。请您结合自己的创作实践，具体谈谈您在这方面的独特体悟。

范：前面谈到我们都生活于传统之中；传统者，人类的集体记忆也。一个人的智力再发达，他也无法漠视千百年睿智之士殚精竭虑的思考和熙天耀日的创制。我们对自然和往哲都应抱着虔敬之心。形而下者谓之“器”，我们可以称其为“文明”；形而上者谓之“道”，我们可以称其为“文化”。中国由于重形上之学而鄙夷机事、提防机心。的确，我们于科学上、机械上落后于西方，但中国形上之学的启智性，使我们很容易于科技上达致文明最昌盛的国家，这已为三十年改革开放后科技的突飞猛进所证实。我以半世纪的时间，朝斯夕斯于中国形上之学和诗文书画的研究，也颇有陶潜游桃花源的感受：当我心灵豁然大朗的时候，我早忘记了世俗蔽美称恶的陋见。当我的艺术无愧于西方的大师之作时，我相信，这不是我个人的力量和魅力，乃是中华民族人文精神所赐予我的博大心胸，我们当然应该有再造玄黄、重扶日月的时代抱负，我为中国而自豪。

“走向现代”这个口号被先锋诸公滥用之后，必造成语义本身的模糊，哲学概念的界定上出了毛病。走往过去、走在现代、走向未来这三个“走向”是不矛盾的或者是三而一的。倘使只剩下后现代，那就面临了断层的危机，无所从来，不顾后者。所有的后现代作品，都既没有过去，又没有未来，它也就不在现代。因为他们既看不上古往圣哲，那怎么会创造一个崭新的“现代”？“现代”两个字的含义还说不清，如何成了直面人生的勇士？如何就拓展了未来？

现代是一个时间的概念，只有当它和过去、未来三而一的时候，才具有历史流变中记瑰而博、才辩而通的哲学意味。一味逐新求变者往往是一种伎俩、一种小动作。唯有常怀凌烟之思、奔赴绝域之志者，对传统的遗存才可能有大气以包举之能力，够得上这个评价的，然后称“大师”不晚。

邵：您在上世纪就曾明确提出“和谐”这一重要概念，从您近年来发表的一系列文章看，仍不断地强调“和谐”这一主题。您为什么一再强调“和谐”？它的精神意涵与文化意义究竟是什么？它是不是对“文化全球化”的一种回应？

范：子曰：“君子和而不同，小人同而不和。”（《论语·子路第十三》）《论语》上这两句话，是富于哲理的。“和而不同”，是建立和谐社会的根本原则。不同，说明社会本身是多元而丰富的存在，可是这“不同”却可以在“和”的大方向中构建一个讲信修睦的社会。“和谐”正是多元文化之间相通的桥梁。如果“不和”就不会有人类社会的安定，那就是小人当道的所谓“同”。这“同”实际上是表面上的一统，却不是实质上的和谐。今天的世界霸权主义，正是这种小人的一统之思，文化全球化正是后殖民主义的谬种在世界的流布。

中国画这片神圣的境域，我们要悉力地呵护，坚定地保卫。中国画是我们民族灵魂的一部分。“和谐”，是今天中国人向全世界奉献的无价之宝。世界上所有的各族群的文化都应生活于平等之中，这里没有居高临下，也不容许霸权主义。宇宙是“大音希声”的和谐的大存在。人类对宇宙的根本法则和铁律——和谐，唯一的选择是敬畏。

邵： 您无论在艺术创作还是学术研究中，始终将“艺术本位”作为一贯的坚守。在当今后现代文化来势汹汹的大背景下，您的这种“坚守”显得更加可贵。您最近又提出自己是“中国文化的忠实守望者”。请问在价值观念多元共存的今天，您认为一个艺术家应当“守望”什么？在人文精神普遍衰颓的今天，怎样才能做到“于风云中立定精神”？

范： 价值观念当然是多元的，但有一种人类的根本价值，那是万有得以存在、地球生命得以延续的价值，这价值不可以数计，不可以量化，它就是“自然价值观”；而中国人是最早认识到这才是根本的价值观。人法地，地法天，天法道，道法自然，这“法”是无法估量的根本价值。中国文化中的形上部分对它所作的论述，构成了国学之根基，往哲无不在“天人合一”方面进行深思和发明。“人”便是以身体作为天地精神之载体，当身心与天地谐合时，六脉调和、心灵纯洁、精和气顺；反是则形容枯槁、心灵混浊、精枯力竭。当然这其中不只包含着精神之人也包含物质之人。中国文化所释放的无量智慧，将是地球上所有族群都会渐渐吸取的，德国的海德格尔正是从佛、道得到启示。

今天的世界人文精神之衰颓不只在玄冥之域，即使在理性和契约之域也呈现了苍白。然而我们自信，中华民族毕竟已非道光之后的完全颓萎、疲惫的族群，民族精神的凝聚和焕发都是在突发事件之后体现的。汶川地震虽是一时一地之事，而全民族的人道主义精神已震惊了全世界；对奥运圣火的维护，更是中国人为全人类的友好、团结所作的杰出贡献。

中国有大希望，光明在前。屈原《天问》有云："遂古之初，谁传道之？"我们需承继者，正是屈原问之于天者。那么我们可进一步问："当今之世，谁传道之？"这个问题的回答者，应该属于每一个有志于中国文化复兴的中国人。

邵：好！今年是我国改革开放三十周年，也是您的七十大秩。您曾说过，目下可能是几十年来所遇到的文化发展最好的时节，我们要珍惜。从您目前的生命状态来看，可谓精力弥满，新作如泉，不愿稍自暇逸。听说您最近正准备撰写一部重要的学术专著《中国画研究法》，最后想请您在此透露一下目前此书的写作情况及主要论点，它的价值意涵与理论目标。

范：梁启超曾有《中国历史研究法》，傅斯年有《史学方法导论》，皆有感于彼时对历史研究领域缺少科学而正确的方法，发而为文，纵横捭阖，有为史界所从未闻者。我从事绘画与史论之研究积五十年之探玄测奥，也颇有以锥划地、以管窥天之愿，虽不足与先贤比量，亦颇能自抒怀抱、于世有济。唯本人为文，往往荒唐谬悠之说滔滔乎不绝，故而下笔迅捷而不可间断，估计十万言，得待精神最佳时择吉日兮辰良一气呵成，而此前之腹稿酝酿已久，诸君请待之。

2008年7月18日

黄宾虹论

黄宾虹这三个大字，宛若一座雄踞于中国山水画史大师群峰的一座峻拔而险巇的大山，广不可方而高不可极。它，那么沉静，那么肃穆，那么葳蕤，那么葱茏。黄宾虹成为一种博大而沉雄的文化象征，一种悠远而穴窈的历史存在。它需要一代代的人去研讨、去解读。你会想起屈原的诗："驷玉虬以乘鹥兮，溘埃风余上征。"(《离骚》)这是一种快意的长征和腾飞；你会想起王安石的文："险以远则至者少。而世之奇伟瑰怪非常之观，常在于险远，而人之所罕至焉。"(《游褒禅山记》)这是一种艰辛的跋涉和攀登。它高大，但并不深拒固守；它修远，但正是求索所在。镌刻于大山的铭文，因岁月而剥蚀，那是两千五百年前的古籀："志于道，据于德，依于仁，游于艺。"

记得四十多年前，黄宾虹的画，被一般人视为古调自爱、今人不弹的古董，而我则私心景慕。更由于恩师李可染的推重，颇想搜罗一些有关他的著述研究，然而市场上几乎没有。奇迹终于出现了，有一位傅雷先生的朋友，香港《大公报》的主笔陈凡先生从香港由二兄范临给我寄来了一本他编撰的厚厚的《黄宾虹画语录》，那时我们还见不到一本如此丰赡而全面的读本。后来，我终于有机会在国内见到了陈凡，他清癯而睿智，完全是一位蔼然学者。我想象不到他年轻时竟是一位革命斗士，富文采、擅词章，写得一手好字。从他那儿，我不但进一步认识了黄宾虹，也知道了中国文坛上两位仰之弥高的大师黄宾虹和傅雷的深挚友情。陈凡先生看过傅雷先生所藏的所有黄宾虹的杰构，而傅雷似乎吝于对当代其他画家的褒辞。黄、傅二人相互敬重，共视赏音，不惟二人的国学旗鼓相当，且狷介不群的性格也正相似，那是两位寂寞的远行者。在《黄宾虹年谱》（上海书画社2005年版，以下书札皆出于此）中有着清楚的实录，他们的往返信札，读之令人对大学人的友情心向往之。

黄宾虹几乎批量地馈赠所作，而傅雷也决不见外地索求。那时，艺术家不会想到那是可货于市的商品。“黄宾虹先生道席：承惠画幅二批，均已拜收”①，足见黄之慷慨。又“黄宾虹老先生道席：……倘有现成小册页（寄国外尤以小幅为便）亦恳捡出若干，敝处所存，近已分罄”②。可见傅雷并不以厚藏为目标，不啻为代黄老分赠画幅的中转站，非高谊云隆，何能致此。当今画人与学者，尚有两人可作如此之高士交乎？提出此诘问，不惟求诸人，更当责诸己，我希望能找到这样忘怀得失的知音。黄宾虹的风范，足使人们淡泊寡营，成为我们精神的导师。

今之激赏黄宾虹所谓“壬辰之变”的诸公，对先生八十九岁以后以白内障双目失明后的作品的奖饰之词，恐怕不会为傅雷所完全赞同。还是前面1954年4月29日同一封信，对黄宾虹寄来的“画幅二批”，颇有微词：“尊画作风可称老当益壮，两屏条用笔刚健婀娜，如龙蛇飞舞，尤叹观止。唯小册纯用粗线，不见物象（着重号为引者所加，下同），似近于欧西立体、野兽二派，不知吾公意想中又在追求何等境界。鄙见中外艺术巨匠，毕生均在精益求精，不甘自限（范评：言外之意，实此两批作品之粗陋，不曾做到精益求精）。先生亦不在例外（范评：此正面之勖勉，实以为先生已属“例外”矣）。狂妄之见，不知高明以为然否？”[③]先是对黄宾虹“纯用粗线，不见物象”提出质疑，继之对黄趋近“立体”、“野兽”二派惊讶，“不知吾公意想中又在追何境界”，困惑之中有所不满。“鄙见”至“先生亦不在例外”，无异对黄宾虹提出期予。委婉之劝，在其中矣。“狂妄之见”正是傅公批评之主旨。这足见此信是傅雷以诤友的直言，对黄的批评。越明日，傅雷又有一信，对前信之“狂妄”似有忧黄老之不受，而作转语，反批评而为赞扬。文人切磋，时有妙趣，而悱恻之情，实为可感。“前二日事冗，未及细看，顷又全部拜观一遍，始觉中、小型册页中尚有极精品，去尽华彩而不失柔和滋润，笔触恣肆而景色分明，尤非大手笔不办……但在泰西近八十年方始悟到，故前函所言立体、野兽二派在外形上大似吾公近作（范评：前信云“似近西欧立体、野兽二派”，此信转而为“立体、野兽二派在外形上大似吾公近作”。前言黄似他人，黄当耿耿；而改为他人似黄，黄则其喜洋洋者矣），以言精神，尤逊一筹。此盖哲学思想未及吾国之悠久成熟，根基不厚，尚不易达到超然物象外之境。至国内晚近学者，徒袭八大、石涛之皮相，以为潦草乱涂即为简笔，以犷野为雄肆，以不似为藏拙，斯不独厚诬古人，亦且为艺术界败类。若吾公以毕生工力，百尺竿头尤进一步，所获之成绩，岂俗流所能体会。曲高和寡，自古已然，固不足怪也……”[④]即使如此，傅雷对黄宾虹失明之后“有线无形”之作取审慎之尺度，谓“始觉”，言昨日之未觉也，亦言曲高和寡，不易获赏，不惟他人，傅雷亦在其中；以傅雷之博闻广识，犹不易深知，更无论鄙识庸听矣。虽然，傅公之用词固不奢，称“尚有极精品”，意指精品之少也，这“尚有”不同于“多为”，更不同于“皆是”，足见大半作品仍不为傅公所见赏。须知者，傅公所以译罗曼 · 罗兰之《约翰 · 克里斯朵夫》、丹纳之《艺术哲学》，以傅公本人崇尚古典主义，于音乐，克里斯朵夫所激赏之莫扎特、巴赫、勃拉姆斯，亦深为傅公所景仰。彼时浪漫主义之德彪西尚不在其主要视野之中，更无论兹后之前卫先锋矣。傅公之所以写此两函，未必想对黄宾虹之“追求”起推波助澜之作用，筑堤的意味大于导流。以为黄宾虹先生曲高和寡不顾俗流则可，一味有线而无形，则易忘其精进目标。于无文字处透出傅公之良苦用心，而又绝不伤黄宾虹先生神圣之自尊。读后抚卷长喟，深感傅公之于黄宾虹可谓用情过深、敬爱有加矣。

世有激赏黄宾虹“壬辰之变”者，即以为白内障眼疾于黄宾虹非徒无害而有益，甚至近乎神的意志。称1952年夏至1953年6月近一年时间内的作品“近于天籁又无比老辣”，说它们“无法不法，乱中不乱，不齐之齐，不似之似，这些中国画家终生追求而不可得的境界，竟然在一个瞎眼的老画师笔下出现了！”⑤说这证明了黄宾虹“中国画舍笔墨内美而无他”⑥的美学理念。（范批：此强用黄宾虹昔年之语以评壬辰作也。）这些说法显然出自王鲁湘先生的想当然，由于怪谲而不禁使人骇异。但令人不胜遗憾的是，绘画毕竟是视觉的艺术，壬辰之作免不得碰，碰上好的，那是天章云锦似的杰构（傅公所谓“尚有极精品”者），而大部分作品则是破败支离的劣作。我以为王鲁湘先生的激动不是伪装的，因为欣赏艺术品绝对是不可规范的个人行为，应当原谅这种迷信的状态，然则作为生平实录之《黄宾虹年谱》竟有以为失明后“画面呈现一派前所未有的灵光，一点一横均臻天真烂漫、随心所欲不逾矩的神明之境”⑦，窃以为过矣。

其实，黄宾虹的伟大是不用怀疑的，然则岁月不饶人，当眼睛已全然不见，加上体力不逮，你偏说这是“会通之际，人书俱老”，那就会陷入不可自圆其说的我执。

艺术家固有创造之惯性，黄宾虹之双目失明作画与贝多芬之双耳失聪作曲，是不可比列的两件事。音乐的旋律，对大师而言是内心对天籁的回应。真正的大师在没有弹奏出声的时候，那美妙的音符便会流转圆融地组合，和声与对位会天衣无缝地、诗意般地存在，整个的朔拿大不在纸上，而在心上；而这种感觉来自他耳聪时的刻骨铭心的乐感。那时甚至在梦中想出乐曲，醒后记出，同样可达至美妙绝伦的境界。这不需体力，只需灵智。盛年双耳渐渐失聪的贝多芬创作的力量却与日俱增，每一次热烈而真挚的爱情，都带给他双倍的痛苦与悲伤，而这欢愉和痛苦都在他的乐曲中铭刻下来。四十六岁耳朵完全聋了，五十二岁时不甘向命运屈服的他，要求亲自指挥他的乐曲，指挥棒和乐队各行其是。这次的失败，和他的作曲毫不相干，乐曲是伟大的，而伟大的作曲家手中的指挥棒令人愤怒。然而，贝多芬毕竟是贝多芬，两年后，他指挥大获成功，我相信乐队对大师的迁就起了绝对的作用。当女歌手将他拉向观众时，他大为惊愕，全场疯狂地挥舞帽子，鼓掌致敬，然而他听不见。

我相信黄宾虹心头也有一曲曲的山河颂，“中华大地，无山不美，无水不秀”[⑧]，那是足可陶泳、心驰神往的所在。甚至我相信，在黄宾虹的心灵里蕴蓄着无数美奂的云影川流，这无言的天地大美甚至在梦境中都萦绕着他。层峦耸翠，上出重霄；飞阁流丹，下临无地。他的不屈生命和意志迫使他作画，然而和失聪的音乐大师不同的是，鸣奏在大师胸中的是完整无缺的；而在失明的大画师笔下，必致山河破碎。几十年的腕肘运转，那金刚杵般的线条这一笔那一笔地在画面绝不连属地腾跳。也许很多的读者曾看过黄宾虹的杰作，了解老先生崇高的画品、人格，这种综合情绪会使人们产生欣赏误区。往好里看，是所有人的善良愿望。大不其然的事实是，我们纵览历史陈迹，无论绘画史、诗史、音乐史上，即便是天才的大师，至美顶尖的作品，在他们一生之中，所占比例都是少数。以这无情的事实来衡诸黄宾虹，当然他也不能例外。更况他的寿数与作品成正比，因此其作品中不佳者的数目是巨大的。与其寿数伯仲的齐白石有“废画三千”一印，可见他有自知之明。遗憾的是，欣赏者群体对此并不认账，收藏家眼力不济，于是带给艺术家的遗憾几乎是永恒的——你越坏的作品却越被社会所宠爱，黄宾虹画在此成了最大灾区。目下，作品的好坏已降居次要的地位，只要是黄宾虹的画，哪怕是极粗至陋的作品，都被罩上了无数的光环。记得罗曼·罗兰在《约翰·克里斯朵夫》中记述过克里斯朵夫的最大悲哀："而他最难堪的是，那些应时的曲子，他作品中最坏的一部分，偏偏给人家珍藏起来，没法销毁——例如为庆祝亲王诞辰所作的协奏曲《王家的鹰》、为公主亚台拉伊特出阁所写的颂歌，都被人不惜工本、用精致的版本印出来，使他恶俗不堪的成绩永垂后世——因为他是相信后世的。……想到这样的羞辱，他竟哭了。"郑板桥曾怒不可遏地警告后之来者，倘有人在他身后编纂全集，他将化为厉鬼啖其头。其与劣作之深仇大恨如此。且也，艺术品不是可以量化的商品，"多"与"好"之间，没有太大的关系。丰产作家，不在看他作品的厚薄，而在看他作品的优劣。即使有自知之明的大师也难免对自己的作品怀有偏爱，没有齐白石和郑板桥的见地。陆放翁的《剑南诗稿》中坏作品便太多，竟然出现了"洗脚上床真一快"式的鄙俗俚语，实在有伤大雅。然而不碍陆放翁为大诗人者，因为至少一万首中有五十首可与唐宋诸大家并列，足可传之千古，那么我们就有理由原谅他的九千九百五十首的粗陋。即使有了齐白石的"废画三千"的见地，我们翻开他的全集，也还有他撕得太少的遗憾。对大师一味地仰之弥高是不行的，他不是神。黄宾虹先生曾讲过陈老莲陈列其画，众人称佳者必当众撕之，此有作秀之嫌，既以为众皆以为美，斯不美矣，正可回去慢慢撕。平心言之，古往今来于笔墨上下过黄宾虹那么大工夫的画家，恐怕不作第二人观，因之他的即使粗陋的作品，而绝无恶俗，绝无市井，也绝无江湖。究其原因，可用黄宾虹的一句话概括言之："中国画舍笔墨内美而无他。"⑨

屈原所谓"纷吾既有此内美兮，又重之以修能"（《离骚》），这"修能"二字，正黄宾虹所谓之"笔墨"，而"内美"在屈原则指个人心灵的高度修养，即黄宾虹所体认的志道、据德、依仁、游艺。"志于道"，是他对宇宙本体竭诚尽智的追索；所谓“据于德”，则是他对天地大德的向往；所谓“依于仁”，则是他对人生、万物的无限恻隐；“游于艺”，则是他几十年孜孜矻矻、朝斯夕斯的不懈攀登。若论道德，黄宾虹则是不折不扣的大儒、清风高节的志士。他远离喧嚣混浊的人生，是非得失与他藐不相关。他的孤寂不但是缘于心志的高洁，也由于他的修炼持守所需要的绝不是世俗的繁华，而是空所依傍的“慎独”和“心斋”。在这里，黄宾虹将儒家的“事功”与庄子的“无为”这两个似乎截然对立的概念融而为一。

诚如黄宾虹所说：“山水画乃写自然之性，亦写吾人之心。”⑩“自然之性”是什么？那是天地无言之大美所在，是天地的大和之境。这种宇宙本然的存在是那样美妙、那样奇幻、那样不可思议，它“惛然若亡而存，油然不形而神”（《庄子·知北游》）。当黄宾虹追索着宇宙的本根的时候，他深悟到宇宙的本源的素朴和荀简，那是一种极其单纯的存在，道之所在是浑沌的、齐一的、无待的，而黄宾虹的所有关于自然和笔墨的论述都宛若站立于宇宙的环中。他怀着宁寂而旷远的心境，在他的艺术王国踽踽而行。人世间的谀诈他全然不知，而世俗的事功已在他的坚韧的艺术行程中消融。一个伟大的心灵对历史的陈迹——经史典籍、鼎彝古器、古籀汉隶、宋元名迹有着无所不包的胸襟，对真正的创造者而言，决不希求古典主义的终结，而是将自身的生命与古老的生命嫁接、延续、生发和更新。黄宾虹是决不可能守于一家、死于章句了。他八十岁以前还在临摹沈周、巨然、高克恭，更无论此前他所穷追深诘的董北苑、黄子久、吴仲圭、王叔明、唐六如、文徵明了。当然还有那他永远看不到的王维、李营丘，这是他心灵上的祭尊。凭着他的博大修养，他能如门捷列夫元素周期表一样地追寻到梦中的王维和李营丘。

黄宾虹对地——天——道——自然的广大追求，不是晚近“其犹一蚊一虻之劳者”（《庄子·天下》）的套袭古貌、专尊一家者。傅雷先生对黄宾虹的四字评价“家数无穷”，最是知音之赏。而黄宾虹游山访古数十秋，秦岭云横、太华峰险，放笔即在眼底；庐山之秀、黄山之奇，吮墨即至毫颖。胸次既浑然而无渣滓，下笔故跌宕而无挂碍。丛林茂竹、巨峡大壑、苍岭云岫奔来眼底。当此之时，曾不知有今有古，亦不知今夕何夕，笔下无非生机，墨中必有氤氲。这浑浑噩噩的状态宁非宋元君时解衣般礴的画师？宁非以无厚而入有间、恢恢乎游刃而有余地的庖丁？黄宾虹之画迷人处正在他的不经意、他的从心所欲。世人苟无黄宾虹之学养功力，必欲袭其皮相，那将是十分可悲的事，因为那“厚”立刻变为“赘”，“密”立刻变为“缛”，“重”立刻变为“浊”，“满”立刻变为“挤”。亦若古希腊神话中当太尔式的烦恼——“仰取果实，化为石头，俯饮河水，水即不见”。

“心斋”使黄宾虹心灵完全达致“撄宁”之境，烦乱与不安得以彻底宁寂，那是一种神圣的“吾忘我”的无待之境。这时，创作状态中的黄宾虹是一匹解索脱羁的骏骥，风入四蹄，奔赴绝尘。这时的笔墨生发，纯任自然而不可言说，“道不可闻，闻而非也；道不可见，见而非也；道不可言，言而非也”(《庄子·知北游》)。即使黄宾虹对笔墨的论说，那也仅是为学画者所开方便法门，并非可以一一辨析。黄宾虹论笔之平、圆、留、重、变如何如何，竟有与五行之说勉为勾连，要非论画之法门。[11]

宇宙乃是时空流转的无始无终的过程，“吾观之本，其往无穷；吾求之末，其来无止”(《庄子·则阳》)。观黄宾虹画知所谓无起止之迹，岂惟论一笔一画之来去，实在是笔墨浑融于大造的超诣传神。黄宾虹在他忘我的时刻，便从时空的我执中解脱，达到了物我交合、物我俱化，忘是非、忘生死的境界。朝晖夕阴随其自在、春夏秋冬顺其自然，那是一种天籁、地籁、人籁的宇宙交响。“自其异者视之，肝胆楚越也；自其同者视之，万物皆一也。夫若然者，且不知耳目之所宜，而游心乎德之和。”(《庄子·德充符》)

我敬爱的恩师李可染先生曾有一段欣赏黄宾虹画的极富意味的话：“黄宾虹老师的画，远看什么都有，近看什么都找不到 。”[12]知黄宾虹者，除傅雷而外，岂唯李可染耶？可染先生智深睿永之大师也，与我们论黄宾虹，从不作玄虚莫测之谈。若用笔用墨，都能娓娓道来，出神入化，鞭辟而入里，使我们进入黄宾虹宏大而辟、深弘而肆的艺术王国，在那里作抟风九万里扶摇而直上的逍遥游。

“心斋”使黄宾虹的绘画具有了寂静而空明的本根之性。黄宾虹的五字诀“画贵有静气”，绝对是衡量一切中国画的关键。“若一志，无听之以耳而听之以心，无听之以心而听之以气。听止于耳，心止于符。气也者，虚而待物者也。唯道集虚。虚者，心斋也。”（《庄子·人间世》）至此，我们完全彻悟了心斋——虚——冲和的奥义，他远离喧嚣浮躁，接近了宇宙的本源，那是绝对宁静的无何有之乡。原来黄宾虹的“黑”，来源于他的“知其白而守其黑”（《老子》），这“白”何尝不是浑沌未开时的“无”。

那横无际涯的虚冲大气笼罩着黄宾虹的画面。回崖沓嶂、九垓汗漫、云锦万叠、风色千里奔来眼底；浩渺情愫、难忘忧思、跌宕诗境、古今浩叹注入心头：那是人生难再的五脏疏瀹、精神澡雪。你所思者早非一山一水、一草一木。黄宾虹的画使我想起庄子的一词——天放。天高地迥，觉宇宙之无穷。那迷蒙的、苍莽的、无可穷极的幽深中是晓色初开，还是暧暧将罢？是云青欲雨，还是水淡生烟？此中定有大造的瞬息万变，有自然的生死荣枯。那浮动着的浓重的黝黑，是千千万万傲霜松柏；那散落着的飘动的墨点，是林林总总崔嵬峰峦。

死于章句的饾饤小儒会去一字一句地读杜甫的《秋兴八首》，而探测宇宙奥秘的陈省身则把《秋兴八首》看作一种非凡的气势，一种使心旌摇动的雄风。读黄宾虹的画亦然，必须以苍莽之眼观物，以雄阔之心体情，除此法门，更无他途，你只会永远在黄宾虹的画外作隔岸观。刘勰云：“文之思也，其神远矣。故寂然凝虑，思接千载；悄焉动容，视通万里；吟咏之间，吐纳珠玉之声；眉睫之前，卷舒风云之色：其思理之致乎？故思理为妙，神与物游。”（刘勰《文心雕龙·神思》）此情此境，黄宾虹先生有之矣。

当我们以形上之思游于无端之纪以后，回过头看黄宾虹的画史和画论，就立刻会发现，黄宾虹的实践属灵智领域，而他的言说则是为初学者之方便。前者是黄宾虹匪夷所思的、不易端倪的博大沉雄景观，而后者则是睿思与偏见齐飞、学者共冬烘一色的间间小智之所在，即使，亦有说焉：

黄宾虹是一位纯粹的艺术家，让他谈经学，固不如乾嘉时人，故有“圣人法地”之误；论笔墨最有发言权，又故挟高论如“太极”之类。可叹赏者是黄宾虹的“妙悟者不在多言”的只词片语，而不是他连篇累牍的《古画微》。对后世的贡献应是那闪烁着智慧之光的警句良言，至于四平八稳的画史评述，并非黄宾虹的杰构，不足列为经典。作为画史家的黄宾虹可谓平平，而其鉴测古迹，亦多获故宫专家们如朱家溍之微词。

他对线的认识，我们不妨追溯得远一些，方可知所从来。乾嘉以降，学者畏文字狱之斧钺，一头栽进经学，以此朴学大兴。于经史子集多有勘误，而于天文、历法、音律更多所发明。朴学前导，碑学以兴，乃有包世臣之《艺舟双楫》及康有为之《广艺舟双楫》出，重碑轻帖之风，遂披靡国中。包世臣雄谈书法用笔，难免穿凿；康有为峻论扬碑抑帖，多有偏激。所幸者，重碑于中国书法及绘画确有贡献，而黄宾虹之论用笔，大体未越包、康藩篱。兹略举数则以呈一斑：

> 用笔之法，从书法而来，如作文之起承转合，不可混乱。起要锋，转有波澜，收笔须提得起。一笔如是，千笔万笔，无不如是。⑬

此论是也。从解析用笔而言，此固无讹。宛若电影之慢镜头夹以定格，则一条线确不简单，然则黄宾虹之用笔，风雨齐下，如春蚕之食叶，绝使不得如此之慢镜头推移。解析则可，必验于黄宾虹的每一条线，则会大失所望。

“一笔如是，千笔万笔，无不如是”则更是大师殷殷于人而不欲求诸己者。以此知读大师文正不可胶柱而鼓瑟，刻舟以求剑。

> 用笔以万毫齐力为准，笔笔皆从毫尖扫出，用中锋屈铁之力，由疏而密，二者虽层叠数十次，仍须笔笔清疏，不可含糊。⑭

此论亦是也。中国画重中锋，即如锥画沙，笔笔无论粗细飞白当皆从毫尖扫出。然则，如此用笔从范宽到黄宾虹都未发见层叠数十次者。苟浓淡墨叠以数十次，绝对能造出一张黑色的硬纸板，而不是气韵生动的山水画。读黄宾虹之画论，不要忘记他是一位诗人。驰骋其词，以求痛快，乃诗人之所须，盖非初学之所宜。

> 流动中有古拙才有静气，无古拙处即浮而躁。以浮躁为流动，是大误也。⑮

此足允为大师只眼。不惟以言当时，亦可以言千秋，更可以验现今。有以为中国画笔墨等于零者，其用笔之浮而躁，如春蚓之行于草，秋蛇之绾于树，鄙陋浅薄，厚诬国画，无视权威，诅咒徐、齐，实可鸣鼓而攻。

> 生则文，拙则厚。⑯

生、拙可为比列，而文、厚范畴有别，黄宾虹往往行文有逻辑之疏漏。一依其意，倘改为“文则清，质则厚”，加上“文质彬彬然后君子”，则为大师妙语矣。轻动古人，殊属不恭，而为解读计，似更谙合于黄宾虹之所思。

画有四病：邪、甜、俗、赖。

邪是用笔不正。[17]

此论虽只数字，可谓切中时弊，入木三分。古今之画而俗者，能逃脱此数字之网罟乎？

行文至此，忽思黄宾虹以大师之身手，固不囿于一笔一画之得失，对于大师是百无禁忌的，于大师之作不见其为不足者，于初学则或可致命。贝多芬之曲，偶有和声之误，此失聪后之难免；亦若倾国倾城之女，蓬头粗服不掩其美，苟内美阙如，而自谓从心所欲，其后果当不堪设想。

近有研究黄宾虹书法，思虑过深，怪谲之论迭出。以为黄氏创“起于一点”的“太极笔法”或称“太极全息法”，每一个点、每一条线都是一个太极[18]。有研究《红楼梦》而发现“八卦红楼”之说者，可与此媲美矣。要之学术一事，最重质实，不尚虚浮，至如“哲理的神秘”、“笔墨的解体”、“笔墨的自主化”、“巨大而深刻的文化秘密”、“S线的内在韵律的把握”[19]云云，皆入法执之迷障、我执之烦恼，谬托知音，逞其私智，除尘秽视听而外，恐非黄宾虹之所可轻恕者。

以我之见，黄宾虹之用笔理念既深邃而又质朴，那是可以触摸到、感觉到的。从他的最精绝的画上，我们可以看到的是那如百炼钢成绕指柔般的刚柔相济的线条，它坚韧有力，如维摩之金刚杵，笔笔刻入缣素，即书论所惯称的如锥划沙，其用笔之力度，真“五百年必有王者兴”，堪称不世而遇的精美绝伦线条。这些线条构成了黄宾虹体现“知白守黑”哲理的大厦，从而孕化为丰厚美奂的山川形神。以点积线，丝丝入扣，不轻浮滑动，如邬彤所称怀素之“折钗股”，亦如包世臣所谓“虽细如发丝，全身力到”，黄宾虹皆有之。加之黄宾虹作画从心所欲，左右向背，各相乘除，虽时见缺落而连属不断。此点最需读者慎思、审问、明辨，其中包括傅雷所谓的“尚有”范围内的见线不见形的少数作品。对这些作品一概否定是不科学的，而全部肯定更是错误。最重要的还是黄宾虹叠笔、破笔、晕墨、宿墨不择时而用，无处而不适，无处而不宜，人不知其笔墨之始末，但见其整体性的鸿蒙氤氲，此黄宾虹艺术之大观也。近世李可染先生为黄宾虹入门弟子，天下知黄宾虹者并不多，而可染先生所口述，多经其深思熟虑，不似时下之巧言令色，炫人耳目。

前面提到黄宾虹先生画史之著如《古画微》水准平平的原因，大体彼时所见之真迹不似今日之富，故大体是据《贞观公私画录》、《历代名画记》、《画筌》、《图画见闻志》、《古画品录》诸著述之综合并参以己见，并不曾证以实物、佐以发掘，故而基本上是从文字到文字的工夫。其次，站于史家立场的黄宾虹，虽比较持平作论，然其根本立场时有透漏，如论八大，虽有赞词："笔情纵恣，不拘成法，而苍劲圆秀，时有逸气，挫规矩于方圆，鄙精妍于彩绘。襟怀浩落，慷慨啸歌，世目为狂"[20]，窃以为黄氏似有不甚欣赏、敷衍为文之迹。八大山人以旷世之奇才、伟岸之人格，创亘古未见之画史奇迹，前不见古人，后见之来者唯黄宾虹一人，两人之地位相当，何不视为异代知己？立场使然也。黄氏对画人往往于才情风发、一挥而就，不事"层叠数十次"之大师，吝于褒赏。又如"扬州八怪"中之郑燮，固"八怪"中之翘楚，而黄宾虹仅以"善书画，长于兰竹"[21]七字评之，不亦过轻忽乎？

要在黄氏评画执于一端，其所惯用词为"浑厚华滋"，论者亦多以"黑、密、厚、重"视为黄画圭臬，黄宾虹虽有"重、大、高、厚、实、浑、润、老、拙、活、清、秀、和、雄"[22]十四字诀，然此十四字并无逻辑相关联，且词义模糊，有老而不拙而嫩者乎？有厚而不实而浮者乎？黄宾虹在理论上并不如杜甫之于李太白之宽厚："白也诗无敌，飘然思不群。清新庾开府，俊逸鲍参军"[23]，以厚重苍润如杜甫者，对风格殊异于己的李太白激赏为"清新俊逸"，且称"无敌"，是过于己者也。亦有论者以为黄宾虹之论画十四字，"实都具备于尺幅之中"[24]，不亦奖饰过当乎？此十四字，倘为赞誉好中国画之一种说法，则有意义。果推重此十四字，必厌其反，依次排列其对立面为“轻、小、低、薄、浮、乖、枯、嫩、巧、板、浊、粗、隔、鄙”，亦可作贬损坏中国画之一种说法。但此直如药店之开药方，学理与审美之意义不甚清晰。且也，论美之文，必求其本身之美，若刘勰、若刘熙载、若王国维之文，其可流传不殆，乃自身之美质，倘以此求诸黄宾虹的专著，恐其所逊远矣。

天才出现的原因可能多种，然大分有二：其一，不知何时何地，忽焉勃然而发、伟然而生，才思睿敏、意气风发，此先天已然之存在，正不可限以牢笼、匡以陈见，此所谓“冒出来者”。如诗史上之李贺、纳兰性德、黄仲则、吴汉槎，皆二三十岁即攀登绝峰、名被天下者。亦若蚌之藏珠，自己生成，开壳之瞬息，即光照遐迩，其于壳中之珠，生长过程正似胎儿之于母体，不待外力之推动。其二，亦不知何时何地有一人焉，视之木讷，喃喃不能语，然心存弘毅、任重道远、才思积厚、术业渐进，初以为蹈袭古人、不越旧规，然则扫去胸中尘垢，终有一日豁然大朗，此所谓“磨出来者”。榜样未远，齐白石与黄宾虹是其人焉，而黄宾虹尤然。必抱如杜甫“语不惊人死不休”[25]之宏愿、必具“意匠惨淡经营中”[26]之耐力，作茧自缚正为化蛾、蝉衣不蜕只期高飞，正是这些天才发现的艰难过程。当黄宾虹以半纪而磨一剑，其清光储于铗中，当为必然。这是从灵魂深处渐渐浮起的觉醒，不是一声棒喝即可获致的顿悟。当然，也有部分人绝对地笨蠢，一似榆木疙瘩之迂顽不敏，即十世亦不足修成正果者，正所谓砖不可磨为镜也，而其间亦有好事者发现中国之凡·高，可为一噱。

知道自己成长岁月之漫长，其间崎岖可谓历尽艰难苦恨，又知道自己的胜果不为乡愿鄙见所容纳，故黄宾虹常有三代之后方有定评之说，以亲友、师生、回护之关系消失，画之自身当可发言。黄宾虹亦有五十年后始有知音之叹，其中些微的凄凉与孤独，怨而不怒，每每读画思人，不胜感喟。

黄宾虹固非不问世事的隐士，壮岁与柳亚子、冯心侠、景耀月等十九人有南社之集，柳亚子诗称所谓“寂寞湖山歌舞尽，无端豪俊又重来”，确实其中有十四人为同盟会籍者，足见革命空气之烈。其所为作，则大体与革命关系不大。首次雅集，柳亚子、朱梁任大赞辛幼安词，而词学专家庞檗子则大赞吴梦窗。柳、朱适巧皆有口吃之症，何敌雄辞之庞檗子？柳亚子大哭，真堪称“无端”之哭矣。记录此段，意思是黄宾虹之结社交友，虽多时代之先锋，然其最初活动内容与国是相去颇遥。至南社二十周年之时，周瘦鹃谓南社宿以文字鼓吹革命[27]，可作一种热情趋同的说法，至于革命与否，则有周瘦鹃之“鸳鸯蝴蝶”为证。至1948年，黄宾虹忽发“国画之民学”讲演，概念混淆，略无伦次，大论“三角的形状多，变化大，所以美……要不齐、要不齐之齐，齐而不齐，才是美”，“大体中国图画文字在六国时代（范评：六国？春秋五霸、战国七雄，六国不知所云矣。贾谊《过秦论》有九国之师说，指为秦所亡者，然不可以九国为历史专名词）最为发达，到汉以后就完全两样了……”，“我们应该站起来……”[28]，信口诌来，亦大有以“民学”为己任之态，能与“君学”抗争，其业亦伟矣。黄宾虹“立德”“立功”在其大艺术，“立言”在其只言片语，光耀千秋，至于宏论，迄未之见。

黄宾虹内庄而外儒者也，然庄为其本，儒为其用，且常用得不在谱中。我们不能要求以庄子之精神创不世之奇迹的黄宾虹同时是王夫之、顾亭林，不能神化黄宾虹，误以为他之所言句句切中肯綮。

我曾有《骨相刍议》一文，趣谈古今中外相术之玄机，其实非唯用于相术，亦可用于今之学黄宾虹绘画者。依我观之，今之从事者亦有三层次焉：

一、不知黄宾虹为何人，只迷迷糊糊知道其伟大。于是貌其皮相，朝学执笔，暮已大家。叫嚣乎东西，隳突乎南北。大纛张处，群雄毕至，试看今日之域中，竟是谁家之天下！更有甚者一二人焉，大有佛头着粪之气、呵祖骂释之胆，执笔凝神，眼空无物，而谓左右云：“你说句老实话，到底是我画得好，还是黄宾虹画得好？”众瞠目不知所对。庄云：“狗不以善吠为良，人不以善言为贤。”(《庄子·徐无鬼》)深宜此种狂悖无度之徒戒。

二、得黄宾虹之骨相者，目下千无一焉，万无一焉。所谓骨相者，黄宾虹之内美也，若操守、学问、词章，虽前文论黄之学或有疏漏，然其比照对象为顾炎武，为钱大昕，固黄之博雅，当非一般人可见项背者。

三、得黄宾虹之风神者，则吾师可染先生庶几近之。然则吾师云殁，后之来者或自称门生，或奢称谪传，终不成气候，唯耐心待以年月，而不可操之过急。

黄宾虹先生的道路并非唯一之道路。近世有傅抱石先生者，天纵异秉，披麻泼墨，烟云满纸，而悬瀑流泉，修远周流。三十年前之金陵，学山水画者亦曾皆称傅氏门人，竟有造伪者改姓为傅，其隆盛有似于今日之学黄。然则月移星转，盛况不似往昔。学黄与学傅，最难处仅有八字：“只可有一，不可有二。”盖凡大师之成，积数十年霜晨雨夜之磨砺，文章得失，寸心所知，断非袭其皮毛、盗其骨殖、冒其精神者可于短期间得之。即偶得一二，亦不过寿陵匍匐、苧萝攒眉，徒获笑于士林，更无益于画史。嗟夫，不苦学其过程，而轻夺其成果，其有成者不可预也。

近读郎绍君先生《问题与方法——黄宾虹国际研讨会发言述评》一文，间有卓见，如论“道咸中兴”一段尤可拊掌。然惜其不敢直言，以郎绍君之智不会不感到此次讨论会文章之劣，而绍君宽容之、迁就之，力图构建一座玲珑的七宝楼台，皆大欢喜，然而严酷的画史有时会拒绝其周到。

论述到此，不免感慨万千，悲从中来。黄宾虹先生生前决不会料到死后五十年的如此热闹场景，可恨逐臭之夫以批评家式之言说信口雌黄，带给艺术无穷极的灾难。他们忽而兴起，激赏那些败类们的劣作；忽而深刻，说一些绝然无识的、令人费解的外来词语，结果把一片光明弄成混沌，而这混沌中绝无意再放出光明。批评家和画家的红包联手，则使蛮烟瘴雾成了气候。当人们为之而晕眩的时候，后现代则乘虚而入，大行其是，其中的知名者浮动于社会视线之上，据说他们的名字叫做“大师”。

黄宾虹先生九十二岁弥留之际，吟出宋人邵雍的名句：“何物羡人？二月杏花八月桂。有谁催我？三更灯火五更鸡。”[29] 这是他平生所爱、所求的终结，也是他远离深深眷恋的祖国山河岁月的最后言谶。

恩师可染先生尝谓余云：“中国山水画三百年来，黄宾虹一人而已；三百年后，黄宾虹的地位会更高。”这是迄今为止最具卓识的预言。

2006年3月

注释：

① 王中秀编注《黄宾虹年谱》，549页，上海书画出版社，2005年6月第一版。
② 同上书，555页。
③ 同上书，549页。
④ 同上。
⑤王鲁湘著《中国名画家全集黄宾虹》，74页，2000年版，河北教育出版社。
⑥ 同上。
⑦ 王中秀编注《黄宾虹年谱》，533页，上海书画出版社，2005年6月第一版。
⑧ 1948年黄宾虹自题《雁宕二灵图卷》，见《黄宾虹美术文集》386页，1994年，人民美术出版社。
⑨ 同 ⑥。
⑩ 同上。

⑪王鲁湘认为：黄宾虹论画五笔，与中国古代“五行”思想一一对应，“本身就是‘五行’思维的产物”。见《中国名画家全集黄宾虹》王鲁湘著，132页，2000年版，河北教育出版社。

⑫《中国名画家全集黄宾虹》王鲁湘著，225页，2000年版，河北教育出版社。

⑬《中国名画家全集黄宾虹》王鲁湘著，206页。又1952年八十九岁自题《湖上晓烟图》谓：“作画落笔，起要有锋，转要有波，放要留得住，收要提得起，一笔如是，千笔万笔，无不如此”。见《黄宾虹美术文集》400页，人民美术出版社，1994年版。

⑭同上书，206页。

⑮同上书，205页。

⑯同上书，205页。

⑰同上书，206页。

⑱同上书，96—105页。

⑲同上书，110页。

⑳《黄宾虹论画》，河南美术出版社。

㉑同上书。

㉒黄苗子《黄宾虹二题》引黄宾虹语，见《中国名画家全集黄宾虹》王鲁湘著，230页，2000年版，河北教育出版社。

㉓杜甫《春日忆李白》，见《杜诗详注》第一卷52页，中华书局，1979年版。

㉔黄苗子《黄宾虹二题》，见《中国名画家全集黄宾虹》王鲁湘著，230页，2000年版，河北教育出版社。

㉕见杜甫《江上值水如海势聊短述》，《杜诗详注》810页，中华书局，1979年版。

㉖见杜甫《丹青》，同上书，1147页。

㉗王中秀编注《黄宾虹年谱》，207页，上海书画出版社，2005年6月第一版。

㉘同上书，495页。

㉙同上书，560页。

八大山人论

为了谈八大山人，引出一段明初的故事。洪武三十一年（1398年）太祖朱元璋驾崩，皇孙建文接位。建文皇帝为懿文太子之二子，为人颖慧好学，事亲孝，待人厚，然则，这都不足以继朱元璋这样的大皇帝之盛业。而宽厚往往与迟疑犹豫、孱弱无能相比邻，则其皇叔们的野心于是膨胀。首先是兵强马壮、才略过人的燕王朱棣，其次当数厉兵秣马的宁藩朱权。起事的首先是朱棣，他拉拢的第一个目标是既能武又善文的朱权。建文皇帝已有所觉察，乃召朱权入朝，朱权当然不能自投罗网，遂托故不奉旨。朱棣乃进一步对朱权挟持之，诱惑之，谓“事成，当中分天下”[①]，大有“同指山河”之概。当然，朱权给了朱棣相当的助力。但当朱棣一旦登上永乐大帝之皇座，当初信誓之词已为陈迹，于永乐元年（1403年）二月封朱权至南昌。有小人谮告朱权诽谤攻讦永乐帝，永乐帝即阴使人详察之，知为诬词乃罢。自此之后，朱权乃全身保节，纵情诗文，以为韬晦之计。日与文学士人相往还。托志翀举，自号臞仙。这“翀举”非指有意社稷之举也，羽化而登仙，凌云而直上也。（范注：翀，同“冲”，故有释如上。）看来老先生不太胖（臞，瘦也。）然而以藩王之位，自上了成祖朱棣的当后，终有耿耿于怀而不能释者。洪熙帝，其侄也；宣德帝，其侄孙也，然对这位于乃祖夺帝业有功的先辈，亦不甚尊重，对朱权政治上的要求一概不理。如仁宗时“上书言南昌非其封国。帝答书曰：‘南昌，叔父受之皇考已二十余年，非封国而何？’”[②]在百般无奈中，他成了一个地地道道的文人。论著颇丰，尝奉敕辑《通鉴博论》二卷，又作家训六篇、《宁国仪范》七十四章、《汉唐秘史》二卷、《史断》一卷、《文谱》八卷、《诗谱》一卷，其他注纂数十种。这些著述中《诗谱》一卷、《西江诗法》一卷等能载入《明史》志书艺文卷，足见有所建树，因为《明史》编撰张廷玉辈当然深具眼力。朱权到正统三年（1438年）薨，他曾孙辈已做了皇帝，真是一个在风云中侥幸永寿的王爷。这位朱权，就是太祖的第十七子，八大山人上溯的九世祖宁献王。八大山人生于帝王之家，而又有诗文书画的天分，与这段时势板荡中的变故大有关系。这是彼苍者天对宁献王朱权的一种赐予，赐给他一位不朽的伟大天才。

八大山人虽生于帝王之家，但已是皇家之边缘了，上溯七世祖封弋阳王，此后由将军而中尉，八大山人仅封为辅国中尉。论辈分可谓不低，他是洪武的十世孙，而崇祯则是洪武十三世孙，而论皇家的地位则不可同年而语矣。即使如此，他对自己的皇家身份是不会忘记的。彭文亮诗：“九叶风高耐岁华”，是对从宁献王至八大的九代皇宗谱系的描述。

明朝亡国于崇祯十七年（1644年），彼时八大山人十九岁，由“个山小像”上题年四十九岁推算，则为天启六年（1626年）生人。这时的明王朝已是危如累卵的时代，岂止败象丛生，简直是妖魅鬼蜮。正如《明史》所载，嘉靖皇帝之后，纲纪日以陵夷，而万历皇帝末年，废坏极矣。“故论者谓明之亡，实亡于神宗（万历）”[③]。而万历之世发生“梃击”之案，有蓟州男子张差者，持梃入慈庆宫谋不轨，意欲加害神宗的长子（光宗）和其母恭妃。光宗既登位，有疾，而鸿胪寺官李可灼进红丸，遂驾崩，在位只一月，于是有“红丸”之案。此先又有选侍李氏居乾清宫，亦怀挟皇长子（熹宗）及其生母王才人以自重之意。吏部尚书周嘉谟及御史左光斗上疏，请移李氏。“梃击”、“红丸”、“移宫”三案，直搅得神宗、光宗、熹宗三帝之世一派混乱。朝政之颓败往往见于种种妖孽作乱，群臣惶怖，这仅仅是冰山之一角，而明朝之隳堕实有更深之恶业在焉。

一个如此大的帝国，不可一日无主，而神宗在位历四十八年，后期与无主何以异？“因循牵制，晏处深宫，纲纪废弛，君臣否隔。于是小人好权趋利者驰骛追逐，与名节之士为仇雠，门户纷然角立。驯至悊、愍（天启、崇祯），邪党滋蔓。在廷正类无深识远虑以折其机牙，而不胜忿激，交相攻讦。以致人主蓄疑，贤奸杂用，溃败决裂，不可振救。”④可叹者神宗崩后，光宗接皇帝位，光宗，胸怀大志且举措英伟者也，视其为作，直可追陪汤武之振商。群奸震恐，乃有“红丸”案发，在皇帝位一月而驾崩。惜乎！朝廷之盼明主，如久旱之盼甘霖。光宗潜德久彰，海内属望，而天不假年，可哀也夫，可恨可夫！为社稷苍生哀，亦为社稷苍生恨也！

在“移宫”案中，保皇长子（熹宗）及其生母王才人有功的人，熹宗接位之后，重用信赖，故其必然。魏忠贤虽与保熹宗之“移宫”一案无关，然深知其前因后果，谅欲得宠于熹宗，必与熹宗之乳母客氏串通，两人竟一见钟情，自不可以同性恋视之，乃政治上之沆瀣一气耳。“客氏淫而狠。忠贤不知书，颇强记，猜忍阴毒，好谀。帝深信任此两人，两人势益张。”⑤于是魏忠贤职掌东厂，大行罗织，欲尽杀异己者。群小求媚忠贤，攘臂攻东林党。有中书吴怀贤者，读到杨涟指斥魏忠贤疏，击节称叹。吴怀贤家奴密告之，毙杀怀贤，籍没家产。民间偶语，有攻讦魏忠贤者，辄被擒戮，甚至剥皮、割舌，所杀不可胜数。仕林之无耻，有胜于市井一万倍。有浙江巡抚潘汝桢者，请为

八大山人造像

仿八大山人

仿八大山人

仿八大山人

仿八大山人

和平之歌

忠贤建祠；更有无耻之徒监生陆万龄至请以忠贤配孔子，以忠贤父配启圣公。于是客氏、魏忠贤以为天下一归于己矣。魏忠贤每出行，“锦衣玉带靴裤握刀者，夹左右驰，厨传、优伶、百戏、舆隶相随属以万数”[6]。而客氏居宫中，胁持皇后，残虐宫嫔，行无忌惮；而偶出归私第，其行杖直如皇帝之大驾卤簿。在这群凶煽虐、海内屏息、小人争宠的时节，有大书家张瑞图者，亦不顾羞耻，厕身其列。这真应验了“牝鸡司晨”（《书·牧誓》：“牝鸡无晨。牝鸡之晨，惟家之索。”）一语。明朝必亡，明朝不亡是无天理。

朝廷朽烂，生民涂炭，天灾连年，饿殍遍地，至万历、崇祯年间尤甚，至有人相食，父子、兄弟、夫妻相食者。官逼民反，明朝最后覆灭于李自成亦所必然。平日里，受皇恩、拜卿爵者望风逃遁。旰食宵衣，慨然有为的崇祯皇帝吊死煤山，于衣襟上书：“朕凉德藐躬，上干天咎，然皆诸臣误朕。朕死无面目见祖宗，自去冠冕，以发覆面。任贼分裂，无伤百姓一人。”[7]这位亡国之君的最后之举，有点儿悲壮，至少做到蒙难而不辱其身。死后清兵入关，加谥建陵，亦可谓死得其所矣。

以上略述有明一代二百七十六年江山之始末，其与八大山人有关者，其一，八大山人身上流淌着朱元璋的血，他和明王朝有着不可磨灭的血缘，虽然从他的上溯九世祖宁献王朱权起，便上当受骗，走向皇朝权力核心的边缘，而每下愈况，到八大山人的辅国中尉，已是可笑的贵族，他曾孙辈的崇祯皇帝知不知道他的存在，当属悬疑，然而皇族不惟有血缘之基因，亦有心灵构架上的基因。因为八大既生于弋阳王府，其贵族的心灵自有别于百姓。他会关注世道的沉沦、王朝的隳灭。他自有一衰皆衰的飘零贵族的哀叹、郁愤和悲凉。其二，八大山人的家族自宁献王始，便远离了政治的斗争，家风所被，倒成了一个文苑世家。八大所具备的丰厚学养，使其成为一个大智闲闲而不是小智间间的人物。这对八大山人的伟大艺术绝对有着不可估量的作用。其三，朝廷的黑暗、互为戕残不会影响宁献王之后。而以贵族之身，亦不易涉足社会清流如东林党之活动。更由于明末，八大山人犹为少年，社会经验阙如，明覆亡之际未尝有他发狂或自我封闭的记录。而腿足灵便，1645年清顺治二年，清军一入南昌，他立刻弃家遁奉新山中。1648年，妻、子俱死，有些心灰意冷，遂在进贤介冈遁入空门，剃发为僧。社稷的倾颓，只改变了他的生活，但他似乎未曾受到什么迫害。而在南昌的明宗室则遭殃者不少。

欣赏艺术永远是欣赏主体（观众）自家的事，感性是第一的要素。并非必知其历史背景然后知八大山人作品之好，而是既以为好矣，而进一步探其缘由，则更知其来有自。记得于中央美术学院就学时，自图书馆借得珂罗版八大山人画集一册，大惊异，大激赏，乃召同学少年、画友诗俦于一室跪拜之。每翻一页，吾则大呼磕头，其中有好友张秉尧者，党员也，亦长拜如仪。兹后事发，于拔白旗运动中，张秉尧为此受到批判，云以一个党员而听白专典型范曾号令，跪倒于反动封建王孙之前，是可忍孰不可忍？事后张秉尧于僻静处召吾，述其“深刻检讨”之详情，两人相与捧腹大笑。其时并不知八大山人如何生如何死，不知其为曹洞宗抑临济宗，不知其名号之玄妙，不知其诗文之深刻，只知其画好耳。此事证明一不争的艺术概论范畴的问题，即欣赏艺术绝非理性先行之事。正如我过去有云：“知与行，先行而后知也。知先于行，其行必踬；行先于知，其知必深。”则美院跪拜八大山人案，为行先于知也，是审美之正道也。而跪拜纯属少不更事，好为戏谑，不免多余亦且过矣。

八大山人之“逃禅”，可说是在他惯看人类不可救药的自私和愚蠢、社会人生的幻化无常以及历史的扑朔迷离之后的最佳选择。他没有黄宗羲、顾炎武、王夫之和黄道周的血性，起而抗清。八大山人内心的矛盾不会比他们少，人们也决不会景从于他的麾下，替旧王孙去恢复那糜烂透顶的朝廷。他根本上不是一个生活的强者。从1674年（清康熙十三年、甲寅）四十九岁的《个山小像》上看，他是一个儒雅的文士，谦恭而谨慎，皂履素服，断无市井气，亦无纵横气。鼻骨既修且高，足见出身不凡；而下颌骨尖削且小，大似末代贵族之状貌，说明命运已渐偃蹇，有清一代之末代皇族可以拟之。从相格上看不出他心灵的伟岸，也不可料想他艺术之博大高华。从小像上看，他已从灵魂痛苦的深渊中解脱。

然而这样羸弱的身体中，的确包藏着一颗博大而坚强的心灵。这心灵似曾受过炼狱的洗礼，在大火与岩浆中化解后，升腾到天堂。它不曾沉入地狱，相反的，一切灾难：包括社稷的沦丧、宗族的溃散，妻、子的死亡，亲朋的凋零，却使他变得异乎寻常地坚毅。天生百恶造就一诗人，同样造就一伟大的、划时代的、万古不朽的画家。这心灵的历练史，正是我们进一步破读八大山人艺术的法门。

1648年清顺治五年当他二十三岁时，在进贤介冈遁入空门，剃发为僧。他的禅师是介冈灯社的弘敏，是禅门曹洞宗的第三十八代传人。八大"僧名'传綮'，自号'雪个'"。[⑧] 五年之后，据饶宇朴于《个山小像》跋文中云："癸巳（1653年）遂得正法于吾耕庵老人（弘敏），诸方藉藉，又以为博山有后矣。"说明八大山人这五年之中能心注一境，已得大觉。又四年之后，耕庵老人移席奉新，八大山人成为介冈灯社之住山讲经的禅师，法幢高树，从者常有百余人。这是他断绝世间烦恼，心灵最为平静的十年。对于他个人，最悲痛的时节莫过于十九岁时亡国、二十三岁时亡妻丧子。这是他遁入空门的最直接的原因。而这些痛苦的化解，则应是他自身修持的胜果，在佛家叫觉悟，在庄子则叫"坐忘"。从混浊的人世得到的一切丧失之后，他来到一个消除烦恼的清凉世界。在这里，莲花次第开放，那是佛国的一片清香。"露冷莲房坠粉红"（杜甫句），在这个世界里，留下一个"冷"字；亦宛如敬安之诗："心中微有雪，花外欲无春。"这种"冷"，是对社会人生诗性的判断，而不是来自外界的感受；是一种至极的理智与至极的热情彻底融洽之后的"无缘大悲”，而不是世俗炎凉在自身的反映；是辞却懊恼之后的自在，而不是世网羁绊中的我执或法执。介冈十年对八大山人艺术的影响可说是既深刻而又不露形迹的。这十年的沉思静虑，洗却了他在红尘中无法摆脱的种种无尽的因业。这是一种自我的征服、一种大了断。

禅（Dhyāna）一词的解释很多，不太容易从中文中找到完整而透彻的对应词。据我的理解，不妨将“禅”译为“慧觉”，亦即智慧的觉醒。

禅，修炼的方法是忘境忘心，内无所欲、外无所求的正审思虑。它须要离开一切言说和实相而证得本心，处处无碍、事事通达，心头永呈一片光明。因此禅是最为圆融而自在的法门。八大山人中年自书“哑”字，本能拒绝对话，是逃禅，也更近禅。

禅宗“不立文字”，因为文字本身是一种言说。离诸言说，“直指人心”，才是禅宗妙谛。所谓：“道个佛字，拖泥带水；道个禅字，满面惭愧。”[9]这与《老子》书的“道可道，非常道”、《庄子》书的老龙吉不言“道”是一个道理。

安察常祖禅师《十玄谈》中说：“莫谓无心便是道，无心犹隔一重关。”表面上在否定“无心是道”，实际是他极而言之，教人们不要一心想着无心：想着无心，便是有心；想着学禅，便非真禅。这是大德高僧解粘去缚、抽钉拔楔的妙悟之言。八大山人之“逃禅”，不是为摆脱世网而逃遁入禅；正相反，是他在解脱我执、法执之后心灵上对禅的逃逸。这种逃逸，便是真正的“无心”。倘若评八大山人画“冷逸”二字的“逸”，用如此解释，则可称与八大山人会意矣。

禅既是自证本心，而本心又是什么？本心之中空无一物。证得那空无一物么？正是！那是了无尘埃的一片天空，孤明历历的一隅寂照。当此之时，你方做到外息诸缘，内心无喘。达摩谓惠可必须心如墙壁方可以入道，意思是那时的心灵，虎豹不能入，水火不能侵，这钢墙铁壁，只有“道”可以进入。八大山人有着这样的追求。他自称“净土人”，既包含着自己对心中一片光明自在之境的礼赞，也包含着对外在世界何处净土的追问。

既然要离诸一切言说和实相证得本心，那么八大山人的画，离诸一切言说实相了吗？当然没有。诸法空相更何须写字作画，然而，八大山人用笔墨去证得本心不可以吗？这儿的二律背反，使八大陷入尴尬之境。然而八大是聪明人，宛若黄龙死心禅师或黄檗断际禅师诸高德大僧说禅一样，也须稍稍有妙语机锋，难道我不可"涉事"吗？于是八大山人果然"涉事"了。这"涉事"不关名利，这"涉事"正是禅宗"放下"之意。"涉"者着墨矣，"事"者书画也，那这时"放下"的笔墨必是妙悟者不在多言的精绝话语。于此，我们不难理解八大山人为何"为道日损"，为何晚年之作越发苟简而清纯，那是他"损之又损，至于无为"的终极追逐。这里佛家的"诸法空相"和道家的"无为"合而为一，略无间隔。

至五十五岁之前，"传綮"的僧号，他一直用着，八大山人为僧或不为僧，他都是禅家。彻底悟禅者，大地皆为蒲团，正不必在丛林；钟磬之声，依旧在心头缭绕，也不必在佛堂。

康熙十八年（1679年）八大山人五十四岁时，神经似乎出了些问题。陈鼎《八大山人传》载："予闻山人在江右，往往为武人招入室中作画，或二三日不放归，山人辄遗矢堂中，武人不能耐，纵之归。"[⑩]这可以看作生活中弱者的反抗。武人者，清廷之下层军佐也，在他们愚昧而无知的眼中，是看不清伟大人物的，也决不会接之以清谈。幺三喝四是他们的本能，比之臭矢，或正八大式之反抗。

康熙十九年（1680年）八大山人五十五岁忽发狂失态，大哭大笑不止，裂其浮屠服而焚之，而且从此不再用"传綮"一名。对此，我的解释是八大山人还俗之后，他的思想比较浮动。其实禅学的修持，并非一旦得道终身受用的。来到十丈红尘之后，胸中又生挂碍、恐怖和颠倒梦想。譬如最不值得欣赏的一件事是他在清康熙十三年（1674年）《个山小像》上钤"西江弋阳王孙”之印，大有对失去天堂的怀恋。然而他不甘介冈修炼之果毁于一旦，他内心的斗争又见于“掣颠”一印，提醒自己不要为无名烦恼所羁索。一种自制颠狂的决心，正可见他心里明白。天才的神经病发，往往由于理智之力不足战胜奔突之情，而后者往往如沉埋着的地火熔岩，它等待着爆发已很久很久了，当理性之“掣颠”失败之后，八大果然狂了。这狂，有分教：不是打人骂街，不是自残、残他，而是哭笑无端，裂焚僧袍。从心理学分析，也许正是此时，他比平日更清醒。他会回忆那介冈法幢高树之日，是否言说太多；还俗之后又钤王孙之印，是否鄙俗太甚，烧去的旧禅袍又是一次心灵的裂变。康熙二十年（1681年），八大山人始署名曰“驴”，可说八大山人禅修的新境来临。自此不复用旧“传綮”之印，亦可证其决心之大。这次心灵裂变后果是巨大的，其精神光亮将灼照中国的千秋画史。我们也欣慰地看到，八大山人之狂，的确不是自许“狂禅”辈之狂，比较起八大山人的精神内在的自然裂变，那“狂禅”之狂，便带有些装痴卖乖、对人作态的嫌疑。康熙十一年（1672年），裘琏赠八大山人诗中有“个也逃禅者”句，是真知八大山人者也。八大这次的对禅的逸离却使他更贴近了禅，这不正应验了八年前裘琏的预言吗？知八大山人者，莫若裘琏也。

八大山人题“驴”一直是个谜，然而我们从《古尊宿语录》三十三卷上看到一段极有意味的文字，不啻是这千古之谜的精确答案。书载舒州禅师清远经常的禅家拈弄话头是“骑驴觅驴”，以喻人们想在现象之外找真实，或人们必于生死轮回之外找涅槃。舒州禅师说：“只有两种病：一是骑驴觅驴，一是骑驴不肯下。你道骑却骑了，更觅驴，可杀，是大病；山僧向你道，不要觅。灵利人当下识得，除却觅驴病，狂心遂息。”八大山人当然会读过《古尊宿语录》，他署名“驴”，正是他狂后所为，岂不正如那“灵利人当下识得”的一种顿悟吗？这舒州禅师对八大山人艺术更有影响的是另一段话：“如今明得了，向前明不得的，在什么处？所以道，向前迷的，便是即今悟的；即今悟的，便是向前迷的。”此段话的意思是：今日“悟”矣，昔日之“迷”尚在未？其实，向前之“迷”已为今日之“悟”所代，今日之“悟”即先前之“迷”。八大之狂疾正“迷”与“悟”替代之时，即“骑驴觅驴”之大病期。八大山人题“驴”，正是一种狂后的自警之举，有深意在焉。

禅宗在中国的发展与本土的道教有极大的关系，慧能以后，禅的空宗与道家思想结合，遂成思想史之大观。现在已被学界承认的：道朗并非八大山人，这与八大山人有着深厚的道教思想是两回事。和前面谈到的一样，是僧不是僧，还是八大山人；是道不是道，仍是八大山人。这与研究八大山人的心灵发展史是毫无关系的。其实晚年的八大山人的语言、诗文别人看着似有所难解，然而他当时决不是避免文字狱。康熙时于文字一事，似亦不同乾隆之苛酷。在八大山人那里，佛家和道家的道理，他都渐渐通透，禅家所谓“不修之修”，达到“智与理冥，境与神会，如人饮水，冷暖自知”[11]。这时，他们可以用静穆来表示禅宗的第一义——无，这种状态与《庄子》书中老龙吉的缄默不语而睡而死是一回事。禅家希望人们做到：忘记他需要忘记的，和《庄子》书中的“吾丧我”也完全相同，达于感悟之极致。临济宗的义玄禅师曾说，你倘若真正得到了禅的第一义，但切不要再有困惑（“但莫授人惑”，此处“授”字与“受”可通用，主客体不分），那就要做到“向里向外，逢着便杀，逢佛杀佛，逢祖杀祖……始得解脱。”[12]可见完全没有粘缚的禅学，是抛弃一切我执、法执的羁索，那是真正的大自在。人往昔的一切修为，都是这种心灵的准备，按冯友兰先生所说：“这是一种类似跳过悬崖的内心经验。”[13]而八大山人伟岸的心灵，已然越过了这卓绝的越崖体验，他不待别人的“一声捧喝”，已然跳达了彼岸。

老境来临的时候，八大山人的心灵愈趋宁寂、平静、恬淡，他远离了生平所经历的劫难和心灵上的震恐、挂碍、颠倒梦想，他具有了一颗真正的平常心。当一个人能以平常心对待一切色相的时候，那目之所见绝不是奇谲怪诞的所在。唯有这样的人，有可能达致无心无待而与天地精神相往还的境界。八大山人修持禅教的目的不是为了画得更好，那只是为了达到顺其自然的心灵境域。然而，这无心所栽之柳，却宛在和风拂煦之中抽丝吐绿，给人类的艺术林苑带来一片碧翠的无限春色，这就是八大艺术产生的全部过程。禅宗以为，当人处于迷障之时，看山是山，看水是水；当心灵处于历练过程之时，看山不是山、水不是水；然则当其顿悟之后，山还是山，水还是水。在八大的眼中所见，与平常人并无区别，那是宇宙的本然存在，那是自然，而禅宗修持的最高境即是自然。所有以为八大的艺术创作的方式是怪诞的，缺乏正常性，“山人玩世不恭，画尤奇肆”[14]；还有人以为八大山人作画必处于异常的感情状态、一种不平常的精神状态之中，这是一种误解，甚至是一种妄评。这是由于他们念兹在兹的不忘八大山人的“哑”，不忘记他的哭笑无端，不忘记他佯狂市肆，不忘记他遗矢中堂。啊！忘却这一切吧，当八大山人已经“吾丧我”，回归平常心时，你还抓住在八大山人八十一年生涯中短暂的异行以为解决八大山人艺术的永恒的钥匙，你就陷入了我执（烦恼障）和法执（所知障）的万劫不复的泥淖，你不只没有走近八大，而正是远去。

在中国美术史上，的确有真发神经病的，而此人与八大山人的艺术同样有着导夫先路的巨大作用，这便是会稽的徐渭。徐渭平生似乎并未在佛、道两方面有过什么认真的修炼，而于儒学，则科举累试不售。然而他却是一个不须争议的天才。他的行为够得上怪诞荒唐、不可思议。他死于明神宗万历二十一年（1593年），比八大早三四十年，然而他死后几年，人们便忘记了他。他的著作，即使在文人石篑家的书架上，已是一堆烂纸。“恶楮毛书，烟煤败黑，微有字形”而已。天才的悲剧呀！如果不是袁宏道偶然在石篑的书架上看到徐渭的这断阙残稿，恐怕不用到八大出生，徐渭这名字就会湮灭于滚滚红尘。这“偶然”对中国画史之重要，可以和天体物理学上哥白尼与布鲁诺之发现相比列。中国写意画史上少不了他。这“偶然”的发现者却是文坛之司命袁宏道，而袁宏道的评价恐怕在当时比谁都重要。这才有了兹后的裒集、整理、收藏。在徐渭身后，名若悬丝即将寂寞人世之际，重新声名鹊起。我们看一看当袁宏道看到徐文长文稿时的兴奋。因为彼时袁宏道不可能从电脑上检索资料，连天下有徐渭这样的天才他都全然无知。捧着徐渭的残稿“稍就灯闲读之，读未数首，不觉惊跃，急呼石篑：‘阙编何人作者，今耶古耶？’石篑曰：‘此余乡先辈徐天池先生书也。先生名渭，字文长，嘉隆间人，前五六年方卒。’……又当诗道荒秽之时，获此奇秘，如魇得醒。两人跃起，灯影下读复叫，叫复读（大似前文跪拜八大山人画状貌），童仆睡者皆惊起。余自是或向人或作书，皆首称文长先生。有来看余者，即出诗与之读，一时名公巨匠，浸浸知向慕云”。其思贤若渴、惺惺惜惺惺之态实令人感动，彼时尚未见其画。在袁宏道序文中，在评述其“山奔海立”之胸次、“英雄失路”之悲怀后，称徐渭为“八法之散圣，字林之侠客”。而又称：“晚年愤益深，佯狂益甚。”“或自持斧击破其头，血流被面，头骨皆折，揉之有声；或槌其囊，或以利锥锥其两耳，深入寸余，竟不得死。”由此观之，徐渭之疯为真疯，且为武疯。其疯症积以年月，愈演愈烈。“先生数奇不已，遂为狂疾，狂疾不已，遂为囹圄。”有另一与徐渭相识的梅客生致书袁宏道云：“文长吾老友，病奇于人，人奇于诗，诗奇于字，字奇于文，文奇于画。”袁宏道则慨叹云：“予谓文长无之而不奇者也，无之而不奇，斯无之而不奇也哉。”（后一“奇”字念“机”音。）[15]大意是徐渭之为人行事，作诗文、写字画，无所不奇，且其奇不可有相类者。“奇”，“偶”之反也，无之不奇即没有相偶也。较之徐，八大之“狂”，则佯狂也、文狂也，短期而即愈可，愈可而转宁寂，与徐渭有着根本的不同。徐渭发疯之时，全然失却理智，可以真正杀人。而八大山人之狂，则如前述唯可视为精神之裂变状态，是灵魂处于“迷”与“悟”交汇的蜕变期。当八大学禅，颇悟“逢佛杀佛，逢祖杀祖”之妙谛，其实是趋近了佛祖的解脱身心粘缚之大道。“无心”为修禅第一义，“杀”者，“无”也。杀佛、杀祖者，抽钉拔楔而已，并非利锥入耳、操刀行事如徐渭也。

现在我们就不难进一步剖析徐渭和八大山人艺术之轩轾了。徐渭和八大山人同为天才，那是不待怀疑的。然则其间的区别是巨大的，这种巨大的区别，过去颇少为史论家所注意。大体以为八大山人上承徐渭、陈淳，下启扬州画派。学者积习相仍、略无进境。此无他，知之或详而其识也浅，不重心灵而唯审形迹，学者从文字始至文字终。至于徐渭、八大作画即时之状态，有此笔墨必有此心灵，而心灵于画面之折射，又是一极复杂的过程。苟此种种都处混噩之状态，则其所论不精，必其然矣。以我深思数十年加之对八大之作传移摹写，心追手随，始渐渐有如下之体悟：

徐渭奇肆怪谲，而八大山人宏博正大。袁宏道称徐渭："其胸中又有一段不可磨灭之气，英雄失路、托足无门之悲，故其为诗，如嗔如笑，如水鸣峡，如种出土，如寡妇之夜哭、羁人之寒起。当其放意，平畴千里，偶而幽峭，鬼雨秋坟。"又云："文长眼空千古，独树一时。"[16]袁宏道此评于明武宗、神宗之际一出，天下震惊，的确徐渭做到了前无古人，后启来者。殊不知三四十年后八大山人来到人间，正所谓横空而出世矣，一洗先贤遗迹，又出生面。八大山人之作唯含蓄藉而后能宏博正大，内心之激越固有之，然其学养修炼，宛若高手之制烈骥，于画面所呈现者，盖非表面之豪纵恣肆，往往以温柔敦厚之面目，呈现一派大不可方的境界。其亲和力，来自八大山人生命的热情。他生平的怨恼、孤愤早已化为对万物生灵的广大恻隐与同情，这是禅修带给八大山人的争攀胜果，而不是对一枝一叶的描绘寄情。八大山人画面物象与徐渭的根本差异是八大山人富哲思、具悲怀，而徐渭则纵豪情、泄愤慨。有人以八大画鱼鸟，多白眼对青天，是其意有所抑郁、不得通其道所致。其实这样的皮相之判，代替不了观者的普遍感受。苟有一人，不知八大之艰难苦恨、不幸家世，其读八大画，必觉其冷逸而宁静、造型备极生动。艺术欣赏的直观性，最是重要，正如诗无达诂，人各有会。我们不赞成论者以为白眼鱼鸟即为抗清意识、即为爱国主义，但同时以为一切牵强之语，亦皆为看法，此亦一是非，彼亦一是非，皆有存在之权利。语言霸权，对谁都是毛病。

要之，文学与绘画有职能之分工，必强绘画语言之所不能，且以为八大山人可于绘画中寄托非笔墨所可承担者，则易入另一种我执与法执。以我执、法执而评禅论道，便可能陷于困境。文学更贴近社会人生，对功过是非、利害得失倘有超乎常人之睿智，必有不同凡响之判断。绘画则近乎诗性和音乐性，其所最长者为一种感觉、一种启示、一种会意。至高峻极的绘画不以表达大悲恸为极则，而是将大悲痛化为大慰藉、大执著化为大自在。八大有之矣，而徐渭不逮远甚。进言之，八大之绘画虽有哲理性，然赏八大画并非读《六祖坛经》或《五灯会元》；同样，读禅家书，会其机锋，感其探幽测微之妙则可，而欲自其中看到一幅美妙之画图，则绝对会失望。论者由此及彼，信为思维圆融；倘顾此而失彼，强此而为彼，正为文之大忌耳。

徐渭之画给人的直感是愤世嫉俗，故看出胸有不平。于是偶有败笔，殊少沉稳之气，这便易流于纵横。而徐渭因才气过人，瑕不掩瑜，终是杰作。八大则能寄宁寂于激越，作画之时，心中无挂碍、无渣滓，于是用笔既妍润而又峻发，亦若百炼钢成绕指柔，外包光华、内含坚质，线条笔墨无丝毫迫促溷沦痕迹。《老子》书所谓“善行无辙迹”者，八大有之，徐渭则未得三昧，其间的距离盖不可以道里计矣。

徐渭在美术史上不可磨灭的贡献，是他能将即时性的感发，淋漓痛快地宣泄。宋元之前的绘画语言虽有种种发明，然这种即时性，断不如徐渭之意气奔放。八大山人身处江西，当时由于讯息之迟缓，可以料定他所见徐渭画作不多，所有文字记载亦无一处提及。当八大山人名被全国的时候，袁宏道虽已推重徐渭近半纪，但其作湮没散失什九，在康熙之世，八大的影响肯定超过了徐渭。也许八大山人的笔墨直承董其昌、倪云林者居多，而董、倪绘画的清纯、宁静显然更近八大山人。我们应该校正一种说法，即八大之绘画和徐渭、陈淳之绘画有什么直接的血缘关系。于此我想到郭象的“独化”，当然郭象是在哲学上与何晏、王弼辩宇宙生成时提出此说，而对历史上伟大如八大山人者，我们是不妨借用一下郭象之说的。以八大山人之绘画，“空前”是必然的了，“绝后”与否，这将是一个有趣的问题。之所以有趣，因为三百八十年来尚未有一人达其堂庑，从今而后，亿万斯年，何能称“绝后”？不“绝后”，便显得有趣，这是自然的了。

综上所论，以袁宏道对徐渭之评“无之而不奇”、“无之而不奇”（第二“奇”字读“机”如前），那么，八大山人则是似奇而反正，似奇而反真。（着重号均为作者所加。）徐渭晚岁书画益奇，八大山人晚年书画愈趋宁静；徐渭，书画之侠也，八大山人，书画之圣也。徐渭奇肆不可相匹，八大山人正大不可方隅；徐渭之作令人惊骇嗟叹，八大山人之作使人深思息虑；徐渭于宇宙本体之原状（若极其单纯无垢）偶有疏离，而八大山人则贴近宇宙本体、略无间隔。徐渭之性，以宇宙之大犹不可牢笼之，而八大山人则与宇宙浑融为一，与万物和光同尘，无物无我，不知何者为我，何者为物。徐渭所写之物皆著徐渭之色彩，有我也；而八大山人则我与万物一如，无我也。这正是王国维于《人间词话》中判断词作之妙语，今亦以借用之。

中国美术史十分幸运的是出现了空前的大师徐渭，使我们更觉幸运的是出现了伟大的、空前的大师八大山人。天不生仲尼，万古如长夜；中国美术史苟无八大山人，绝对也会黯然失色。八大山人对中国画的贡献几乎是不可计量的，而随着历史的推移，他的艺术将使千秋蒙庥，恩泽无以数计的后之来者。

我们有必要再进一步探求八大山人的笔墨。《老子》书有云：“为学日益，为道日损，损之又损，以至于无为。”八大山人似乎永远在做着权衡损益的工作，最后，他是决心永作艺术语言上的减法了。惟其如此，语言越简捷而越趋近宇宙本体——道，从而他的艺术语言本身已不重要，而是这语言所传达、所载负的是大造气韵的周流、事物象外的神采。所以谈八大的笔墨，先谈八大的“无待”。《庄子·外物》有云：“筌者所以在鱼，得鱼而忘筌；蹄者所以在兔，得兔而忘蹄；言者所以在意，得意而忘言。吾安得忘言之人而与之言哉！”意之既到，则言亦可忘，这就是中国写意画的本质，而八大山人在这方面臻其峰而造其极。抽象早是中国写意画家的必具的品性，然此抽象断非欧西抽象派画家所指，断非毕加索、巴洛克者流之追逐。西方之抽象往往理性先行，先有一主义如野兽、立体横亘胸次，然后唯恐不新，主义层出不穷，而去宇宙本体益远。当西方的抽象主义发展到康定斯基和蒙特利安时，已排斥任何具象之联想，亦即画面只有不可名状的线与色、点与块。这些主义显然最后使艺术失去它最原始的意义。艺术当然要描摹自然，其间天才的描摹与笨蠢的描摹，距离正可以光年计。天才的描摹，必投入画家的意志，当画家与天地精神融而为一的时候，那就达到了道家的“撄宁”、“无待”，佛家的“无心”、“放下”的极其幽冥之境，这时画家的意志，就是宇宙的本然。我们有时看八大至极的作品时，心灵的感动是不可言说的。我曾在一篇论八大的文章中写道：“‘无待’，宇宙之大、日月之明、星辰之众，皆顺其自然；天体的运行、万物的繁衍皆随其大化。‘无待’，一切都无所依恃、无所追逐、无所期求。天地的大美，无须言说；四时的代序，毋庸议论；万物生灭，何需置喙？古来圣贤的本分是认识天地的大美、万物的至理，无为而治，不妄加意志于造化。”我还说过：“八大山人的画，简约至于极致，那是真正的妙悟不在多言，真正的至人无为、大圣不作。八大山人的画渐渐趋近他语言符号的本身，或者换言之，八大山人的画就是一种符号性的空前伟岸的语言。所谓‘士气’的符号，便是简捷清醇、精微广大、高明中庸。扫净一切的繁文缛节、一切的矫揉造作、一切的事功媚俗，那么‘士气’的博大、空明、雄浑、典雅便呈现在你的面前。这是八大山人艺术的符号意义，也是中国画的终极追求。”[17] 我之所之连篇累牍地转抄自己这段话，只是为了使世人清楚这“符号”二字，“符号”必须是本质的、简捷的、明确的，因为它“本质”地展示着宇宙的奥妙，“简捷”地对宇宙进行描述，“明确”地表达了天地万物那冥不可测的本然性质。大朴无华的八大山人的作品，是中国画史上作得最杰出的，也是无与伦比的。八大山人用情至笃，故而能深入其理，至于其性。虽入于“无待”之境而“谁免余情绕”，他总还有对人间的不忍割舍的些许怀恋，这就是他寥寥数笔所倾诉的全部悲悯和恻隐。他虽“无待”矣，然而无奈的八大山人离不开他的生命状态和生活境遇，他毕竟是活生生的人，他需要草堂寤歌、需要北窗三友，晚景有些凄凉，有时甚而饥饿，双手有疾，厨中乏粒。伟大的天才，和伦勃朗一样，他们创造了无限丰厚、精美的人类精神食粮，但他们却忍受着饥肠的折磨。写至此，不免为先哲一挥悲怆之泪。

八大山人笔墨的清醇，发源于心灵的“无待”和“放下”，他决不容忍笔墨中剩下的任何污秽。七十八岁时，他早已是人书俱老的会通之龄了。他有题画云：“董巨墨法，迂道人犹嫌其污……”在八大的心目中，有一位遥远的异代知己倪云林，高洁的心志和清华的笔墨使他们三百年的时间阻隔缩短。以我之见，三百年之中其可与八大山人联袂者，倪云林绝对是第一的人选。他们的晚年似乎都不再用色，从而为中国之水墨画树建极境。“繁采寡情，味之必厌”[18]，此可为千秋为文者戒，亦足为中国水墨画戒。繁采与水墨是有些不共戴天的，失败者包括精于水墨的张大千，也包括步其后尘而钝于水墨的泼彩诸公，更包括什么也不是的、咒骂笔墨等于零的中国画坛现代派“先驱”某人。如果喜欢色彩，可去画工笔重彩，其间的嫁接，或曰拉近距离，可谓多此一举。

在此，我们必须厘清的一种观念是将八大山人与西方后现代主义的生拉硬拽。后现代主义本质上是一种“文化批判”，八大山人则绝非其然。从他对倪云林的欣赏中，可以看到他胸怀的博大。他生活于我们民族的哲学思想和绘画传统之中。他的平常心使他不会发出匪夷所思的“决裂”、“呐喊”、“站起来”、“真的猛士”等等的激烈口号。八大山人自然地生发着自己的艺术，又重回归到那不假言说的自然。看黄安平画的那位小老头儿，那么谦揖可爱，那么清明在躬，他会揭竿而起吗？反传统？八大山人生前不像石涛那样疾言厉色。

谈到用笔，我们自会想到“腕力”一词。揆诸两千年中国画史，腕力能超过八大山人者尚未之见。或云，你说的是那位黄安平先生笔下的文弱老者吗？他腕力竟如此之大？腕力者，非角士掰腕之力也。长颖兼毫，持于笔尾，悬空挥写，于二维之平面上，以用笔之提压顿挫、轻重虚实，呈万象于三维空间，斯之谓腕力。而其中之杰出者，我们称他腕力过人。腕力乃丹田之气由臂至腕、由腕至指、由指至神经末梢运转回环、冲波逆折之力。盖艺林之班头，画界之祭尊，往往心灵具不矜不伐之定力，用笔乃有不思不勉之运转。气者，周流六脉之生命力也，这和肌肉发达与否，毫无关系。不少名家奋斗一生，下笔之际仍有用力过猛之病，吴昌硕自不待言，齐白石、潘天寿亦皆难辞。这当然是以八大山人作标准。比较其他人，此数公皆用笔之上选者。尝见八大山人画寻丈条屏荷花，其茎其叶皆中锋自上而下，坚挺婀娜兼之，此画必八大山人悬壁之作，则腕力之神奇，足可为万古之师矣。石涛不能画长线，齐白石一画长线则有枯柯僵丫之感，就线条而言，比八大山人正相差一大截。

至于八大山人之构图，断无造险之愿。古往今来，于《老子》书“知其雄，守其雌”，“知其白，守其黑”（《老子·第二十八章》）之参透，无过于八大山人者。知此二者，则“黄金分割”、“三角形”、“不齐之齐”、“齐之不齐”种种高论均可避舍；而量以尺寸、左右比划，然后下笔，皆愚人自缚，绝非构图要义。“位置”当然需要，而“经营”，至少不是八大山人所愿为者。“知其白，守其黑”指知阳而守阴，知刚而守柔，一切处于蓄势待发之状态。而此种状态则为八大山人感悟所致，不用刻意为之。八大山人于构图称大作手，无处而不可，无处而不适，如流泉之注地，轻云之出岫，如烟生霞飞，雪飘霰落，了无定则。最迷人处正八大画面之空白。一条小鱼、一只雏鸡、一块石头，背后是几十倍大的空白，事物宛在浑然天地、寥廓宇宙之中。人皆可如此作，然作出之效果恐怕有同于天壤。此无它，八大笔墨之精良，形态之妙造，有不可言说之美质在。蜷曲的动态，预示着高翔；美妙的笔墨，纯发乎心灵。八大山人把“白”作为“黑”的依存、作为“黑”的相生发的必要条件，八大山人岂止在以“黑”造象，更以“白”造境；而八大山人所造之境往往能将我们引向那众妙之门，心灵于无何有之乡作逍遥游。“抑志而弭节兮，神高驰之邈邈，奏《九歌》而舞《韶》兮，聊假日以媮乐。”那是天庭美妙的音乐，在八大山人的画中我们依稀可以听到。

三百八十年过去，八大山人，你在南昌广度庵的坟茔尚在否？我们似闻八大山人弥留之际致鹿村的信札中“性命正在呼吸”的清音，这呼吸正转化成了笼罩千秋万代的滂沛大气。你是生命的微弱者，而却是心雄万夫的巨人。这一点在西方只有一个名字与你相匹，那就是：米开朗琪罗。

注释：

①（清）张廷玉等，《明史·卷一百十七·列传第五》，中华书局，1974年版。
②同上。
③（清）张廷玉等，《明史·卷二十一·本纪第二十一》，中华书局，1974年版。
④同上。
⑤（清）张廷玉等，《明史·卷三百五·列传第一百九十三》，中华书局，1974年版。
⑥同上。
⑦（清）张廷玉等，《明史·卷二十四·本纪第二十四》，中华书局，1974年版。
⑧（清）胡景辰等，《进贤县志》，同治十年刻本。
⑨宋 道原，《景德传灯录》卷二十九，《十玄谈》第九，广陵古籍刻印社， 1990年版。
⑩（清）张潮，《虞初新志》，上海古籍出版社，1991年版。
⑪（宋）赜藏主，《古尊宿语录》卷三十二，中华书局，1994年版。
⑫（宋）赜藏主，《古尊宿语录》卷四，中华书局，1994年版。
⑬冯友兰，《中国哲学简史》，北京大学出版社，1985年版。
⑭（清）杨恩寿，《眼福编》，台湾文史哲出版社，1974年版。
⑮（明）徐渭，《徐渭集·袁宏道〈徐文长传〉》，中华书局1983年版。
⑯同上。
⑰范曾，《画外话》，人民文学出版社，2000年版。
⑱范文澜，《文心雕龙注》，人民文学出版社，1958年版。

附 录

范曾年表

1938年7月5日（农历六月初八）戊寅	出生于江苏南通范氏诗书世家。世家历四百五十年、十三代。
1942年 壬午	开始学画达摩，以至满墙千佛，兴趣浓烈如此。
1945年 乙酉	入南通女子师范第二附属小学，母亲缪镜心先生为该校校长达二十七年之久。
1949年 己丑	考入江苏省立南通中学。
1951年 辛卯	加入南通市美协。时年十三，称“南通小画家”。
1952年 壬辰	入高中，从学于名师家翁范子愚并徐质夫、顾昌祖等。
1955年 乙未	考取南开大学历史系，从学于著名教授郑天挺、雷海宗、王玉哲、杨志玖等。
1958年 戊戌	转中央美术学院美术史系，旋转中国画系，初见中央美院中国画系老师蒋兆和、李苦禅、李可染、郭味蕖、李斛诸先生，其中受蒋兆和、李苦禅、李可染诸大师影响最深。
1960年 庚子	入中央美院蒋兆和画室。
1962年 壬寅	在刘凌沧先生辅导下完成毕业创作《文姬归汉》，郭沫若先生欣然为题二十四韵四十八句五言古风于画上。《徐悲鸿》一书出版。毕业时经沈从文先生力荐至中国历史博物馆从事《中国古代服饰资料》之绘

	图工作。
1964年 甲辰	于长安“社教”中因坚持正确立场被打为“右倾”，至《社教二十三条》公布始得平反。
1966年 丙午	“文化大革命”开始，遭诬陷、迫害，被造反派揪斗。
1970年 庚戌	下放至湖北咸宁“五七干校”。
1971年 辛亥	返回北京，继续为中国历史博物馆陈列作画，代表作为《韩非子像》、《荀子像》。
1972年 壬子	创作《毛主席在湖南农民运动讲习所》。
1974年 甲寅	与贺捷生、白桦、张锲、韩瀚等联名上书周恩来总理，揭发“四人帮”在文艺界的倒行逆施。
1976年 丙辰	因书大挽联和写悼总理文而被批斗。10月，“四人帮”就擒。
1977年 丁巳	新年于人民大会堂作大幅《泼墨钟馗》。患重病，于病中完成《鲁迅小说插图集》。
1978年 戊午	《鲁迅小说插图集》出版。调中央工艺美术学院任讲师、副教授。
1979年 己未	参加荣宝斋代表团访日，与董寿平先生于东京举办联展。
1980年 庚申	于香港举办画展。于安徽合肥举办“庐州行”书画展。画法大变。此年有《灵运临风图》、《步出夏门行》、《载酒行》、《广陵散》等代表作。赴加拿大UBC大学和维多利亚大学讲学。
1981年 辛酉	赴日本东京举办个人画展。出版《范曾中国人物画》。获中国古代科学家邮票设计一等奖。
1982年 壬戌	为南通广教寺法乳堂画十八高僧壁画并参加建成开幕式。于东京举办画展。《范曾画辑》出版。
1983年 癸亥	于东京举办个人画展。获赠“中日文化交流奖杯”。
1984年 甲子	日本冈山县建立永久性“范曾美术馆”。《范曾画集》、《范曾绘画集》、《范曾的艺术》出版。调南开大学任教授，筹建东方艺术系，任系主任。11月发表《祖国·艺术·人生》演说。
1985年 乙丑	《范曾吟草》出版。
1986年 丙寅	中国美术馆和天津博物馆先后举办“范曾画展”，中国美术馆收藏范曾作品十幅。发表《胸中浩气，笔底雄风》演讲，提出新思维十条。与亚明、宋文治等组成画家代表团访美。
1987年 丁卯	为捐款建造南开大学东方艺术大楼赴日本东京、大阪举办“范曾画展”。任全国政协委员和民盟中央委员。于全国政协发表《重振雄风，再造民魂》讲演。被聘为国务院学位评议组成员。
1988年 戊辰	南开大学东方艺术大楼动工。出版《范曾自述》、《抱冲逸兴》、《范曾怀抱》、《范曾自书诗稿》等十种书籍。

1989年 己巳　于香港举办联展。出版《莽神州赋》画集。出版《祖国 · 艺术 · 人生》演讲集。日本出版《现代中国画坛的巨匠范曾》画集。于台湾举办首展，出版《范曾作品集》。于日本丰桥市美术博物馆举办“现代中国画坛的鬼才范曾美术名品展”。捐款四百万元所建南开大学东方艺术大楼落成。

1990年 庚午　于日本举办“范曾、宋文治画展”，并出版画集。于新加坡举办“范曾画展”，出版《范曾新作集》。与楠莉赴欧洲游学考察。

1991年 辛未　于台湾举办“范曾巴黎新作展”，并出版画集。

1992年 壬申　赴瑞典斯德哥尔摩大学讲学。出版《范曾精品集》。

1993年 癸酉　游欧回国，继续任南开大学东方艺术系教授，并被任命为学术带头人。11月13日在巴黎与楠莉结婚。

1994年 甲戌　出版《范曾绘画一百幅》、《范曾书法一百幅》。

1995年 乙亥　赴丹麦哥本哈根大学讲学。

1996年 丙子　画风大变，更重简笔泼墨，代表作有《简笔老子》、《泼墨钟馗》等。于深圳举办“范曾书画展”，出版《范曾画集》。

1997年 丁丑　出版《范曾诗稿》、《十翼还甲自寿》。

1998年 戊寅　于香港会展中心举办“范曾的艺术世纪大展 · 献给二〇〇〇年”。散文《风从哪里来》获散文奖。

1999年 己卯　出版《范曾自书七绝百首》，书法风貌大变，此为转折点。出版《中国名家作品精选 · 范曾》。于南开大学八十年校庆之际举办“范曾画展”。受聘为南开大学历史系博士生导师。

2000年 庚辰　出版《画外话 · 范曾卷》。散文《凡 · 高的坟茔》选列1999年全国散文排行榜。散文《沙尘，我奉上永恒的诅咒》选列2000年全国散文排行榜。绘越纪之作《老聃千岁图》并题诗跋。

2001年 辛巳　出版《范曾谈艺录》、《范曾散文三十三篇》、《中国近现代名家画集 · 范曾卷》、顺兴和斋珍藏本《当代大师范曾》。山东梁山县摩崖石刻范曾先生撰文并书《水泊梁山记》竣工。

2003年 癸未　出版《范曾临八大山人》。

2004年 甲申　出版《范曾插图本〈鲁迅小说经典〉》。发表《后现代，我看出你的冷漠》。受聘为中国艺术研究院研究员、博士生导师。亲自参与编辑校对《南通范氏诗文世家》。创作《奇文共欣赏——陈省身与杨振宁》。出版《南通范氏诗文世家》、《范曾自述》、《范曾诗书画集》。

2005年 乙酉　出版《故园卮言》。在荣宝斋举办“范曾乙酉新作展”。

2006年 丙戌　被评为2006年最具升值潜力的百名中国画家之一。范曾题签《中国当代书画市场圈点》出版。

2007年 丁亥　3月故宫举办范曾“回归与超越”大展，故宫收藏范曾作品十幅。为河南新郑炎黄广场作大型石刻碑文《炎黄赋》。

2008年 戊子　四川汶川地震后，在中央电视台举办的《爱的奉献》抗震救灾募捐活动直播晚会上，一次性捐款一千万元人民币支援灾区。为2008年北京奥运会创绘《弈秋课徒图》，获2008奥林匹克美术大会艺术贡献奖。被评为个人纳税模范。10月在法国密特朗国家图书馆作题为《八大山人和禅》的报告，在联合国教科文组织作题为《趋近自然》的演讲。

2009年 己丑　出版新作《趋近自然》(2007—2008年)、《范曾诗文书画集·论文卷》。中央电视台开设专题讲座《范曾：中国国画之美》、《范曾谈中国书法之美》、《范曾谈中国诗词之美》。就任联合国教科文组织“多元文化特别顾问”。法国参议院授予范曾“公民之星”金质勋章，以表彰其对中法文化交流之贡献。受聘为南开大学终身教授。在联合国教科文组织作题为《回归古典、回归自然》的演讲。于南开大学九十周年校庆之际作同一题目之讲座。孔子诞辰二千五百六十年之际为曲阜写孔子诞辰纪念碑文。做客中央电视台录制节目《中华颂之南开大学篇》。捐款三百万元，设立“羌族文化修复基金”。被评为个人纳税模范。

2010年 庚寅　在北京电视台“中华文明大讲堂”栏目中，与美国人文社会科学院院士、哈佛大学讲座教授杜维明先生作题为《天与人》的对话(五集)。3月为2010年上海世博会创绘《有朋自远方来不亦乐乎》。4月30日于故宫博物院与法国总统萨科奇会面。在联合国教科文组织作题为《根本善》的演讲。青海玉树地震后，一次性捐款一千万元人民币支援灾区。9月9日荣获法国总统萨科奇亲授“法兰西荣誉军团骑士勋章”。被聘为北京大学中国画法研究院院长。至本年止，出版画册、书法集、文、史、哲论文集、诗集百余种，均为国家图书馆收藏。据荣宝斋估算，十余年来所捐赠祖国各地书画价值五亿三千万元。

图书在版编目（CIP）数据

文章四家·范曾/范曾著.—北京：文化艺术出版社，2009.12

ISBN 978-7-5039-4100-9

Ⅰ.文… Ⅱ.范… Ⅲ.社会科学—文集 Ⅳ.C53

中国版本图书馆CIP数据核字（2009）第230446号

文章四家·范曾

著　　者　范　曾
特约编辑　张圣洁
责任编辑　陶　玮
责任校对　崔建文
装帧设计　杨林青/刘玲子
出版发行　文化艺术出版社
地　　址　北京市东城区东四八条52号　（100700）
网　　址　www.whyscbs.com
电子邮箱　whysbooks@263.net
电　　话　（010）84057666 84057660（总编室）
　　　　　（010）84057696 84057698（发行部）
经　　销　全国新华书店
印　　刷　国英印务有限公司
版　　次　2011年3月第1版
印　　次　2011年3月第1次印刷
印　　张　18
字　　数　300千字
开　　本　720×1000毫米 1/16
书　　号　ISBN 978-7-5039-4100-9
定　　价　68.00元